Zone de libre-échange continentale
et intégration régionale en Afrique

Collection « Questions économiques »

Dirigée par Xavier Richet

Cette série se propose de publier des contributions répondant aux questionnements qui interpellent le monde contemporain : dynamiques et crises, inégalités et croissance, nouveaux modèles économiques, recomposition de l'économie-monde.

Sous la direction de

Cécile Bastidon, Azzedine Ghoufrane, Ahmed Silem

Zone de libre-échange continentale et intégration régionale en Afrique

L'Harmattan

Sélection d'ouvrages et d'articles récents des auteurs

CÉCILE BASTIDON-GILLES

2020 "Graph based era segmentation of international financial integration". *Physica A*, 539, february, 122877. (avec P. Abry, P. Borgnat, A. Parent, P. Jensen).

2019 "Towards an unstable hook: The evolution of stock market integration since 1913". *NBER Working Paper* N°26166, 28 p. (avec M. Bordo, A. Parent, Marc Weidenmier)

AZZEDINE GHOUFRANE

2019 *Capital humain, croissance économique et commerce international en Afrique*, (co-direction avec C. Bastidon, N. Oulmane, A. Silem), Editions L'Harmattan, Paris , France.

2017 *Mondialisation, accords commerciaux régionaux et intégration de l'Afrique*, (co-direction avec C. Bastidon, N. Oulmane, A. Silem), Editions L'Harmattan, Paris, France.).

AHMED SILEM

2014 « Price limit and financial contagion: protection or illusion? the tunisian stock exchange case », avec Halim Dabbou, *International Journal of Economics and Financial Issues* [IJEFI], Volume 2014; 4(1), 54–70

5-7, rue de l'Ecole-Polytechnique, 75005 Paris
http://www.editions-harmattan.fr
ISBN : 978-2-343-20666-0
EAN : 9782343206660

Remerciements :
Cet ouvrage résulte d'une sélection par le comité scientifique des communications présentées au XIIIe colloque international de Rabat soutenu par la Chaire OMC de l'Université Mohammed V de Rabat, la Commission économique pour l'Afrique des Nations Unies (UNECA, Bureau de Rabat), le Laboratoire d'économie appliquée au développement (LEAD, Université de Toulon).

La concrétisation du projet de publication des communications sélectionnées doit beaucoup à l'aide apportée par Mustapha Sadni-Jallab. Notre gratitude va également à Perrine Fourgeaud pour son travail de relecture attentive.

Avertissement :
Les opinions exprimées dans chacun des chapitres sont celles des auteurs et ne doivent pas être attribuées aux institutions qui ont soutenu l'organisation de ce colloque international de Rabat.

Introduction

La mise en place de la Zone de Libre-Échange Continentale en Afrique (ZLECAf), de même que l'élargissement de la COMESA et de la CEDEAO à de nouveaux partenaires ou bien le blocage de l'UMA invitent les chercheurs à dresser un bilan et envisager les perspectives des processus d'intégration en Afrique dans différents domaines : économique, monétaire, mais également politique, culturel et sécuritaire. Quels sont les facteurs clés d'une intégration réussie ? Quels sont les enseignements tirés des expériences de différentes formes d'intégration en Afrique ? Ces enjeux constitueront la première section de cette introduction, tandis que la seconde sera consacrée à la présentation du plan du livre.

1. Les enjeux du processus d'intégration en Afrique

Dans un monde incertain et instable en raison de la succession des crises économiques et financières et des développements géostratégiques récents (printemps arabe, aggravation des risques sécuritaires de l'espace sahélo-saharien, etc.), les pays d'Afrique du Nord se trouvent confrontés à de nouveaux défis, au premier rang desquels l'édification d'économies diversifiées résilientes aux chocs externes, à même d'assurer un développement durable et inclusif.

Outre les facteurs extérieurs, le ralentissement de la croissance dans ces pays (plus de 10 % en 2003 pour la zone Moyen Orient-Afrique du Nord selon le FMI, contre seulement 3 à 5 % entre 2005 et 2018) est en partie attribuable au manque de diversification de leurs économies, au faible degré de sophistication de leurs systèmes productifs, et à la dépendance à l'égard d'un nombre restreint de partenaires.

En outre, la qualité des institutions et de la gouvernance n'ont pas permis de constituer un cadre propice aux dynamiques de croissance et de développement.

La transformation structurelle et institutionnelle apparaît ainsi comme l'une des priorités politiques dans la région. Dans ce contexte, le rôle de l'intégration régionale comme levier de la diversification et de sophistication des économies sud-méditerranéennes et subsahariennes, et donc d'une meilleure insertion dans l'économie mondiale, constitue un objet d'étude d'intérêt majeur. Pour ne pas enfermer les économies dans une spécialisation peu porteuse, une progression dans l'échelle des avantages comparatifs, par remontée de filières et création d'activités nouvelles dans les secteurs à haute valeur ajoutée, est nécessaire. Une politique industrielle coordonnée orientée vers la sophistication des processus de production et des exportations pourrait alors constituer le levier d'un changement structurel en mesure d'assurer la stabilité sociale et la transition politique pacifique.

2. Plan

Cette problématique des effets à attendre d'une Zone de libre-échange continentale africaine (ZLECAf) et des processus d'intégration régionale plus prononcée entre différents pays du continent donnera lieu à huit chapitres.

Le premier chapitre, qui a pour auteurs Marouane Raissi, Nabil Boubrahimi et Azzedine Ghoufrane, met en évidence que les pays africains ne sont pas au même niveau de développement. Leurs fondamentaux macro-économiques ainsi que leurs structures productives, leurs dynamiques démographiques et leurs mutations territoriales sont tout aussi disparates. En outre les asymétries caractérisant les régimes fiscaux et financiers, conjuguées aux divergences des cadres juridiques et institutionnels des différents pays, sont autant de défis à relever en vue de libérer le potentiel de synergie et de complémentarité des économies africaines. Un tel état invite à envisager l'opportunité de regroupement des pays adjacents pour constituer un club de convergence. Ces pays présentent des caractéristiques structurelles et des conditions initiales similaires tout en convergeant vers une même trajectoire de développement. Basé sur le modèle de Solow, ce chapitre propose une analyse théorique et empirique des perspectives du processus d'intégration régionale africaine amorcé par l'adoption de l'accord portant création de la ZLECAf entré en vigueur à partir du 30 mai 2019. Il se propose d'examiner le processus de rapprochement entre les échelons régional et continental sous un prisme économique. La question principale à laquelle il cherche à répondre est de savoir si les espaces économiques régionaux peuvent transcender les asymétries économiques, politiques et institutionnelles en vue de parvenir à une intégration réussie. Les estimations empiriques ont permis de confirmer l'existence d'une dynamique de convergence conditionnelle au sein de l'espace de la « ZLECAf ».

Le deuxième chapitre, rédigé par Ahmed Silem, examine la littérature théorique présentant les avantages structurels de l'intégration territoriale et la littérature de travaux empiriques mesurant les potentiels de croissance et de commerce extérieur auxquels les pays d'Afrique du Nord-Ouest renoncent en ne donnant pas suite par une intégration régionale effective au traité de Marrakech instituant l'Union du Maghreb arabe. La littérature retenue, pour l'analyse des effets structurels, est celle des théories des unions douanières et des unions économiques et monétaires. Quant à la mesure des potentiels de croissance du PIB et des exportations, la littérature a porté sur les travaux ayant recours aux modèles d'équilibre général calculable et aux modèles de gravité et qui ont fait l'objet d'une analyse archéologique dont les éléments seront repris dans les chapitres suivants.

C'est ainsi que le troisième chapitre, dû à Mamoudou Sebego et Ochozias Gbaguidi, examine à l'aide d'un modèle d'équilibre général, les potentiels impacts économiques et commerciaux d'une perspective de renforcement de l'intégration entre les pays de la CEDEAO et de l'UMA. Ciblant particulièrement le Maroc, la Mauritanie et la Tunisie, les auteurs mettent en évidence les effets potentiels de création et de détournement de commerce ainsi que les coûts et les bénéfices attendus en termes de recettes tarifaires, de croissance économique, de bien-être et d'impacts sectoriels au niveau de la production.

De son côté, Mohammed Yasid Boumghar, dans le quatrième chapitre, reprend la modélisation gravitaire pour l'appliquer aux relations commerciales de l'Algérie avec ses partenaires africains dans la perspective de la ZLECAf. Boumghar propose de faire le point sur le volume et la nature du commerce extérieur de l'Algérie avec ses partenaires africains. Il examine ensuite le potentiel du commerce extérieur entre l'Algérie et ses partenaires africains afin d'identifier les politiques à mettre en place.

Le cinquième chapitre, rédigé par Bernard Nguekeng, développe aussi un modèle de gravité avec pour objectif d'évaluer l'effet du niveau infrastructurel actuel en Afrique subsaharienne sur l'intégration commerciale dans cette sous-région. Le modèle de gravité est estimé par l'estimateur Poisson du Pseudo Maximum de Vraisemblance. Au terme de ces estimations, les résultats mettent en évidence un effet positif attendu sur les échanges des infrastructures de transport telles que les routes, les ports et les aéroports. Il apparaît également que l'effet des infrastructures de transport terrestre est plus faible que celui du transport maritime et aérien. Ceci traduit la réalité de ces pays qui sont plus difficilement joignables par route que par les deux autres moyens.

Le sixième chapitre, dû à Cécile Bastidon et Kouakou Constant Oattara, est une revue de la littérature ayant pour objet de dessiner les principales caractéristiques d'un cadre d'évaluation empirique de l'effet des investissements directs étrangers (IDE) sur la croissance, dans le cas des économies en développement africaines et dans le contexte de l'adoption du traité intituant la ZLECAf. Le chapitre consiste en une revue sélective de la littérature relative aux dynamiques de croissance endogène et à leur cadre institutionnel. Sur cette base, les auteurs réalisent une lecture critique de travaux empiriques récents portant sur la relation entre IDE et croissance dans les économies en développement. Cette lecture fait apparaître une similarité forte entre les conditions à la manifestation, d'une part, d'effets favorables optimaux des IDE sur la croissance des économies en développement africaines et, d'autre part, d'effets favorables optimaux de la mise en œuvre d'une zone de libre-échange continentale. Ce constat suggère que les gains associés à la mise en place de politiques publiques favorisant, en particulier, les réformes institutionnelles et les réformes des systèmes de financement domestiques, pourraient être plus importants que le suggèrent les littératures empiriques existantes. Les gains peuvent, en effet, résulter de canaux qui ne sont généralement pas considérés simultanément

Le septième chapitre, de Wendzineguemlafi Dieudonné Tondé, porte sur la zone UEMOA (Union économique et monétaire ouest-africaine). Il a pour objet l'analyse des effets de la diversification des principaux partenaires commerciaux sur la vulnérabilité économique externe de l'UEMOA. Il s'agit d'évaluer les effets des termes de l'échange sur la croissance économique de la zone avant et après cette diversification pour les périodes 1981-2000 et 2001-2017 respectivement. Les résultats économétriques de long terme du modèle ARDL[1] avec l'estimateur *Pooled Mean Group* (PMG) montrent que cette pluralité de principaux partenaires commerciaux engendre une détérioration des termes de l'échange accentuant la vulnérabilité économique externe de la zone. Ainsi, la prise en compte de la diversité des vulnérabilités économiques externes des pays de l'UEMOA dans le cadre d'un panier de monnaies

[1] *Autoregressive distributed lag mode,* ou, en français : modèle autorégressif à retards échelonnés ou distribués/ARRE

pourrait constituer un moyen efficace de diversification des risques afin d'approximer une optimalité du régime de change.

Ces problèmes monétaires dans la problématique d'intégration régionale sont encore l'objet du hutième chapitre proposé par Désiré Avom, Yselle Flora Malah Kuete et Ferdinand Owoundi L Les auteurs abordent la question du rôle de l'intégration économique et de la qualité des institutions dans l'explication des différences de désalignement observées des taux de change réels (TCR) entre les régimes de change en Afrique. D'une manière générale, l'étude du problème des désalignements des taux de change réels dans les pays en développement, comme celle de Devarajan (1996)[1], consacrée aux pays de la Zone Franc ayant en commun l'usage du franc CFA, bien que n'étant pas nouvelle en soi, s'est cependant exclusivement limitée à l'analyse comparative des différences observées avant et après l'ajustement monétaire intervenu en 1994.

Dans ce huitième chapitre, les auteurs innovent en évaluant simultanément le rôle principal des accords commerciaux, d'investissement et de la démocratie dans la rationalisation des différences de désalignement du TCR des différents régimes de taux de change à partir d'un échantillon de 30 pays observés sur la période 1980-2016. Pour y parvenir, les auteurs construisent les indicateurs concurrents de désalignements en utilisant les techniques de cointégration modernes qui prennent en compte la dépendance interindividuelle des erreurs dans les équations estimées. Les trois principaux résultats obtenus montrent que : (i) les régimes fixes en soi ne sont pas sujets à davantage de désalignements, mais la qualité institutionnelle, les liens économiques avec les partenaires étrangers sont essentiels pour expliquer les écarts observés ; (ii) la distinction entre les partenaires africains et internationaux dans les accords d'investissement révèle des différences de grande ampleur dans les désalignements selon le niveau de démocratie, suggérant que les pays démocratiques peuvent adopter des régimes intermédiaires, alors que les pays considérés comme moins démocratiques, seraient plus enclin l'adoption des régimes fixes plus favorable à la réduction les déséquilibres auxquels ils sont confrontés ; (iii) l'appartenance à une CER a tendance à réduire significativement l'ampleur des désalignements.

---

[1] Devarajan S. (1996), Désalignement des taux de change réels dans la zone CFARevue d'économie du développement Année 1996 4-4 pp. 41-61.

Chapitre I

L'espace ZLECAf : clubs de convergence ou trappe d'asymétries ?

Marouane RAISSI[1], Nabil BOUBRAHIMI[2] Azzedine GHOUFRANE[3]

Introduction

Face aux enjeux de la mondialisation des marchés, de la polarisation des échanges commerciaux et de l'intensité de la rivalité entre blocs régionaux, le décloisonnement des économies africaines pourrait être un levier de co-développement intracontinental et un catalyseur de l'émergence d'un pôle régional de croissance partagée et inclusive. Cette vision s'inscrit dans le cadre des aspirations panafricaines de l'Agenda 2063 pour un continent prospère, solidaire et intégré. L'idée d'instauration d'une zone de libre-échange continentale conçue comme étape vers l'approfondissement de la coopération et de l'intégration de l'Afrique pourrait se révéler salvatrice dans un contexte de résurgence des tendances nationalistes, de regain des hostilités protectionnistes et de désenchantement vis-à-vis du système commercial multilatéral[4].

[1] Faculté des Sciences Juridiques, Économiques et Sociales Kenitra, Université Ibn Tofaïl.

[2] Faculté des Sciences Juridiques, Économiques et Sociales Kenitra, Université Ibn Tofaïl.

[3] Faculté des Sciences Juridiques, Économiques et Sociales Souissi, Université Mohamed V, Rabat.

[4] La CNUCED (2019) estime que la ZLECAf « débouchera sur la création d'un marché unique continental comptant plus de 1,3 milliard de consommateurs et cumulant une production annuelle de 2 220 milliards de dollars. La phase de transition vers la Zone de libre-échange continentale pourrait à elle seule générer 16,1 milliards de dollars de gains en bien-être et induire un accroissement de 33 % du commerce intra-africain ».

Du point de vue de l'économie du développement, l'ouverture dans le cadre d'un processus d'intégration entraînerait une convergence des niveaux de revenus. Ce résultat serait néanmoins conditionné par un mouvement des capitaux des pays plus développés vers les pays moins développés de la zone concernée en vue de générer des externalités positives en termes de capacité de production et de transferts de technologie.

S'agissant de l'enchevêtrement des appartenances simultanées à plusieurs blocs régionaux et leurs incidences sur les engagements pris par chaque pays au titre du commerce multilatéral et des accords bilatéraux, la question clé consiste à savoir quelles relations comptent le plus et quels liens il faut privilégier. Il est tout aussi important de s'enquérir sur les possibilités de cohabitation de ces multi-appartenances et sur les voies éventuelles pour bâtir des partenariats complémentaires et non évincifs.

A cet égard, les néoclassiques supposent que la dimension géographique et les dotations factorielles sont déterminantes pour une croissance tirée par l'intégration internationale. Néanmoins, les niveaux de convergence qui en résultent sont peu corroborés par des études empiriques détaillées, tel qu'il a été étayé par Rodriguez et Rodrik (1999). En revanche, les institutionnalistes défendent l'idée selon laquelle la qualité des institutions permet de maximiser les gains de l'ouverture et de favoriser la convergence des revenus.

Lorsque les institutions sont déficientes, l'ouverture ou l'intégration, non encadrées par des critères rigoureux, fragilisent l'économie. Dans ce sens, Rodrik (1999) postule que le développement dépend moins du marché mondial ou régional que des stratégies adoptées par chaque économie. Au même titre, Assidon (2002) met l'accent sur le fait que « *l'intégration internationale des PED ne résulte pas d'une marche inexorable du marché à l'échelle mondiale, mais de choix de politiques économiques nationales, si dictées par l'extérieur soient-elles* ». Le succès de l'intégration africaine est donc déterminé par l'engagement et la capacité des États-membres à mener des réformes structurelles au niveau interne en vue de bonifier les opportunités offertes par un cadre partenarial régional.

L'existence de disparités spatiales entre les différents blocs régionaux laisse présager des difficultés réelles à une intégration continentale. A ce titre, la diversité des trajectoires empruntées par les différentes communautés économiques et les écarts en termes de profondeur des processus d'intégration amènent à s'interroger sur l'opportunité d'une phase préparatoire qui procéderait d'une harmonisation en grappes des groupements déjà existants préalablement à l'engagement d'un rapprochement élargi. La pertinence de ce questionnement est d'autant plus prégnante que les imperfections du processus d'intégration en Afrique seraient, selon plusieurs analyses, la source de nouveaux déséquilibres ou distorsions. Aussi, l'harmonisation de l'agenda de la ZLECAf avec les engagements pris par chaque pays au titre d'autres groupements s'impose comme préalable à l'amorce du schéma continental.

L'un des objectifs consiste à identifier les groupes présentant des prémices d'une convergence relativement rapide et moins contraignante. Cette stratification du schéma d'intégration en faciliterait la maîtrise du point de vue économique et institutionnel et le dépassement des asymétries. L'achèvement de chaque sous-processus permettrait ainsi d'enclencher une dynamique de rattrapage pour converger vers le groupe le plus abouti.

Dans cette perspective, notre travail traite la problématique de l'intégration africaine à l'aune de l'entrée en vigueur de la ZLECAf, en tenant compte de la dimension spatiale mais aussi des expériences de rapprochement infra-continentales comme soubassement à un partenariat plus approfondi. Dans ce sens, nous présentons en premier lieu une brève revue de littérature de la question de la convergence économique. Cet encadrement conceptuel nous permettra ensuite de mettre en évidence, de manière descriptive, la situation actuelle de l'intégration africaine et d'en déduire les divergences sur lesquelles le processus pourrait achopper mais aussi les similitudes susceptibles d'en fluidifier l'évolution. Nous proposons, enfin, une analyse empirique de l'intégration continentale en Afrique à travers une modélisation des interdépendances des principales communautés régionales permettant d'examiner s'il existe une tendance robuste vers une véritable convergence économique.

1. Fondements théoriques de la convergence économique : brève revue de littérature

La notion de convergence est polymorphe. Elle revêt un caractère multidimensionnel couvrant des domaines divers et souvent imbriqués (industrie, urbanisation, stratification sociale, progrès technologique, etc.). Kis (1971) rappelle qu'en sciences sociales, la convergence représente « *une idée selon laquelle toutes les sociétés industrielles modernes, quel que soit leur ordre politico-structurel, subissent dans leur évolution les mêmes conditions sociales* ».

La réflexion autour de la convergence est d'autant plus intéressante, pour le cas des pays africains, que ces derniers présentent des similitudes au niveau de leurs problèmes structurels mais aussi des situations cibles espérées. Dramani (2011) rappelle que l'idée de la convergence économique s'appuie sur les modèles de croissance néoclassiques (Solow, 1956). La convergence réfère à une tendance à l'égalisation, à long terme, du taux de croissance du revenu ou de la production, par tête, de différentes zones géographiques. Une zone est alors convergente lorsque ses économies « pauvres » tendent à se développer plus rapidement que ses économies « riches », de manière à ce que l'écart séparant les deux groupes en termes de niveau de revenu ou de production s'estompe à long terme.

D'un point de vue théorique, il existe plusieurs schémas de convergence. La littérature développée à ce sujet laisse apparaître des conceptions multiples de ce phénomène et des résultats peu concordants (Durlauf et Quah, 1999 ; Islam, 2003).

Le Gallo et Dall'erba (2005) estiment que ces divergences s'expliquent, en partie, par le recours à des approches méthodologiques différentes (coupe transversale, données de panel, séries temporelles, etc.) pour tester les hypothèses de convergence. Le concept de la β-convergence, développé notamment par Barro et Sala-I-Martin (1991), suggère trois hypothèses possibles :

(i) la convergence absolue qui suppose que les revenus nationaux par habitant convergent à long terme vers un niveau identique indépendamment des conditions initiales des différentes économies ;

(ii) la convergence conditionnelle qui énonce que les revenus par habitant des régions présentant des caractéristiques similaires (démographie, niveau technique, spécialisations, etc.) convergent vers un niveau identique à long terme quelle que soit leur situation initiale.

(iii) la convergence des clubs qui présume que les revenus par habitant des régions dont les caractéristiques structurelles sont identiques

et les conditions initiales sont proches convergent vers un niveau de long terme identique[1].

2. L'intégration africaine à l'épreuve des asymétries et du télescopage des accords

Pour la CNUCED (2019), l'intégration régionale est « *un processus par lequel des États voisins concluent un accord visant à renforcer la coopération entre eux au moyen de règles communes. Par commerce intra-régional, on entend un commerce concentré sur les échanges économiques, principalement, entre les pays d'une même région ou zone économique* ».

Dans un contexte international marqué par la montée des incertitudes et l'exacerbation des tendances protectionnistes (guerre commerciale sino-américaine, *Brexit*, risque d'enlisement du système multilatéral, chocs monétaires, instabilité des prix, etc.), l'instauration d'un espace régional intégré est l'un des leviers de la fédération des dynamiques de développement intra-africaines et de la mutualisation des ressources et des progrès.

Cette intégration est admise à plusieurs égards comme alternative à l'idée du panafricanisme née suite au mouvement des indépendances des années 60 et l'instauration de l'Organisation de l'Unité Africaine (OUA) en 1963. Les avantages présumés de l'intégration continentale ne sont pas exempts de risques et ne doivent pas masquer les défis auxquels pourrait se heurter son aboutissement et qui pourraient compromettre la vigueur de la convergence économique des pays de la zone. En effet, postuler que l'Afrique constitue un bloc homogène serait contre-intuitif. A ce titre, Matala-Tala (2017) rappelle que le continent compte quatorze groupements économiques régionaux dont onze sont reconnues par l'Union Africaine. Avec une telle hétérogénéité, le passage de l'abstraction conceptuelle de la ZLECAf à son opérationnalisation effective serait confronté à des difficultés objectives dont la question de la multi-appartenance aux communautés régionales et ses implications juridiques, économiques et institution-

[1] Pour plus de détails, se référer à l'article Ndiaye M. (2006), « UEMOA : une intégration économique à deux vitesses à travers des clubs de convergence », présenté au titre des journées « Institutions, développement économique et transition », Paris.

nelles[1]. Gbaguidi (2013) précise que la plupart des cinquante-quatre pays africains appartient à plusieurs groupements. Tandis que huit pays seulement sont liés à un seul groupement régional, vingt-sept sont membres de deux groupements, dix-huit appartiennent à trois groupements et un pays est membre de quatre groupements. Si la ZLECAf pourrait être considérée comme un rapprochement des différentes visions d'intégration africaine, il n'en demeure pas moins que les divergences historiques d'intérêts économiques, politiques et stratégiques pèsent sur cette tentative de regroupement et risquent même d'exacerber les tendances nationalistes et les rivalités entre les différents blocs[2]. Cependant, force est de constater que les États africains prennent comme modèle de référence l'expérience de pays européens avec, souvent, un arrimage aux anciennes puissances coloniales. Le poids des échanges et les liens de coopération tissés dans ce sens témoignent éloquemment de cette préférence du rapprochement du nord au développement des relations inter africaines, reléguées au deuxième rang.

Les tentatives d'intégration en Afrique, qui correspondent aux CER du tableau 1, sont largement inspirées de la construction européenne. Elles visent généralement une union économique intégrale, à l'exception de l'UDAA et de l'UMOA qui s'en tiennent à l'union douanière et de la COMESA qui va jusqu'au marché commun. Elles n'ont cependant pas permis d'aboutir à une véritable légitimation des groupements constitués ni à un véritable essor des économies.

Au-delà de la volonté de raffermir le partenariat intracontinental, il paraît que peu soit fait aujourd'hui pour la convertir en une véritable dynamique d'intégration économique. Cette intégration est inextricablement liée à un engagement politique d'approfondissement de la démocratie des institutions, de garantie des droits de l'homme et de consolidation de la primauté des droits.

Ces préalables, qui constituent des tickets d'adhésion à l'Union européenne, n'ont pas été exigés pour appartenir à l'Union africaine. Les différents pays y ont adhéré indifféremment et en dépit de l'ampleur de leurs crises internes et l'incompatibilité de leurs structures poli-

---

[1] Le Maroc est membre de deux communautés économiques régionales : l'Union du Maghreb arabe (UMA) et la Communauté des États sahélo-sahariens (CEN-SAD).

[2] Pour plus de détails, se référer à l'article de Zerbo Y. (2003), « La problématique de l'unité africaine (1958-1963) », Guerres mondiales et conflits contemporains, 4, n° 212), pages 113 à 127.

tiques et économiques avec les aspirations de l'institution continentale.

Tableau 1 : Les communautés économiques régionales (CER) reconnues en Afrique[1]

Groupement*	entrée en vigueur	États membres	Objectif spécifié
UMA	17/02/ 1989	Algérie, Libye, Maroc, Mauritanie, Tunisie	Union économique
COMESA	08/12 /1994	Angola, Burundi, Comores, Djibouti, Égypte, Érythrée, Éthiopie, Kenya, Madagascar, Malawi, Maurice, Namibie, Ouganda, République démocratique du Congo, Rwanda, Seychelles, Soudan, Swaziland, Zambie, Zimbabwe	Marché commun
CENSAD	04/02/ 1998	Bénin, Burkina Faso, Côte d'Ivoire, Djibouti, Égypte, Érythrée, Zambie, Libye, Mali, Maroc, Niger, Nigéria, République centrafricaine, Sénégal, Somalie, Soudan, Tchad, Togo, Tunisie	ZLE & intégra-tion dans certains secteurs
CEEAC	01/07/ 2007	Angola, Burundi, Cameroun, Congo, Gabon, Guinée équatoriale, République centrafricaine, République démocratique du Congo, Rwanda, Sao Tomé et Principe Tchad	Union économique intégrale
CEDEAO	24/07/ 1993	Bénin, Burkina Faso, Cap Vert, Côte d'Ivoire, Gambie, Ghana, Guinée, Guinée Bissau, Libéria, Mali, Niger, Sénégal, Sierra Leone, Togo	Union économique intégrale

[1] Voir annexe pour la forme développée des sigles.

Tableau 1 (suite) : Les communautés économiques régionales (CER) reconnues en Afrique

Groupement	Date d'entrée en vigueur	États membres	Objectif spécifié
IGAD	25/11/1996	Djibouti, Érythrée, Éthiopie, Kenya, Ouganda, Somalie, Soudan	Union économique intégrale
SADC	01/09/2000	Afrique du Sud, Angola, Botswana, Lesotho, Malawi, Maurice, Mozambique, Namibie, République démocratique du Congo, République Unie de Tanzanie, Swaziland, Zambie, Zimbabwe	Union économique intégrale
CEMAC	24/06/1999	Cameroun, Congo, Gabon, Guinée équatoriale, République centrafricaine, Tchad	Union économique intégrale
CAE	07/07/2000	Burundi, Kenya, Ouganda, République Unie de Tanzanie, Rwanda	Union économique intégrale
UDAA	15/07/2004	Afrique du Sud, Botswana, Lesotho, Namibie, Swaziland	Union douanière
UEMOA	10/01/1994	Bénin, Burkina Faso, Côte d'Ivoire, Guinée Bissau, Mali, Niger, Sénégal, Togo	Union douanière

Source : Gbaguidi (2013).

De surcroît, les critères de convergence et les normes associées établies par certaines communautés économiques régionales africaines, notamment l'UEMOA et la CEDEAO, n'ont pas débouché sur la stabilisation macroéconomique escomptée. L'impact sur l'élargissement des marchés locaux, la réduction de la pauvreté, la réduction des coûts de l'énergie, des transports et des télécommunications et la facilitation des investissements transfrontaliers reste insignifiant.

Par ailleurs, le démantèlement tarifaire et la promotion de zones d'échanges préférentiels n'ont pas entraîné des avancées majeures dans le développement des flux commerciaux intra-africains. Le commerce intra-régional en Afrique enregistre un niveau très faible en comparaison à d'autres régions du monde. Il se situe à environ 12 %, contre 60 % pour l'Europe, 40 % pour l'Amérique du Nord et 30 % pour les pays de l'ASEAN (CNUCED, 2013). Cette situation s'explique, entre autres, par les déficits en infrastructures[1], le manque de complémentarité des systèmes productifs, et les déficiences du cadre institutionnel. De surcroît, le rapport de la CNUCED de 2019 confirme que l'Afrique n'est qu'un acteur marginal du commerce mondial des marchandises.

Les pays africains ne s'inscrivent pas dans un élan solidaire d'intégration régionale à l'image de celui qui a été dépeint par l'économiste japonais Kaname Akamatsu (initialement énoncé en 1937 et repris en 1962[2]) pour décrire le modèle des pays du Sud-Est asiatique connu sous l'appellation du « *vol d'oies sauvages* » (*flying geese*). Les économies africaines les plus avancées ne servent pas de lanterne aux autres pays. En revanche, l'insertion des émergents asiatiques dans les chaînes de valeur mondiales s'est progressivement opérée à travers un mécanisme de spécialisation sectorielle et de transferts des avantages comparatifs d'un pays à l'autre au niveau de la région.

Dans cette perspective, Artus, Mistral et Plagnol (2011) confirment que le modèle d'intégration asiatique est centré sur la dynamique impulsée par l'économie chinoise en tant que leader régional. Ils précisent que « *la multiplication des accords de libre-échange et les initiatives en faveur de l'intégration régionale montrent que l'Asie cherche à tirer parti de la montée en puissance chinoise* ». Les pays asiatiques se sont érigés en fournisseurs de premier rang en termes de biens d'investissement et de produits de haute technologie pour accompagner l'expansion de la demande intérieure de la Chine.

Le découplage de l'Afrique par rapport aux marchés européens passerait nécessairement par un recentrage des échanges sur les principales économies du continent. De surcroît, l'intensification des flux

[1] Voir l'article de Longo R. et Sekkat K. (2001) qui ont conclu qu'un accroissement de 1 % du stock de l'infrastructure du transport et des télécommunications dans un pays d'exportation, entraîne une augmentation de 3% de ses exportations vers d'autres pays africains.

[2] Akamatsu, Kaname (1962): A Historical Pattern of Economic Growth in Developing Countries. In: *The Developing Economies*, Tokyo, Preliminary Issue No.1, pp.3-25.

commerciaux et financiers intra-continentaux serait un levier d'optimisation des coûts et d'amélioration de la compétitivité des exportations africaines.

Consciente des difficultés susceptibles d'entraver la réussite du processus d'intégration et d'empêcher les synergies potentielles de se traduire par des effets d'entraînement positifs, l'Union africaine a mené une étude en 2011 en vue de quantifier l'impact des scénarios possibles pour la rationalisation des différentes CER[1]. L'étude a permis de conclure que l'optimisation des communautés régionales ne remet pas en cause la multi-appartenance. Trois voies seraient envisageables dans une telle situation :

(i) cohabitation des communautés régionales comme piliers de la Communauté économique africaine en œuvrant à l'harmonisation des politiques (cas de la CEDEAO et de la CEN-SAD et cas de l'IGAD et du COMESA).
(ii) regroupement de certaines communautés régionales pour accélérer la convergence des États membres.
(iii) appartenance à plusieurs communautés tout en fixant un bloc d'ancrage.

Le maintien du *statu quo* aboutirait à des effets limités en termes de croissance et d'emploi. Ces deux indicateurs progresseraient de 4,7 % et de 2,2 % sur toute la période d'intégration intra-communautaire. Les échanges commerciaux augmenteraient en moyenne de 4,6 % alors que le manque à gagner fiscal, dû aux changements des tarifs douaniers, serait de 1,3 % du PIB.

Le deuxième schéma possible s'inspire du traité d'Abudja[2] en préconisant la mono-appartenance de chaque pays à une seule des cinq régions du continent[3]. A cet égard, la CNUCED (2019) constate qu'en dépit de l'existence de plusieurs CER en Afrique, la part du commerce

---

[1] Voir le document intitulé « Etude pour la quantification des scénarios de la rationalisation des communautés économiques régionales » réalisé en 2011 par « IDEA Consult » pour le compte de l'Union Africaine.

[2] Le traité d'Abuja, instituant la Communauté économique africaine (CEA) a été conclu le 3 juin 1991, pour entrer en vigueur en 1994, prévoyait la mise en place d'un marché commun sur tout le continent avant 2025.

[3] A noter que le conseil des ministres de l'Organisation de l'Unité Africaine, remplacée en 2002 par l'Union Africaine, a distingué, à travers sa résolution n° CM/Res.464 (XXVI) cinq régions principales du continent africain : Afrique du Nord, Afrique de l'Ouest, Afrique Centrale, Afrique de l'Est et Afrique Australe.

intra-continental demeure faible et ne dépasse pas 14,8 % environ en 2017. La valeur des échanges commerciaux varie selon les CER. En 2016, la SADC (34,7 milliards de dollars) occupe le premier rang, devant la CEN-SAD (18,7 milliards de dollars), la CEDEAO (11,4 milliards de dollars), la COMESA (10,7 milliards de dollars), l'UMA (4,2 milliards de dollars), la CAE (3,1 milliards de dollars), l'IGAD (2,5 milliards de dollars) et la CEEAC (0,8 milliard de dollars). S'agissant de la part du commerce intracommunautaire dans le commerce africain total, les niveaux d'intégration sont également mitigés. Ils étaient de 84,9 % dans la SADC, 59,5 % dans la COMESA, 58,4 % dans la CEN-SAD, 56,7 % dans la CEDEAO, 51,8 % dans l'UMA, 49,0 % dans l'IGAD, 48,3 % dans la CAE et 17,7 % dans la CEEAC, en 2016.

Par ailleurs, Makiadi (2016) met en évidence certains achoppements au processus d'intégration en Afrique. L'auteur affirme que les CER :

> « *n'offrent pas un cadre propice à l'activité productive, à la croissance soutenue et à l'emploi [...]. Les égoïsmes nationaux et la lourdeur administrative y sont pour quelque chose. De surcroît, ces CER souffrent de la faiblesse des institutions démocratiques, de l'insuffisance des résultats économiques [...] et de l'absence de droits politiques, sociaux et civils. Elles présentent aussi un déficit politico-juridique qui se traduit par le non-respect des règles et directives communautaires* ».

Aussi, le déficit de communication et de vulgarisation des données au sujet des groupements régionaux se traduit par un manque d'appropriation de cet élan unificateur par les populations nationales. En outre, la dépendance des communautés régionales à l'aide étrangère, l'ampleur de l'informel, les problèmes d'instabilité politique de certains pays ainsi que les risques pandémiques sont autant de fragilités qui se répercutent sur les efforts d'intégration et retardent le processus de rattrapage économique du continent. Dans ce sens, le plan d'action pour le renforcement du commerce intra-africain (2013), élaboré par l'Union africaine, a mis en exergue les principaux freins au développement des échanges à l'intérieur du Continent.

Au même titre, la CNUCED (2019) a identifié trois catégories d'entraves au commerce intra-africain : (*i*) le manque de capacités productives et le déficit de diversification économique, qui restreignent la gamme de biens intermédiaires et finals commercialisables et peuvent compromettre le développement des chaînes de valeur régionales ; (*ii*) les coûts commerciaux liés aux droits de douane, associés à la lenteur d'application des engagements tarifaires à la base des accords de libre-échange ; (*iii*) les coûts commerciaux non tarifaires, qui freinent la compétitivité des entreprises et des économies africaines.

Tableau 2 : Taux en % des droits intracommunautaires appliqués en 2014-2016 (moyenne)

CER	CEN SAD	CE-DEA O	SAD C	UMA	CEE AC	COM ESA	IGA D	CAE
Tx	7	6	4	3	2	2	2	0

Source : CNUCED (2019)

Qui plus est, la CEA (2006) a mis en évidence plusieurs facteurs qui ralentissent le processus d'intégration des différentes CER considérées par l'Union africaine comme les piliers de l'intégration continentale. Les principaux freins concernent : le sous-financement des CER dans la mesure où plusieurs pays membres ne s'acquittent pas de leurs obligations statutaires empêchant ainsi l'achèvement des différents programmes convenus ; la fragilité institutionnelle accentuée par le manque de structures nationales dédiées au suivi et à la coordination des activités liées à l'intégration (sur l'ensemble des pays africains, 32 % seulement disposent d'un ministère consacré à l'intégration régionale. CEA, 2006) ; la non-intégration des objectifs des CER au niveau des plans et des budgets nationaux ; la lenteur des procédures législatives pour l'intégration.

Ces divergences structurelles se répercutent négativement sur le rythme et la qualité de l'intégration continentale en Afrique. La faiblesse du commerce intra régional qui ne dépasse pas 15 % en est l'une des conséquences. Ainsi, le niveau des échanges commerciaux intracommunautaires varie d'une CER à l'autre, en fonction du niveau de développement industriel et économique et du degré de complémentarité des structures de production, de l'état des relations politiques entre les pays membres, et du degré d'engagement des responsables politiques à mettre en œuvre les accords qui instituent ces communautés (CNUCED, 2019). L'implication des pays membres est également très variable à l'échelle régionale ou infrarégionale. En dépit de la marginalité du poids de l'Afrique au niveau des échanges internationaux de marchandises et de la taille limitée du marché continental, les exportations intra-africaines sont plus diversifiées et moins dépendantes des produits de base que les exportations africaines vers l'extérieur.

Les produits minéraux (hydrocarbures, minerais, etc.) représentent 33 % des exportations intra-régionales. Ils arrivent à 50 % des exportations extrarégionales totales. Si la concentration de ces produits est très marquée dans les exportations africaines vers le reste du monde, elle l'est tout autant dans les exportations à l'intérieur des CER. Globalement, en 2015-2017, les exportations d'articles manufacturés ont représenté 45 % des exportations intra-africaines, mais seulement 20 % des exportations africaines vers le reste du monde.

3. Évaluation du processus de convergence des économies africaines à l'aune de l'opérationnalisation de la ZLECAf

Le débat empirique sur la question de la convergence constitue un prolongement aux analyses de la croissance, notamment du modèle de Solow (1956). Dans ce sens, de nombreux travaux ont associé l'étude de la croissance à l'éventualité de l'existence d'un processus de rattrapage des économies avancées par les économies pauvres. Les résultats obtenus n'étaient pas toujours concordants en raison de la diversité des méthodes et des tests utilisés.

A ce titre, nous nous intéressons au concept de la β-convergence (Barro et Sala-I-Martin, 1991). Le test de l'hypothèse de β-convergence peut être mené sous le prisme de deux démarches :

(i) la β-convergence absolue et la β-convergence conditionnelle découlant du modèle néoclassique qui suppose que le taux de croissance d'une zone ou d'un pays est positivement lié à la distance qui la (ou le) sépare de son état régulier.

(ii) la convergence en clubs[1] issue des modèles de croissance endogène à équilibres multiples et du modèle néoclassique avec hétérogénéité des agents[2].

3.1. Évaluation empirique de la β-Convergence des CER

L'identification des disparités structurelles entre les différents espaces économiques en Afrique revêt une importance cruciale au regard des aspirations à l'édification d'une zone de libre-échange continentale pérenne et équilibrée. La propension des communautés régionales à s'inscrire dans une trajectoire de rattrapage dépend de l'ampleur des freins à la convergence. Compte tenu de la diversité des régimes économiques mais aussi des niveaux de maturité des CER, la mesure quantitative des divergences n'est pas facilement abordable.

Dans ce sens, la β-Convergence est utilisée pour évaluer les écarts par rapport à une norme déterminée choisie comme cible vers laquelle les entités étudiées sont censées converger à long terme. La β-Convergence permet d'analyser le processus de retour à la moyenne de la variable retenue et de mesurer la vitesse de la convergence. Cette analyse consiste, d'une part, à régresser le taux de croissance moyen de la variable, en l'occurrence le PIB par habitant des pays constituant les huit principales CER, sur son niveau au début de la période de l'étude et, d'autre part, à procéder à l'estimation de l'hypothèse des clubs de convergence. Cela signifie que la β-Convergence peut être soit absolue, soit conditionnelle. A partir des travaux de Barro et Sala-I-Martin (1991, 1992), il est généralement procédé à l'estimation de la relation suivante :

$$\left[ln\left(\frac{pib_{it}}{pib_{it-n}}\right)\right] = \boldsymbol{\alpha} + \boldsymbol{\beta}.\,\boldsymbol{ln}\,(\boldsymbol{pib}_{it-n}) + \boldsymbol{\gamma}.\boldsymbol{X}_{it} + u_i \;\mathbf{(1)}$$

$\boldsymbol{pib}_{it}$ est le PIB réel par habitant de la CER « *i* » au titre de la période « *t* », $\boldsymbol{X}_{it}$ est un vecteur de variables structurelles de la CER « *i* » en période « *t* », expliquant le niveau de convergence atteint et u_i est le terme d'erreur. L'analyse de la convergence portera sur une période *n* = 29 ans. Contrairement à la convergence absolue (non condition-

[1] Durlauf S.N. et Johnson P.A. (1995), « Multiple Regimes and Cross-Country Growth Behaviour », *Journal of Applied Econometrics*, Vol. 10, p. 365-384.

[2] Galor O. (1996), « Convergence? Inference from Theoretical Models », *Economic Journal,* Vol. 106, p. 1056-1069.

nelle), le modèle de convergence conditionnelle tient compte des variables explicatives.

L'intérêt de la β-Convergence absolue réside dans l'appréciation de la tendance des CER enregistrant un PIB réel par habitant relativement faible au début de la période, à réaliser une croissance plus rapide que les CER à PIB élevé. Lorsque le signe est négatif et significatif, nous pouvons conclure l'existence d'une β-convergence. Dans ce cas, le taux de croissance moyen du PIB réel par habitant entre le début et la fin de la période est négativement corrélé au PIB initial par habitant.

L'estimation du coefficient de convergence β permet de déterminer la vitesse de convergence interprétée comme étant le taux de convergence. La vitesse de convergence est mesurée par la formule suivante :

$\boldsymbol{v = -\ln(1 + \beta T)/T}$ où T représente le temps.

Aussi, l'estimation de β permet de calculer la demi-vie, c'est-à-dire le temps nécessaire à une CER pour combler la moitié de la distance qui la sépare de son niveau d'équilibre stable de long terme. La demi-vie est estimée à travers la formule suivante :

$\boldsymbol{d = -\ln(2)/\ln(1 + \beta)}$.

Par ailleurs, l'hypothèse de convergence conditionnelle se traduit par un modèle augmenté par des variables de contrôle exprimant certaines caractéristiques structurelles des CER et permettant de capter le réajustement du PIB réel par habitant d'une communauté vers une communauté plus développée et présentant des caractéristiques similaires. Au regard de la littérature, les variables retenues diffèrent en fonction de l'espace étudié et peuvent inclure la qualité institutionnelle, la qualité du capital humain, le ratio de la consommation publique ou encore le ratio de l'investissement intérieur, etc. (Barro, 1996).

Nous proposons une analyse en données de panel par CER couvrant la période allant de 1990 à 2018[1]. Ce choix nous permettra d'améliorer la qualité informative de notre modélisation, de mieux contrôler l'hétérogénéité des individus, d'augmenter les degrés de liberté et d'atténuer le biais de colinéarité. L'équation de régression ci-

[1] Nous signalons que quatre pays n'ont pas été retenus en raison de l'insuffisance des données y afférents : Djbouti, Sao Tomé-et-Principe, Somalie et Soudan du sud.

dessous est retenue en vue de procéder au test de la β-convergence conditionnelle. Cette équation est une application du modèle de Mankiw et *al.* (1992), repris par Islam (1995), au panel des huit principales CER de l'Afrique, en y ajoutant des variables additionnelles issues de la littérature (en l'occurrence les infrastructures et l'ouverture commerciale) :

$$ln\left(\frac{\tilde{y}_{it}}{\tilde{y}_{it-1}}\right) = \boldsymbol{\alpha} + \boldsymbol{\beta}.\boldsymbol{ln}\,(\tilde{\boldsymbol{y}}_{it-1}) + \boldsymbol{\beta_1}.\boldsymbol{ln}(\boldsymbol{ICP}_{it-1}) + \boldsymbol{\beta_2}.\boldsymbol{ln}(\boldsymbol{ICH}_{it-1}) + \boldsymbol{\beta_3}.\boldsymbol{INF}_{it-1} + \boldsymbol{\beta_4}.\boldsymbol{OVC}_{it-1} + u_i \qquad \textbf{(2)}$$

L'équation permet de régresser le taux de croissance $\boldsymbol{ln}\left(\frac{\tilde{y}_{it}}{\tilde{y}_{it-1}}\right)$ sur une constante $\boldsymbol{\alpha}$ représentant les effets spécifiques inobservés des CER, le logarithme du PIB réel par habitant de la période précédente $\boldsymbol{ln}\,(\tilde{\boldsymbol{y}}_{it-1})$, le logarithme de l'investissement en capital physique $\boldsymbol{ln}(\boldsymbol{ICP}_{it-1})$, le logarithme de l'investissement en capital humain $\boldsymbol{ln}(\boldsymbol{ICH}_{it-1})$, le stock des infrastructures $\boldsymbol{INF}_{it-1}$ et le taux d'ouverture commerciale $\boldsymbol{OVC}_{it-1}$.

En se référant aux travaux de Canning (1998), Loayza et Soto (2002), Kinda (2008) et Siry Bah et Jobert (2015), nous avons retenu le pourcentage des abonnements à la téléphonie fixe en tant que proxy du stock d'infrastructure. Aussi, l'espérance de vie à la naissance est utilisée pour approximer la qualité de l'investissement dans le capital humain, en nous appuyant sur l'analyse proposée par Siry Bah et Jobert (2015) qui se sont référés aux travaux de Sachs (2005).

Le recours aux variables explicatives retardées d'une période s'explique par la volonté d'éviter les biais de simultanéité découlant d'un effet inverse de la croissance sur lesdites variables (Siry Bah et Jobert, 2015). Les données sont extraites de la base de données « *World Development Indicators* » de la Banque Mondiale. Elles couvrent la période 1990-2018.

3.2. Identification des clubs de convergence

L'hypothèse de l'existence de clubs de convergence au niveau de la ZLECAf part du postulat que les pays de la zone enregistrent des dynamiques de croissance obéissant à des rythmes différents. Notre analyse se propose d'étudier la tendance des États-membres à converger à l'intérieur de groupes « homogènes », en l'occurrence au sein des

CER, et non de manière globale. Qui plus est, le test des clubs de convergence permettrait de mettre en évidence les éventuelles résistances à la convergence. A cet égard, Guetat et Serranito (2008) rappellent que l'hypothèse d'existence de clubs de convergence peut être testée à partir d'une panoplie de méthodes. Il s'agit notamment des méthodes non paramétriques (Quah, 1993), des arbres de décomposition (Durlauf et Johnson, 1995), des tests de Chow récursifs (Berthelemy et Varoudakis, 1995) ou des modèles à seuils (Hansen, 2000).

L'approche que nous utilisons est inspirée des travaux de Chatterji (1992) qui a suggéré d'introduire des fonctions polynomiales dans l'équation de croissance proposée par Barro. L'hypothèse selon laquelle le niveau du PIB par habitant des pays de la zone ($\boldsymbol{pib_{it}}$) converge vers celui du pays ou de la zone leader ($\boldsymbol{pib_{Lt}}$) est testée à partir de l'équation suivante (Chatterji, 1992) :

$$ln\left(\frac{\boldsymbol{pib_{Lt}}}{\boldsymbol{pib_{L0}}}\right) - ln\left(\frac{\boldsymbol{pib_{it}}}{\boldsymbol{pib_{i0}}}\right) = \boldsymbol{b}\ [ln(\boldsymbol{pib_{L0}}) - ln(\boldsymbol{pib_{i0}})] + u_i$$

Soit,

$$ln\left(\frac{\boldsymbol{pib_{Lt}}}{\boldsymbol{pib_{it}}}\right) = (1 + \boldsymbol{b})[\boldsymbol{ln}(\boldsymbol{pib_{L0}}) - \boldsymbol{ln}(\boldsymbol{pib_{i0}})] + u_i$$

Guetat et Serranito (2008) ont retenu ce modèle en vue d'évaluer l'hypothèse d'existence de clubs de convergence au sein de la région MENA[1]. Chatterji a introduit des fonctions non linéaires pour identifier ces clubs de convergence. Les variables explicatives introduites représentent les puissances de l'écart en termes de revenu initial entre un pays donné faisant partie de la zone et le pays leader. Cet écart est noté comme suit :

$$\boldsymbol{E\_pib}_0 = ln\boldsymbol{pib}_{L0} - ln\boldsymbol{pib}_{i0}.$$

Le modèle de convergence retenu devient alors :

$$\boldsymbol{E\_pib}_t = a_1\boldsymbol{E\_pib}_0 + a_2(\boldsymbol{E\_pib}_0)^2 + a_2(\boldsymbol{E\_pib}_0)^3 + u_i \quad \textbf{(3)}$$

L'équation ci-dessus permettrait de postuler que les pays de la ZLECAf (globalement ou pris à l'intérieur de chaque CER) pourraient converger vers différents niveaux d'équilibre, à condition que les coefficients soient négatifs et significativement différents de zéro. Guetat et Serranito (2008) expliquent que trois équilibres résulteraient de la résolution de l'équation.

---

[1] MENA acronyme de *Middle East and North Africa.*

La valeur du coefficient a_1 détermine les situations d'équilibre envisageables. Lorsque ce coefficient est inférieur à 1, il en ressort deux équilibres stables et un équilibre instable (Figure n°1). En effet, le point e_2 est un équilibre instable :

.

Figure 1 : $a_1 < 1$

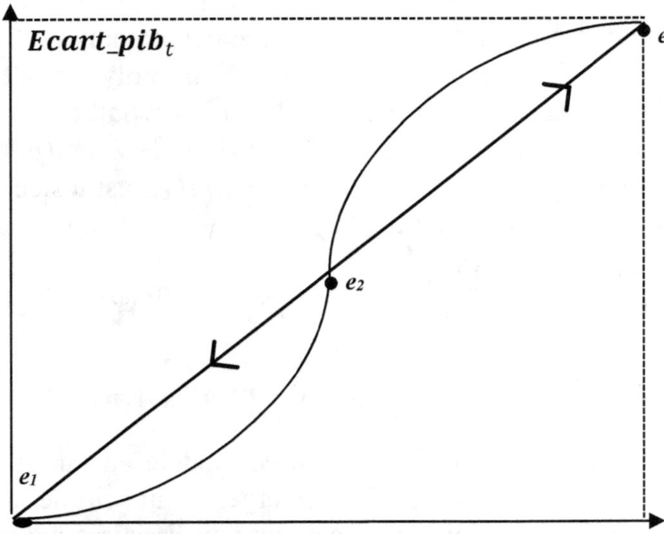

Source : Guetat et Serranito (2008)

Les pays enregistrant un différentiel de PIB par habitant (E_pib_0), par rapport au pays leader, inférieur au niveau e_2 convergeront vers le niveau e_1. Ces pays rattraperont le gap enregistré à long terme. En revanche, si l'écart de revenu initial est supérieur au niveau e_2, les pays concernés vont converger vers un niveau de revenu inférieur.

En se référant aux conclusions de Nelson et Phelps (1966), Guetat et Serranito (2008) précisent que cette modélisation suppose que le niveau de développement initial d'un pays ainsi que sa capacité à assimiler la technologie conditionne le taux de croissance du progrès technique par rapport au pays leader.

Lorsque a_1 est supérieur à 1, e_2 est considéré comme seul équilibre stable (Figure 2). Les économies enregistrant un différentiel de PIB par habitant (E_pib_0), par rapport au pays leader, inférieur au niveau e_3 convergeront vers le niveau e_2 (Figure n° 3). Les pays concernés par cette situation s'inscriront dans une dynamique de convergence vers le point d'équilibre e_2, mais divergeront par rapport au pays leader.

Figure 2 : $a_1 > 1$

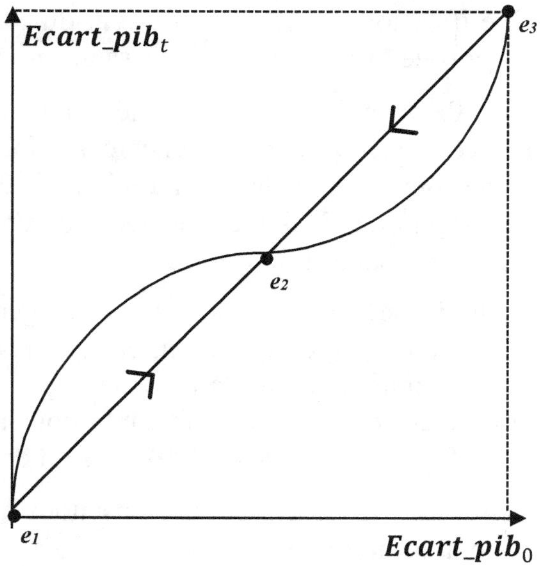

Source : Guétat et Serranito (2008)

Lorsque le niveau de revenu initial est compris entre e_2 et e_3, le taux de croissance des pays concernés dépasse temporairement celui du pays leader sans être suffisamment élevé pour y converger. Par ailleurs, les pays les moins avancés, avec un différentiel de PIB par habitant supérieur à e_3, s'écartent du taux de croissance et du niveau du PIB du pays leader.

3.3. Présentation et discussion des résultats empiriques

Nous aborderons successivement les résultats pour les tests de convergence absolue et pour les tests de convergence conditionnelle

3.3.1. Tests de convergence absolue

Nous précisons que la β-convergence absolue stipule que toutes les communautés économiques régionales (CER) convergent vers un unique équilibre stable à terme. Ainsi, le coefficient de convergence est évalué empiriquement en vue de vérifier le rattrapage des niveaux de revenu par tête des huit CER considérées. La bêta-convergence absolue est vérifiée lorsque le niveau initial du PIB par habitant est négativement corrélé avec le taux de croissance moyen de la période.

Lorsque $\gamma = 0$, β représente le coefficient de convergence absolue, sinon il est le coefficient de convergence conditionnelle. On pourrait s'attendre à une convergence absolue au sein de la ZLECAf si le coefficient $\beta < 0$ et significatif, indiquant que plus une CER est pauvre plus son taux de croissance serait élevé.

Les résultats découlant du modèle de convergence classique, présenté au niveau de l'équation (1), montrent que les coefficients associés au PIB par habitant retardé n'ont pas les signes prédits de la convergence absolue et ne sont pas significatifs pour les deux premières sous-périodes (1990-1999 et 2000-2009). Ils sont donc non fiables.

En revanche, dans le tableau, nous constatons que les résultats de l'estimation pour la dernière sous-période (2010-2018) montrent un coefficient négatif mais celui-ci est non significatif.

Tableau 1 : Estimation de la β-convergence absolue des CER

Sous-périodes	**1990-1999**	**2000-2009**	**2010-2018**
Constante	-0.1774	-0.0546	0.2218 (*)
	(0.161)	(0.137)	(0.090)
Coefficient β	0.2521	0.0096 (**)	-0.0254
	(0.115)	(0.032)	(0.103)
Vitesse de convergence λ	-13 %	-0,9 %	2,9 %
Demi-vie *d*	-	-	27 ans

Source : Calculs des auteurs sous Stata.

Les valeurs entre parenthèses correspondent aux statistiques *P-value* : (***) Significatif au seuil de 1 % ; (**) Significatif au seuil de 5 % ; (*) Significatif au seuil de 10 %.

Nous pouvons conclure qu'il n'existe pas une véritable relation de convergence absolue au niveau de l'espace de la ZLECAf. Durant les deux premières sous-périodes les CER avaient tendance à diverger. L'écart séparant les CER enregistrant des revenus par tête élevés des CER affichant des niveaux moins élevés, avait tendance à se creuser. Le processus de rattrapage s'est progressivement amélioré, et plus particulièrement au cours de la dernière sous-période (2010-2018).

Les CER sont passées d'une situation de divergence absolue à une situation de convergence. La vitesse de convergence s'est nettement améliorée en passant de -13 % à 0,9 % pour atteindre 3 % entre 2010 et 2018. Cette amélioration nous a permis d'estimer la demi-vie ***d*** qui s'établit à 27 ans et qui représente le temps nécessaire aux CER en vue de combler la moitié de la distance qui les sépare de leur niveau d'équilibre stable de long terme. A ce titre, l'accélération substantielle du rythme de la convergence durant la troisième sous-période 2010-2018, avec une vitesse de 2,9 %, dénote de la pertinence de la prise en considération des différences structurelles qui caractérisent l'espace de la ZLECAf et des spécificités de chacune des CER. Ceci explique le recours à l'estimation de la β- convergence conditionnelle.

3.3.2. Tests de convergence conditionnelle

Nous analysons la convergence conditionnelle dans le cadre d'un panel, en vue de contrôler l'hétérogénéité inobservée. Islam (2003) confirme que l'analyse en panel du processus de la convergence permet de corriger les biais d'omission de variables et d'hétérogénéité susceptibles de résulter d'une approche en coupe transversale. Nous rappelons que la β-convergence conditionnelle décrit la situation où chaque CER converge vers son propre sentier d'équilibre.

Par opposition à la convergence absolue, la convergence conditionnelle suppose que la structure des économies respectives des CER étudiées est différente et présente des caractéristiques dissemblables (investissement en capital physique, investissement en capital humain, degré ouverture de l'économie, etc.). Cependant, la ZLECAf en tant qu'espace d'intégration économique potentielle, pourrait présenter des externalités spatiales et des prémices de coopération susceptibles d'accélérer le processus de convergence, et ce à travers la coordination progressive des politiques économiques et l'harmonisation du cadre institutionnel et réglementaire régissant les échanges entre les différentes communautés régionales.

Tableau 2 : Estimation de la β-convergence conditionnelle des CER

Sous-périodes	1990-1999	2000-2009	2010-2018
Constante	0.2603 (0.109)	-0.03456 (0.515)	0.2987 *** (0.001)
Coef β (associé à $ln\ (\tilde{y}_{it-1})$)	-0.1125 *** (0.000)	-0.0141 *** (0.009)	0.1059*** (0.000)
$ln(ICP_{it-1})$	0.5028 *** (0.000)	0.1498 *** (0.000)	0.3868 *** (0.000)
$ln(ICH_{it-1})$	0.1404 *** (0.000)	0.0407 (***) (0.000)	0.1193 ** (0.018)
$ln(INF_{it-1})$	-0.4142 * (0.000)	-0.1394 *** (0.000)	-0.3169 *** (0.001)
$ln(OVC_{it-1})$	-0.0537*** (0.000)	0.0059 (0.159)	-0.0359 *** (0.000)
Prob > chi2	0.0000	0.0000	0.0000
Vitesse de convergence λ	51 %	2 %	34 %
Demi-vie *d*	6 ans	49 ans	6 ans

Source : Calculs des auteurs sous Stata.
Les valeurs entre parenthèses correspondent aux statistiques *P-value* :
(***) Significatif au seuil de 1 % ; (**) Significatif au seuil de 5 % ; (*) Significatif au seuil de 10 %.

La β-convergence conditionnelle est vérifiée lorsque le niveau initial du PIB par habitant est négativement corrélé avec le taux de croissance moyen. Les effets attendus des variables de contrôle retenues sur le taux de croissance correspondent à leurs influences sur la situation de l'état régulier.

Plusieurs conclusions peuvent être tirées des résultats de l'estimation de l'équation (2) :

(i) il apparaît globalement que l'hypothèse de convergence conditionnelle est clairement vérifiée pour le PIB par tête au sein de la ZLECAf : le coefficient de convergence conditionnelle du revenu réel par habitant est significativement négatif pour la première et la troisième sous-période. Dans ce sens, une CER croît d'autant plus vite qu'elle est éloignée de son propre état régulier.

(ii) l'accumulation du capital physique exerce un effet significativement positif sur la croissance et donc sur le processus de conver-

gence. Ce constat dénote l'importance de l'intensification capitalistique eu égard aux effets induits sur la productivité et sur le développement d'une infrastructure de base destinée à soutenir les activités productives. Qui plus est, l'impact positif et significatif du coefficient associé à la variable de l'investissement en capital physique confirme l'importance des conditions initiales pour la croissance de chaque CER.

(iii) l'investissement en capital humain a un impact significativement positif sur la croissance du PIB par habitant. Ceci confirme l'importance de ce paramètre en tant que facteur de facilitation de l'accumulation et de la diffusion technologiques permettant aux pays en développement, en l'occurrence les pays africains, de valoriser leurs avantages comparatifs et de monter dans la gamme.

(iv) l'impact négatif du stock des infrastructures sur le niveau de croissance renvoie au problème de l'inefficacité des investissements publics et à la nécessité de les orienter vers des secteurs à plus forte valeur ajoutée et ceux disposant d'effets d'entrainement plus importants sur le reste des branches de l'économie nationale. Dans ce sens, nous rappelons que l'ICOR[1] médian en Afrique avoisine 5,4[2].

(v) l'ouverture commerciale exerce un impact inhibiteur sur le processus de convergence conditionnelle des revenus par tête entre les différentes CER. Cette situation s'explique par l'éloignement de la plupart des pays par rapport à la frontière technologique mondiale, le caractère structurel du déficit commercial, la faible valorisation et le manque de compétitivité des exportations ainsi que la lenteur du processus de montée en gamme dans le cadre des chaînes de valeur mondiales. Cependant, cet effet négatif pourrait se résorber par la poursuite de réformes structurelles et par une meilleure coordination des politiques visant à améliorer la compétitivité des exportations des CER et à diversifier leurs économies respectives.

L'approfondissement de l'intégration des CER fondée sur la mise à contribution des complémentarités potentielles s'avère une étape fon-

---

[1] ICOR : Incremental Capital Output Ratio ou coefficient marginal du capital. $\mathbf{ICOR_t = I_{t-1}/(Y_t - Y_{t-1})}$, I représente l'investissement et Y représente l'output ou le PIB. Cet indice mesure le nombre de points de « capital » nécessaires pour générer un point supplémentaire de croissance. Plus l'ICOR est faible plus l'investissement est efficace.

[2] Ndikumana L. (2014), « Fuite des capitaux et paradis fiscaux : impact sur l'investissement et la croissance en Afrique », De Boeck Supérieur, « Revue d'économie du développement », Vol. 22, pages 113 à 141.

damentale en vue de mieux réussir l'opérationnalisation effective de la ZLECAf. Le rythme d'ouverture commerciale gagnerait à être adapté au stade de développement de chaque CER pour évincer les éventuels effets contre-productifs et pour enclencher un véritable processus de « *learning by doing* » et bénéficier des externalités positives de la libéralisation des échanges.

L'intégration commerciale interafricaine n'a pas vocation à remplacer la coopération Nord-Sud. Le renforcement de la coopération Sud-Sud entre les pays de l'espace ZLECAf doit avoir pour orientation le rétablissement d'une ouverture commerciale plus équilibrée en mutualisant les avantages comparatifs pour une meilleure compétitivité des échanges avec le reste du monde. Ceci passe par le renforcement du partenariat sous-régional dans le cadre des différentes CER et par un rapprochement progressif entre les différentes communautés dans la perspective de l'opérationnalisation effective d'une zone de libre-échange unifiée.

Parallèlement à la confirmation de l'existence d'une tendance à la convergence conditionnelle entre les différentes CER, la vérification de l'existence potentielle de « clubs de convergence » au sein de l'espace « ZLECAf » nous permettra de nous prononcer sur l'éventualité de la constitution de pôles régionaux de croissance et d'intégration susceptibles d'atténuer les divergences et les lacunes des groupements actuels et d'accélérer le processus de rattrapage en capitalisant sur les similitudes des structures économiques.

4. Tests de clubs de convergence dans l'espace « ZLECAf »

L'hypothèse de convergence absolue suppose un seul niveau d'équilibre vers lequel toutes les CER convergent. Cette dernière hypothèse a été rejetée dans le cadre de notre étude.

En revanche, les tests ont validé l'existence d'une tendance à la convergence conditionnelle confirmant que la croissance de long terme dépend des conditions initiales ou des dotations initiales de l'économie de chaque CER.

Dans ce sens, nous procédons à l'estimation de l'équation (3) pour les trois sous-périodes retenues. Nous mobilisons les données de panel dynamique en vue d'augmenter le nombre d'observations à travers une prise en compte de la dimension temporelle et des spécificités individuelles des huit CER. Il est à rappeler que l'estimation de fonctions polynomiales recèle un problème de multicolinéarité entre les variables explicatives. De ce fait, nous utilisons l'estimateur GMM (*Generalized Method of Moments*) ou méthode des moments généralisée qui permet de résoudre les biais afférents à la corrélation entre les variables explicatives et le terme d'erreur et à la présence de variables retardées.

En vue de procéder au test des clubs de convergence, il est essentiel d'identifier la CER « référence » en tant que mesure de l'équilibre à l'état stationnaire. A cet égard, nous avons retenu la communauté la plus performante en termes de PIB réel par habitant durant la période 1990-2018. Le classement des CER fait ressortir que le revenu réel par tête de l'UMA est relativement le plus élevé. Nous retenons alors l'UMA comme CER « référence ».

La lecture des résultats des estimations montre que l'hypothèse selon laquelle des CER constitueraient des clubs de convergence est invalidée puisque le coefficient β est positif et significatif, au titre des trois sous-périodes étudiées. Aussi, le calcul des coefficients de rattrapage montre que les CER ont tendance à diverger par rapport au PIB réel par habitant cible, avec une amélioration positive mais lente. Il en ressort que l'estimation des clubs de convergence entre les différentes CER de l'espace de la ZLECAf, selon l'approche de Chatterji (1992), conduit à rejeter l'hypothèse de la β-convergence et à retenir celle de la divergence. Les sept CER du panel ne convergent pas vers le PIB par habitant de l'UMA comme niveau d'équilibre à long terme.

Ce résultat pourrait s'expliquer par une multitude d'asymétries et de disparités d'ordre économique, institutionnel et juridique. Il s'agit en l'occurrence de l'insuffisance des niveaux d'intégration des différentes CER, du manque de coordination des politiques communautaires et de complémentarité des productions nationales et de l'absence d'externalités positives substantielles des échanges intra-communautaires. L'émergence d'une véritable zone de libre-échange continentale nécessite alors un approfondissement de l'intégration des communautés existantes et une intensification des échanges inter-communautaires.

Tableau 3 : Tests des clubs de convergence entre CER

Sous-périodes	1990-1999	2000-2009	2010-2018
Constante	1.0222 (***) (0.000)	0.1662 (***) (0.001)	3.9875 (***) (0.000)
Coefficient a_1	0.8834 (***) (0.000)	0.9842 (***) (0.000)	0.5405 (***) (0.000)
Test de Sargan (valeur de P)	0.000	0.001	0.000
Test d'absence d'autocorrélation d'ordre 1 (valeur de P)	0.093	0.085	0.046
Test d'absence d'autocorrélation d'ordre 2 (valeur de P)	0.141	0.048	0.063
Vitesse de convergence λ (en %)	-24 %	-23 %	-18 %

Source : Calculs des auteurs sous Stata.

Les valeurs entre parenthèses correspondent aux statistiques *P-value* :

(***) Significatif au seuil de 1 % ; (**) Significatif au seuil de 5 % ; (*) Significatif au seuil de 10 %.

Si nos résultats ont pu démontrer l'existence d'une dynamique de convergence conditionnelle entre les principales CER de l'espace ZLECAf, il n'en demeure pas moins que notre étude nécessite d'être complétée par une analyse des déterminants économiques et des mécanismes institutionnels susceptibles de permettre aux différentes CER d'homogénéiser leurs politiques commerciales et leurs systèmes productifs de manière à amorcer un véritable processus de rattrapage.

Conclusion

Les résultats empiriques obtenus montrent que l'hypothèse de convergence absolue au sein de l'espace ZLECAf est rejetée. A ce titre, l'hypothèse de la croissance du PIB réel par habitant au sein des différentes CER obéit à un processus de convergence conditionnelle. A partir de l'estimation de la convergence conditionnelle, nous avons pu démontrer que plus le niveau initial du revenu réel par habitant est faible, plus la vitesse de convergence est rapide. En d'autres termes, la vitesse de convergence est d'autant plus rapide que les CER sont éloignées de leurs équilibres stationnaires de long terme respectifs. Aussi, l'hypothèse de l'existence de clubs de convergence au sein de l'espace de la ZLECAf a été rejetée.

Au regard du niveau de dépendance des systèmes productifs africains par rapport aux chaînes de valeur mondiales, l'approfondissement de l'intégration des politiques commerciales et l'harmonisation des cadres réglementaires s'avèrent d'une importance impérieuse. A ce titre, l'opérationnalisation effective de la ZLECAf pourrait dynamiser les processus de rattrapage des pays africains en contribuant à l'accélération de la convergence de leurs économies. La réussite de cette expérience demeure toutefois tributaire d'une multitude de préalables. Au-delà des réformes internes, les gouvernements devraient abandonner les comportements stratégiques visant à favoriser la compétitivité des entreprises nationales et s'inscrire dans une logique partenariale de co-production favorable à la complémentarité des avantages comparatifs communautaires.

Qui plus est, l'impulsion d'une intégration régionale équilibrée et la promotion des ressorts d'un processus de co-développement inclusif au sein du continent africain ne sont envisageables qu'à travers un volontarisme politique et un engagement institutionnel des différents États. Il s'agit notamment d'apporter des réponses claires et pragmatiques au problème de la fragmentation des espaces économiques due au télescopage des blocs infra continentaux.

Aussi, l'observation rétrospective des modèles réussis d'intégration, notamment celui de l'Asie du Sud-Est, plaide pour une priorisation des échanges intensifs au niveau des premières phases du déploiement de la ZLECAf avant de s'orienter vers des échanges plus extensifs. En effet, le potentiel de commerce intra-continental n'est pas suffisamment exploité et nécessite une analyse fine des structures de l'offre et de la demande extérieures de chaque pays en vue d'identifier les similarités de spécialisation productive, les possibilités de coopération mais aussi de substitution aux relations extracontinentales défavorables du point de vue du coût et préjudiciables aux équilibres extérieurs. Dans ce sens, la capacité des pays leaders de la ZLECAf à exercer des effets d'entraînement positifs constitue l'un des facteurs déterminants du rythme mais aussi de la qualité de la convergence. Théoriquement, la mise en place de cette zone d'intégration contribuerait à atteindre une taille critique permettant d'améliorer le positionnement de la zone au niveau des chaînes de valeur mondiales et de renforcer son attractivité et son pouvoir de négociation.

L'objet de ce chapitre a été de rappeler que le processus d'intégration en Afrique gagnerait à mettre à contribution les complémentarités des productions nationales. Étant convenu qu'il n'existe pas de modèle d'intégration transposable, les expériences européennes et asiatiques peuvent néanmoins servir de références à cet égard. Concernant l'Union européenne, considérée comme étalon de l'intégration régionale, l'approche préconisée s'est déployée horizontalement à travers un élargissement des partenaires et verticalement via un approfondissement du contenu du partenariat. Si la construction européenne s'est fondée sur une dynamique de substitution des consommations à l'intérieur de l'espace régional, il n'en demeure pas moins que la dimension politico-institutionnelle en a été l'une des principales clés de réussite. S'agissant de l'essor de l'expérience asiatique, il a été impulsé par une structuration et une connexion des réseaux de production et d'échanges commerciaux au niveau de la région. Le transfert transfrontières d'activités et la complémentarité productive ont permis de favoriser les investissements directs étrangers (IDE) et le commerce régional inter-branches. Ce modèle a débouché sur une accélération de la dynamique de rattrapage et de convergence et sur un ancrage des spécialisations en s'appuyant sur les différences en termes d'avantages comparatifs entre les pays de la région.

Dans sa quête de concrétisation des efforts d'intégration régionale, l'Afrique est appelée à transcender certains freins structurels tels que la taille restreinte des marchés domestiques et les similitudes en matière de dotations factorielles et de partenariats extra-continentaux. Une telle posture nécessite l'approfondissement de spécialisations industrielles distinctes et complémentaires et le développement substantiel du commerce intra-régional. Eu égard aux disparités des niveaux de développement et à l'absence d'une synchronisation des cycles productifs, l'Union européenne et l'Asie du Sud-est peuvent servir à éclairer la trajectoire d'opérationnalisation de la ZLECAf.

Dans un premier temps, la crédibilisation du projet d'intégration continentale nécessite inexorablement l'amélioration de la qualité institutionnelle des pays membres et l'instauration de mécanismes supra-étatiques pour faciliter et flexibiliser le déroulement et l'évaluation du processus. Ensuite, les écarts en termes de stade de développement exigent l'organisation d'une chaîne de valeur continentale tirant profit des potentialités nationales dans une logique de complémentarité et de transferts réciproques de connaissances et d'expériences. Aussi, faut-il insister sur la cardinalité de l'engagement politique au plus haut niveau des États en vue d'assurer l'aboutissement des initiatives communes de l'agenda d'intégration.

Annexe : liste des CER

Union du Maghreb arabe (UMA),
Union douanière d'Afrique Australe (UDAA ; COMESA) Communauté des États sahélo-sahariens (CENSAD), Communauté économique des États de l'Afrique centrale (CEEAC),
Communauté économique des États de l'Afrique de l'Ouest (CEDEAO),
Autorité intergouvernementale pour le développement (IGAD),
Communauté de développement de l'Afrique australe (SADC),
Communauté économique et monétaire de l'Afrique centrale (CEMAC),
Communauté d'Afrique de l'Est (CAE),
Union douanière d'Afrique Australe (UDAA),
Union économique et monétaire ouest - africaine (UEMOA)

Références bibliographiques

Akamatsu K. (1962), A Historical Pattern of Economic Growth in Developing Countries, *Journal of Developing Economies,* vol. 1, n° 1, pp. 3-25.

Artus P., Mistral J. et Plagnol V. (2011), L'émergence de la Chine : impact économique et implications de politique économique, *Rapport du Conseil d'Analyse Économique*, Direction de l'information légale et administrative. Paris. 314 pages

Assidon E. (2002), *Les théories économiques du développement*, troisième édition, La découverte.

Barro R., Sala-I-Martin X. (1991), Convergence across States and Regions, *Brooking Papers on Economic Activity*, Vol. n° 1, p. 107-182.

Barro R., Sala-I-Martin X. (1992), Convergence, *Journal of Political Economy,* 2, vol. 100, p. 223-251.

Barro R. (1996), Determinants of economic growth: A cross-country empirical study, *NBER working paper* series, n° 5698.

Berthelemy J.C., Varoudakis A (1996), Economic growth, convergence clubs, and the role of financial development, *Oxford Economic Papers,* 48(2), pp 300-328.

Canning D. (1998), A Database of World Infrastructure stocks, 1950-1995, *The World Bank Development Research Group, Public Economics Division and Transport, Water, and Urban Development Departmen, Working Paper 1929*, 153-167.

CEA (2006), *État de l'intégration régionale en Afrique II : Rationalisation des communautés économiques régionales, de la Commission économique pour l'Afrique*, Addis-Abéba, Éthiopie.

CNUCED (2013), *Le développement économique en Afrique, Commerce intra-africain : libérer le dynamisme du secteur privé*, UNCTAD/ALDC/AFRICA/2013

CNUCED (2019), *Made in Africa – les règles d'origine, un tremplin pour le commerce intra-africain*, UNCTAD/ALDC/AFRICA/2019

Dramani L. (2011), Convergence économique et spatiale en Afrique : cas des pays de la zone CFA, *Document de recherche*, Consortium pour la recherche économique et sociale, Université Cheikh Anta Diop de Dakar.

Durlauf S.N., Johnson P.A. (1995), Multiple Regimes and Cross-Country Growth Behaviour, *Journal of Applied Econometrics*, Vol. 10, p. 365-384.

Durlauf S.N., Quah D. (1999), The New Empirics of Economic Growth, in Taylor J., Woodford M. (eds.), *Handbook of Macroeconomics,* NorthHolland, Elsevier Science, Amsterdam.

Gbaguidi, O.A. (2013), Cinquante ans d'intégration régionale en Afrique : un bilan global, *Techniques Financières et Développement,* 2, n° 111. URL : https://www.cairn.info/revue-techniques-financieres-et-developpement-2013-2-page-47.htm.

Guetat I., Serranito I. (2009), Convergence des pays de la région MENA vers le niveau de revenu des pays du sud de l'Europe : un examen empirique, *Économie appliquée*, vol 62, n°2, pp 33-67

Hansen B. (2000), Sample Spitting and threshold estimation, *Econometrica,* 68(3), pp 575-603.

Islam N. (1995), Growth empirics: a panel data approach, *The Quarterly Journal of Economics* 110, 1127-1170.

Islam N. (2003), *What have We Learnt from the Convergence Debate?*, *Journal Economic Surveys,* Vol. 17, Issue 3, PP. 309-362.

Kis T. I. (1971), État des travaux sur la problématique de la convergence : théories et hypothèses. *Études internationales,* 2 (3), 443–487. https://doi.org/10.7202/700124ar

Le Gallo J., Dall'erba S. (2005), Croissance, convergence et interactions régionales : les outils récents de l'analyse spatiale quantitative, *Région et Développement* n° 21.

Loayza N., Soto E. (2002), The sources of Economic growth: An overview, in *Economic Growth: Sources, Trends, and Cycles,* edited by Norman Loayza and Raimundo Soto, Santiago, Chile, Central Bank of Chile.

Longo R., Sekkat K. (2001), Obstacles to Expanding Intra-African Trade, *working paper* n° 169, OECD Development Centre.

Lungyeki-Makiadi S. (2016), L'intégration régionale en Afrique : Un processus déjà ancien…pour quels résultats?, *Mulemba* [Online], 6 (12) | 2016, online 30 septembre 2018, consulté 15 mai 2020. URL: http://journals.openedition.org/mulemba/738 ; DOI : https://doi.org/10.4000/mulemba.738

Makiadi, Simão Lungyeki- voir Lungyeki-Makiadi S.

Mankiw N.G., Romer D., Weil D. (1992), A contribution to the empirics of economics growth, *The Quarterly Journal of Economics*. vol. 107, issue 2, 407-437.

Matala-Tala L. (2017), Le rôle et la place des communautés économiques régionales dans le développement de l'Afrique, *Revue In-*

terventions économiques, Hors-série. URL : alohttp://journals.openedition.org/interventionséconomiques/5699

Quah D. (1993), Galton's fallacy and the test of the convergence hypothesis, *Scandinavian Journal of Economics,* 95, pp 427-443

Rodriguez F. et Rodrik D. (1999), Trade Policy and Economie Growth: A Skeptic's Guide to the Cross-National Evidence, *WP7081 NBER*, (htpp ://www.nber.org/papers).

Rodrik D. (1999), *The New Global Economy and Developing Countries: Making Openness Work*, Overseas Development Council, The John Hopkins University Press.168 pages

Sachs J. D. (2005), *The end of poverty: Economic Possibilities for Our Time*, The Penguin Press, New-York, 396 pages.

Simão L. Makiadi, voir Lungyeki-Makiadi S.

Siry Bah M., Jobert T. (2015), Une analyse empirique du processus de convergence des pays africains, *GREDEG Working Paper* N° 2015-33.

Solow R.M. (1956), *A contribution to the theory of economic growth*, *Quarterly Journal of Economics*, Vol.70, N°1: 65–94.

Chapitre II
Les analyses qualitatives et quantitatives des coûts du non-Maghreb[1]

Ahmed SILEM
Université de Lyon

Introduction

L'ambition affichée dans le traité de Marrakech instituant l'union économique de cinq pays du Maghreb[2] était d'intensifier les échanges entre les pays membres, la création d'une union douanière avant 1995 et un marché commun économique avant 2000.

L'objet de cette contribution est de présenter dans une perspective non-technique[3] ce à quoi renoncent les pays d'Afrique du Nord en faisant de l'UMA une coquille vide. Dans l'ignorance des spécificités de chacun des pays, les coûts de la non-intégration sont intuitivement les avantages structurels de l'intégration, par conséquent qualitatifs, auxquels chacun des pays renonce. Les coûts mesurables relèvent essentiellement de l'analyse des écarts entre la croissance potentielle associée à l'hypothèse d'un approfondissement de l'intégration et la croissance constatée.

---

[1] Ce chapitre n'aborde pas les explications des obstacles à la réalisation effective d'une intégration régionale naturelle des pays de l'Afrique du Nord-Ouest. Ces explications ont été développées précédemment dans un chapitre de l'ouvrage *Les frontières revisitées, Héritage, fragmentation, recomposition, hiérarchies*, Sous la direction de Jean-Paul Chagnollaud et Xavier Richet, Collection : Questions contemporaines, L'Harmattan, février 2020. Pour la notion d'intégration régionale naturelle cf Balassa, 1987 ; Krugman 1991 ; Krugman et *al.*, 1999 ; Summers, 1991 ; Jacquemin et Sapir 1991 ; Frankel et *ali* 1995 ; Labaronne, 2013 ; Rezki 2017.

[2] Algérie, Libye, Maroc, Mauritanie, Tunisie.

[3] Seuls les modèles et les résultats feront l'objet d'une présentation. Les méthodes d'estimation, les tests de significativité ne seront pas abordés.

1. Les effets structurels de l'intégration

Les principaux avantages structurels de l'intégration régionale approfondie au Maghreb présentés dans la littérature (comme par exemple, Oulmane 2009 ; Boutin 2013 ; FMI, 2019) ne s'éloignent pas de ceux développés dans le cadre de la théorie des unions douanières. Une approche archéologique des apports théoriques cumulatifs précédera la présentation des avantages spécifiques dans le cadre du Maghreb.

1.1. Les avantages théoriques de l'intégration régionale

Les avantages mis en avant, du point de vue de l'économie du bien-être, sont synthétiquement :

- La baisse des coûts du commerce international que sont les droits de douane, les barrières non tarifaires (quotas et autres), les coûts logistiques (transport et services plus coûts liés aux inefficacités des chaînes logistiques internationales)[1]
- La concurrence qui fait baisser les prix avec tendance à leur égalisation aussi bien pour les produits que pour les facteurs de production. Dans les faits observables, ce phénomène est surtout sensible pour les produits locaux concurrencés par les produits importés substituables. Cela risque d'avoir pour conséquence la baisse de production du produit local concurrencé, toute chose étant égale par ailleurs, ce qui se répercuterait sur le niveau du PIB. Un tel scénario repose implicitement sur l'hypothèse d'un entrepreneuriat local passif face au défi concurrentiel.
- Une spécialisation des pays membres par exploitation des avantages naturels ou acquis, « évitant les gaspillages et les privations impliquées par le soutien artificiel, accordé à des activités de faible productivité » (René Courtin, 1948).

Dans le détail, le tout premier avantage est la concurrence entre les firmes initialement en situation de quasi-monopole dans leur pays avant l'abaissement des barrières douanières tarifaires et non tari-

[1] Arvis J.-F., Banque Mondiale (2011), Facilitation du commerce et infrastructures pour les pays du Maghreb. Les enjeux, https://docplayer.fr/52659344-Facilitation-du-commerce-et-infrastructures-pour-les-pays-du-maghreb-les-enjeux-jean-francois-arvis-banque-mondiale-alger-26-04-2011.html

faires. Une concurrence accrue disciplinerait l'évolution des prix intérieurs, favoriserait la compétitivité des productions locales face aux importations en provenance du reste du monde et faciliterait l'insertion dans les chaînes de valeur mondiales sur des produits exportables au lieu des positions de fournisseur de matières premières et d'assemblage pour le marché local.

Le deuxième avantage est un plus grand marché qui permet des économies d'échelle assurant des prix plus compétitifs et une plus forte attractivité pour les investissements directs étrangers (IDE). L'effet sur les prix est cependant difficile à circonscrire, car la baisse des coûts moyens par économie d'échelle est contrebalancée par la production de variétés à petite échelle (Siroën, 1988, p. 515). En plus d'un marché plus large, les IDE peuvent aussi être intéressés par le revenu moyen annuel au Maghreb de 10 003 $ en ppa en 2017 selon les données du FMI.

Tableau 1 PIB/habitant et rang mondial des pays de l'UMA

Pays	PIB/hab en PPA en 2017	Classement mondial
Algérie	15 150	87ème
Tunisie	11 987	103ème
Libye	9 792	112ème
Maroc	8 612	119ème
Mauritanie	4 474	144ème
Moyenne	10 003	Potentiellement 110ème

Source FMI 2017

Le troisième avantage porte sur la diversité plus grande des produits échangés (effet de variété), mais ils ne seront obtenus qu'après une phase d'industrialisation. Ils ont pour effet d'améliorer la satisfaction des consommateurs par un choix plus large de produits (demande de différence).

Le quatrième avantage est la possibilité d'amortir des chocs exogènes à l'union et éventuellement de se reporter sur le marché intra-zone en cas de résurgence de pratiques protectionnistes dans le reste du monde (FMI, 2019, p. 4)

Le cinquième, moins certain dans son ampleur, est la possible réduction de l'effet frontière. Le travail déjà ancien de Head et Mayer (2002) montre que l'effet frontière intra-européen a connu une baisse graduelle, mais ne disparaît pas pour autant, même si « les frontières nationales comptent de moins en moins » (Mayer, 2001).

Le sixième est le développement des échanges intra-zones qui seront d'autant plus effectifs que les demandes réciproques des différents pays sont élastiques.

Enfin la croissance permise par les différents effets ci-dessus se trouve renforcée, dans une intégration plus ambitieuse qu'un marché commun, par une éventuelle stabilité du change, une monnaie unique qui réduit les risques et les coûts du change.

1.2. Les limites de l'intégration régionale

Pour Jacob Viner (1950), l'accroissement du bien-être par élargissement du marché n'est pas assuré si l'effet de détournement de trafic dû au protectionnisme de l'espace intégré l'emporte sur l'effet de création. Richard Lipsey (1957) caractérisera le résultat comme un optimum de second rang. Takashi Negishi (1969) expose avec grande clarté les hypothèses non réalistes d'un optimum optimorum (optimum de 1er rang) qui résulterait d'une union douanière entre deux économies en relation avec le reste du monde.

Pour André Marchal (1965), le contrôle public est nécessaire pour éviter le risque que l'intégration ne s'éloigne de ses objectifs du fait d'une domination par des groupes privés peu soucieux de l'intérêt général. Désiré Avom (1999), Philippe Hugon (2015) distinguent sur ce point les effets en statique des économistes libéraux à la Viner et les effets structurels en dynamique des économistes interventionnistes comme François Perroux et André Marchal.

Les gains obtenus par intégration régionale sont distribués, compte tenu des dotations factorielles et du degré de diversification des activités dans chaque pays.

A) Du point de vue des salaires dans des pays inégalement développés, le théorème de Stolper-Samuelson indique, qu'en situation de libre-échange entre deux pays, la rémunération du facteur rare (travail qualifié du pays peu développé, travail peu qualifié du pays développé) diminue en termes réels tandis que celle du facteur abondant (travail qualifié dans le pays plus développé, travail peu qualifié du pays moins développé) s'améliore. Ce phénomène, qui ne s'étend pas aux activités extractives, s'explique, conformément au modèle H.O.S., par une spécialisation plus accusée de chaque pays dans les activités qui emploient les facteurs les plus abondants. Toutefois, comme le signale Cardebat Jean-Marie (2002)[1], la nouvelle théorie du commerce international remet en cause ce théorème dans la mesure où il est possible, selon certaines hypothèses –économies d'échelle internes aux firmes et concurrence monopolistique-, que tous les facteurs soient gagnants à l'échange.

B) Venables (2009), de son côté, fait observer que le pays initialement le plus diversifié sera le grand bénéficiaire d'un accord régional. Plus tôt (2003), il a relevé que l'intégration entre les pays à faible revenu a tendance à entraîner une divergence des revenus des pays membres, tandis que les accords entre pays à revenu élevé provoquent une convergence.

Dans le cadre de l'Afrique du Nord-Ouest, la Tunisie et le Maroc sont les économies les plus diversifiées. En conséquence, ces deux pays seraient logiquement les principaux bénéficiaires de l'intégration. Cela pourrait d'ailleurs expliquer le plus fort engagement de ces deux pays en faveur de la dynamisation de la Communauté économique régionale (CER) que constitue l'UMA au sein de l'Union africaine. Nous proposons de voir dans la section suivante si les travaux empiriques, prenant appui sur des modèles économétriques, confirment ces intuitions théoriques.

2. Les analyses par modélisation des coûts du non-Maghreb

Les modèles utilisés dans les études quantitatives sont de deux types :

---

[1] Cardebat Jean-Marie, « II / La nouvelle théorie du commerce international : tous gagnants ? », dans : Jean-Marie Cardebat éd., La mondialisation et l'emploi. Paris, La Découverte, « Repères », 2002, p. 26-39.

- les modèles d'équilibre général calculable (MEGC) pour évaluer l'impact des accords de libre-échange et d'union douanière conclus par un pays avec ses différents partenaires commerciaux
- les modèles de gravité en vue d'évaluer le potentiel de commerce en fonction des PIB et de la distance entre deux ou plus de deux pays.

2.1. Les modèles d'équilibre général calculable appliqués à l'UMA

Avant de présenter les coûts du non-Maghreb calculés à partir des MEGC, une brève histoire de ces modèles fera l'objet du premier paragraphe. Le dernier paragraphe sera consacré aux limites des MEGC.

2.1.1. Nature et histoire des MEGC

Les MEGC sont des modèles de simulation ayant pour fondement le modèle walrassien. Ils prennent appui sur la matrice de comptabilité sociale (MCS) du pays. Celle-ci retrace des informations annuelles sur les activités de production, les biens, les facteurs, les institutions, le compte capital, les relations avec le reste du monde, tout en respectant l'équilibre emplois-ressources de la nation. C'est donc plus complet que ce qui est pris en compte dans la matrice des échanges interindustriels de Leontief, dans la mesure où les marchés des facteurs sont intégrés, de même que la possibilité de substitution et l'ajustement par les prix des marchés.

Les MEGC permettent notamment d'évaluer l'impact d'un choc exogène, interne ou externe, d'une mesure de politique économique, de l'intégration dans une zone de libre-échange ou d'une union douanière, etc. sur les variables macroéconomiques, les variables sectorielles, le revenu et le bien-être des agents. Chacun de ces problèmes donne lieu à un MEGC spécifique par sa « structure, les formes fonctionnelles adoptées, le niveau de ventilation, le degré de détail dans lequel chaque comportement est décrit » [Letournel, Schubert, Trainar (1992)].

Les MEGC présentent un grand intérêt dans les pays en développement dans la mesure où les modèles économétriques ont un usage limité en raison notamment de l'absence de séries longues. Construits sur une base statistique restreinte, ces MEGC sont des modèles déterministes acceptant, dans la phase de calibrage, une évaluation endogène de certains paramètres[1] à partir de la MCS (Zantman, 1995).

Le calibrage des paramètres étant réalisé pour que le modèle reproduise la situation d'une année de référence choisie, le modélisateur est confronté au problème fondamental du bouclage ou fermeture macroéconomique du modèle [Decaluwé, Martens, Monette (1987)], pour assurer l'égalisation du nombre d'équations du modèle avec celui des variables endogènes. Le MEGC est bouclé lorsqu'il représente l'ensemble des interrelations circulaires entre les variables, c'est-à-dire les effets directs, les effets indirects et les rétroactions. Par exemple la suppression des droits de douane à l'importation, du fait de l'union douanière, peut entraîner, d'une part, un effet direct consistant en une augmentation des importations de biens de consommation par la baisse des prix et, d'autre part, un effet indirect correspondant à un effet de revenu positif, d'autant plus important que la demande d'importation est inélastique. Cet effet revenu peut se traduire par une augmentation de la demande pour les produits domestiques jugés luxueux. Mais il y a différents types de bouclage qui sont de nature paradigmatique, autrement dit qui dépendent du courant théorique paraissant le plus pertinent au chercheur pour rendre compte le plus fidèlement possible des réalités et « mieux saisir l'impact des politiques simulées, tel que rapporté par les résultats des simulations effectuées sur la base du modèle » (ministère du Commerce extérieur, Direction des études, Rapport IMPALE, 2009).

Suwa (1991) distingue quatre grands types de bouclage :

- le bouclage keynésien (noté K) fait l'hypothèse de la rigidité soit du salaire nominal (K1) soit du salaire réel (K2) aboutissant à la possibilité de chômage, avec une demande de travail endogène. Pour le bouclage K1 le taux de change est flexible, l'épargne étrangère est fixe. C'est inversé pour le bouclage K2 (taux de change fixe, épargne étrangère flexible). Dans les bouclages K, l'investissement et le taux d'épargne sont fixes, les prix de consommation et les prix de production sont flexibles ;
- le bouclage kaldorien suppose que les facteurs ne sont pas payés à leur productivité marginale et l'équilibrage (entre épargne et investis-

[1] Les paramètres qui ne font pas l'objet d'une évaluation endogène sont dits libres ou fixes et sont fournis par la littérature.

sement) passe par une redistribution des revenus influant sur le taux d'épargne ;

- le bouclage de Johansen accorde un rôle déterminant à l'investissement ; la consommation ou l'épargne s'ajuste alors de manière résiduelle ;

- le bouclage néoclassique se distingue essentiellement de K1 par la flexibilité de l'investissement et la fixité du taux d'épargne qui donne dès lors un rôle moteur à l'épargne. Il en résulte que c'est l'investissement qui varie pour assurer l'égalité *ex post.*

Les premiers MEGC, construits à la faveur du développement d'ordinateurs puissants, sont fondamentalement néoclassiques par leurs hypothèses. Ils ont pour auteurs Leif Johansen (1960), Arnold C. Harberger (1962) et Herbert Eli Scarf (1973). Ils ont d'abord été appliqués aux pays développés, en ne retenant qu'un seul pays. C'est ainsi qu'en 1978, Adelman et Robinson ont appliqué un MEGC à la Corée du Sud. Mais ce n'est qu'en 1982, avec le travail de Dervis, de Melo et Robinson, que le MGEC prend en compte certaines des spécificités structurelles des PED. Les pays d'Afrique du Nord ont alors donné lieu à des modélisations en équilibre général calculable. C'est le cas notamment du travail entrepris par Ouahiba Mihoub (1988) dans sa thèse soutenue à Toulouse. Celle-ci porte sur l'analyse du système productif algérien. Dans cette thèse Mihoub a privilégié les politiques d'investissement et de variations du volume des facteurs de production.

Un MEGC national, c'est-à-dire limité à un seul pays, permet de mesurer, par exemple, l'impact d'un abaissement du tarif douanier sur la croissance économique du dit-pays, ou bien encore les conséquences de l'adhésion à une union douanière (Decaluwé B., Dissou Y. et Patry A., 2001 ; M. Ngoy P. M. 2008). Un MEGC multi-régional ou multi-pays peut être utilisé pour évaluer l'impact d'une modification des droits de douane sur la réallocation des facteurs entre secteurs au sein des pays de l'union douanière, sur le commerce entre pays membres et avec les pays hors union (Guillaumont, Geourjon et Guérineau, 2012). Le premier MEGC multi-pays appliqué à un groupe régional de commerce en Afrique est celui de Decaluwé, Dissou et Patry (1998, publié en 2001).

La prise en compte d'un environnement imparfaitement concurrentiel, de la possibilité d'exploiter des économies d'échelle et l'introduction de comportements inter-temporels caractérisent les

MEGC de deuxième génération (Sabine Mage-Bertomeu, 2006). Ces MEGC amendés sont qualifiés de structuralistes néo-classiques (Alain Zantman, 1995) dans la mesure où l'individualisme méthodologique qui les caractérise est associé à l'hypothèse de l'existence de rigidités (Nicolas Hérault 2004). Le modèle MIRAGE appliqué à l'UMA et qui va faire l'objet d'un paragraphe dans la section qui suit, relève de cette seconde génération de MEGC.

2.1.2 Les coûts du non-Maghreb calculés par les MEGC

Les MEGC ont donné lieu à plusieurs études nationales pour les pays d'Afrique du Nord-Ouest constitutifs de l'UMA, mais les analyses multi-pays ont été plutôt rares. Trois études retiennent généralement l'attention. Ce sont celles de Ben Hammouda et *ali* (2006), le rapport de Mustapha Rouis et Komlan Kounetsron (2010) et David Laborde (2014).

A- Ben Hammouda et *ali* (2006) ont testé avec le modèle Mirage différents scénarios pour estimer les gains ou les pertes potentielles de chacune des étapes d'intégration économique pour les pays du Maghreb (Zone de libre-échange, Union douanière, Marché commun du Maghreb). Il apparaît qu'une ZLE est plus favorable à la diversification des économies nord-africaines, tout en améliorant leur bien-être. L'étude montre que les avantages globaux de la libéralisation du commerce des marchandises, avec la suppression de divers obstacles réglementaires non tarifaires dans le processus, atteindraient au moins 350 millions USD en 2004. L'augmentation des revenus résultant de l'augmentation de la production et des salaires aurait une incidence positive sur le niveau de bien-être des consommateurs du Maghreb. Les gains dynamiques découlant de la libéralisation du commerce des marchandises peuvent dépasser les gains statiques, l'amélioration de la productivité étant le principal facteur. L'analyse montre que la création d'un marché commun est probablement l'option la plus intéressante et la plus efficace pour les pays du Maghreb.

B- Le rapport de Mustapha Rouis et Komlan Kounetsron (2010) arrive à la même conclusion que celle de l'étude de Ben Hamouda et *ali.* Selon ce rapport réalisé pour la Banque mondiale, l'intégration économique du Maghreb est avantageuse pour tous et plus nettement pour l'Algérie. Elle aurait pu augmenter le PIB/ habitant, sur la période 2005-2015, de 34 % pour l'Algérie, 2 % pour le Maroc et 24 % pour la Tunisie.

C- Dans une étude sur le coût de la non-intégration économique de l'UMA, centrée sur la seule dynamique commerciale, David Laborde-Dubucquet (2014), en collaboration avec la Banque mondiale, utilise le modèle MIRAGE en fonction de trois scénarios d'intégration pour 2015 :

scénario A : s'inscrire dans la dynamique pré-2007 et assurer l'intégration effective de tous les pays membres
scénario B : atteindre le degré d'intégration effective du Mercosur
scénario C : atteindre la situation du Mercosur

Quel que soit le scénario retenu, les effets positifs sont notamment :

- l'élimination des droits de douane résiduels
- la baisse des coûts de transport intra régionaux
- la baisse des coûts administratifs et réallocation des ressources administratives
- la hausse de la productivité dans certains services
- la hausse de l'investissement direct étranger régional
- l'augmentation du PIB de 3 à 9 milliards de dollars (2007) par an pour l'UMA

Le principal bénéficiaire, selon cette étude de David Laborde, serait la Tunisie, petite économie ouverte, à condition que la relation commerciale Maroc-Algérie devienne opérationnelle.

2.1.3. Les limites des MEGC

Les MEGC ont pour inconvénients majeurs, d'une part, le recours au calibrage au lieu d'une estimation par une méthode économétrique dans l'évaluation des paramètres (Letournel, Schubert et Trainar, 1992 ; Le Cacheux et Touzé 2002, p. 101), d'autre part, une faible capacité de prévision et, enfin, la difficulté d'obtenir des données récentes et fiables pour les pays en développement.

Le Cacheux et Touzé (2002, p. 101) signalent, même hors contexte des PED, que « bon nombre des informations statistiques pertinentes ne sont pas disponibles. Toute observation manquante oblige à postuler, de manière plus ou moins arbitraire, une valeur numérique pour la variable correspondante, ce qui tend à relativiser la validité et la pertinence des résultats ».

Les MEGC sont relativement complexes et lourds à utiliser. C'est une faiblesse absente dans les modèles de gravitation auxquels est consacrée la section suivante.

2.2. Les coûts du non-Maghreb par les modèles de gravité

Les modèles de gravité semblent dominer dans les études qui mesurent les effets de l'intégration territoriale sur le bien-être en termes de taux de croissance. Bergstrand (1985) a d'ailleurs démontré que l'équation de gravité est « une forme réduite d'un sous-système à équilibre partiel d'un modèle d'équilibre général avec des produits différenciés au niveau national ».

Au-delà de cette remarque, le plus grand nombre d'études des problèmes de commerce international par les modèles de gravité peut s'expliquer par leur simplicité, la robustesse de leurs méthodes et la fiabilité de leurs résultats. La liste des auteurs ayant exprimé une telle évaluation est trop longue. Le plus représentatif est Anderson (2011) qui, dans son article de synthèse, écrit :

> "*Gravity has long been one of the most successful empirical models in economics. Incorporating deeper theoretical foundations of gravity into recent practice has led to a richer and more accurate estimation and interpretation of the spatial relations described by gravity. Wider acceptance has followed. Recent developments are reviewed here, and suggestions are made for promising future research*"[1].

La présente section commencera par une brève archéologie des modèles gravitaires, qui sera suivie par les modèles appliqués aux pays de l'UMA.

2.2.1 Histoire des modèles de gravité en économie internationale

La littérature sur l'histoire du concept de gravitation, dans une perspective spatiale en économie, est des plus fournies en travaux.

[1] Traduction : Le modèle de « gravité est depuis longtemps l'un des modèles empiriques les plus réussis en économie. L'intégration de bases théoriques plus profondes de la gravité dans la pratique récente a conduit à une estimation et une interprétation plus riches et plus précises des relations spatiales décrites par la gravité ».

Plutôt que d'entreprendre une présentation exhaustive, ce paragraphe de revue de littérature sélective se limitera à signaler les contributions les plus significatives[1].

On admet avec Bruce Elmslie (2018) qu'Adam Smith a été à l'origine de la première formulation analogique en économie du phénomène de gravité[2] mis en évidence par Isaac Newton en 1687. Dans le livre IV, chapitre 3 et section 2 de *Recherche sur la nature et les causes de la richesse des nations,* Smith propose en effet de prendre en compte, dans le commerce international, le poids économique des pays en présence et la distance qui les sépare. Il écrit, après un long développement,

« Le commerce de la Grande - Bretagne serait tout aussi avantageux pour la France, et, en proportion de la richesse, de la population et de la proximité respective des deux pays, il aurait la même supériorité sur celui que fait la France avec ses colonies[3] ».

C'est seulement Henry Charles Carey, le conseiller du président Lincoln, qui a été le premier, après l'intuition d'Adam Smith, à raisonner en termes de modèle de gravitation, non par analogie mais en termes de loi universelle qui ne serait pas différente de la loi physique, pour rendre compte des rapports sociaux. Le chapitre deux de son volumineux traité *Principles of Social Science* (1858-59)[4] -explicite "*la grande loi de la gravitation moléculaire, comme condition indispensable* de l'*existence* de cet être que nous connaissons sous le nom d'*homme"*. Ernest George Ravenstein (1885) applique cette loi aux mouvements démographiques en faisant observer que les grandes villes sont plus attractives que les plus petites.

---

[1] Pour une approche plus formalisée, on peut se reporter à : Bergeijk P. A. G. van, Brakman S. (2010) eds, De Benedictis L. et Taglioni D. in De Benedictis L. Salvatici L. (2011), Arthur J., Dray A., Puppetto L. (2020).

[2] La terminologie n'est pas stabilisée. Les expressions concurrentes, ou synonymes, de modèle de gravité (environ 17 700 000 occurrences sur Google le 23/04/2020) sont : modèle de gravitation (environ 241 000 occurrences sur Google le 23/04/2020), modèle gravitationnel (environ 703 000 occurrences sur Google le 23/04/2020), modèle gravitaire (environ 200 000 occurrences sur Google le 23/04/2020), modèle de gravitation.

[3]https://fr.wikisource.org/wiki/Recherches_sur_la_nature_et_les_causes_de_la_richesse_des_nations/Livre_4/3

[4] Traduit en français et publié en 1861 par Librairie Guillaumin sous le titre Principes de la science sociale

L'idée du recours au modèle d'attraction universelle est reprise en 1931 par William J. Reilly dans son livre sur la loi du commerce de détail, dite loi de Reilly, pour connaître ensuite un certain succès après le travail de George Kingsley Zipf en 1946 pour l'analyse des mouvements migratoires, puis celui de Edgard Malone Hoover (1948) sur le choix de l'implantation d'une activité économique.

L'astrophysicien John Quincy Stewart propose dans son article « *Demographic gravitation* » publié dans la revue *Sociometrics* d'appliquer les lois de la physique et de développer une nouvelle discipline « la physique sociale » pour analyser les comportements démographiques (1948). Walter Isard et Merton J. Peck (1954) font la démonstration empirique des effets négatifs de la distance pour le transport aussi bien domestique qu'international. C'est cependant surtout la contribution de Jan Tinbergen (1962) qui, en modélisant l'équation de gravitation pour le commerce international, donne l'élan à de nombreuses études empiriques.

Ces modèles de gravité des échanges, qui transposent la loi universelle de gravitation, privilégient, d'une part, la distance géographique en tant que facteur puissant par son effet négatif, du commerce bilatéral et, d'autre part, le produit intérieur brut susceptible de fournir matière au commerce bilatéral de chaque pays. En d'autres termes, le commerce bilatéral diminue avec la distance, conformément à la loi économique du moindre effort, comme le rappelle le titre du livre de George Kingsley Zipf (1949)[1].

Dans la sphère du commerce international, la loi de gravitation énonce que les échanges économiques bilatéraux entre deux pays sont, à un coefficient d'échelle près, directement proportionnels au produit de leur taille respective, mesurée par leur PIB, et inversement proportionnels à la distance géographique qui sépare leur capitale ou leur centre d'activité le plus important. Cela donne l'équation de gravité du commerce international établie par Jan Tinbergen (1962) exprimant le flux d'exportations X du pays (i) vers le pays (j), sous la forme suivante :

$$Xij = A\ (Yi^{ai}.Yj^{aj})/Dij^{a}$$

[1] Zipf G. K. (1949) Human Behavior and the Principle of the Least effort : An Introduction to Human Ecology Oxford, England: Addison-Wesley Press

L'équation sous forme logarithmique est fréquemment reprise dans les travaux économétriques en raison de la simplicité de sa linéarisation pour une estimation ultérieure par la méthode des moindres carrés ordinaire (MCO) :

$$ln\, Xij \;=\; lnA \;+\; ailnYi \;+\; ajlnYj - alnDij \;+\; eij$$

Avec :

A la constante de gravitation (G dans la formule en physique) à estimer qui synthétise l'effet des variables non identifiées ;

Y_i et Y_j les PIB respectivement des pays i et j (les masses M_i et M_j en physique) ;

D_{ij} la distance entre les pays i et j ;

α_i, α_j, α des paramètres à estimer correspondant à des coefficients d'élasticité ;

eij le terme d'erreur correspondant à l'écart entre ce que le modèle prédit et la réalité.

Dans la formule newtonienne originelle, la distance est élevée au carré. Dans les modèles d'économie internationale et de marketing territorial, la valeur la plus couramment observée pour *a* est de 0,9. Cette valeur du coefficient d'élasticité signifie qu'une augmentation de 10 % de la distance suscite une diminution des échanges de 9 %. De même a_i et a_j ont chacun une valeur sensiblement peu différente de de l'unité.

Pentti Pöyhönen (1963) applique la même équation de gravité à l'analyse du commerce international de dix pays européens en 1958. Mais c'est Linnemann (1966) qui formule l'équation la plus souvent reprise dans les analyses empiriques en économie internationale. Les variables déterminantes des exportations retenues sont les revenus nationaux, les populations, la distance géographique et l'existence d'un accord commercial préférentiel. La prise en compte des revenus nationaux est logique, puisque les exportations sont une offre de la production nationale et une demande du pays importateur qui dépend de son revenu.

Tous ces premiers modèles sont considérés comme des modèles intuitifs, c'est-à-dire sans fondement théorique autre que l'intuition analogique avec le modèle de Newton. Les travaux sur les fondements théoriques sont plus tardifs. Le pionnier dans ce domaine semble être Anderson (1979). Prenant appui sur la théorie néoclassique du commerce international synthétisée par le théorème H.O.S., sa proposition consiste en un modèle de gravité à fondement microéconomique basé sur des biens différenciés selon leur origine, i.e. imparfaitement substituables conformément à la spécification du modèle d'Armington[1], avec des préférences homothétiques des consommateurs représentées par une fonction d'utilité à élasticité de substitution constante (CES)[2].

Le modèle de Linneman a donné lieu à un grand nombre de variantes qui se distinguent par le choix de variables déterminantes muettes en plus des PIB de chaque pays, de leur proximité géographique et en tenant compte éventuellement de la résistance multilatérale (*multilateral trade resistance* ou MTR)[3] introduite par Anderson et Wincoop (2003). Anderson et van Wincoop (2003, page 175) proposent, en plus de la prise en compte des obstacles bilatéraux (t_{ij}), d'introduire le terme de résistance multilatérale sous forme d'indices de prix P nationaux. L'explication logique avancée est le fait que le commerce entre deux pays dépend aussi des possibilités d'échanges avec d'autres pays dans le monde. L'équation de gravité est alors de la forme complexe suivante :

$$X_{ij} = \frac{Y_i Y_j}{Y_w}\left(\frac{P_i P_j}{t_{ij}}\right)^{\sigma - 1}$$

Avec

$$P_j^{1-\sigma} = \sum_i^N P_i^{\sigma - 1}\frac{Y_i}{Y_w}t_{ij}^{1-\sigma}$$

Où Y_i, Y_j, Y_w sont les PIB des pays i, j et du monde *w ;* Pi, Pj sont les indices des prix des pays i et j ; σ est l'élasticité de substitution.

Le procédé le plus simple pour représenter l'effet de la résistance multilatérale est une variable muette qui prend la valeur 1 en cas d'exportation (importation) du pays i (pays j) et la valeur 0 dans le cas contraire. Ce modèle d'Anderson et Wincoop a été appliqué dans plusieurs études. Par exemple, Duc, Granger et Siroën (2007) en ont eu

[1] La spécification d'Armington (1969) est un ensemble d'hypothèses : les produits d'un secteur donné d'un pays donné sont homogènes ; les produits de différents pays sont imparfaitement substituables ; les choix du consommateur pour un produit donné sur un marché sont indépendants du choix fait sur d'autres marchés ?

[2] Constant elasticity of substitution. Cette élasticité de substitution constante s'applique pour différentes variétés de produits différenciés selon leur pays d'origine par spécification d'Armington

[3] Plus rigoureusement les MTR correspondent aux barrières à l'échange qu'un pays rencontre avec ses différents autres partenaires (Adam & Cobham, 2007).

recours pour tester les effets d'une clause démocratique dans le commerce international ; Figueiredo et Péridy (2015) l'ont adapté pour une évaluation de l'impact des coûts directs et indirects à l'échange, via le transport maritime dans les pays MENA[1]. Ces deux catégories de coûts mesureraient à la fois la performance logistique comme par exemple le nombre de transbordements, la taille et l'âge des navires, le temps des formalités aux frontières, les coûts d'opportunité, les coûts de stockages et, d'autre part, les coûts de transaction. La variable coût aussi finement détaillée dans l'étude de Figueiredo de Oliveira et Péridy, est cependant très rarement disponible, mais le ratio c.a.f./f.a.b peut servir de *proxy*.

Ces exemples illustrent aussi ce que l'on désigne par « modèle de gravité augmenté ». Les autres variables déterminantes des échanges bilatéraux dans ce type de « modèle de gravité augmenté » sont : le niveau de développement saisi soit par le revenu par tête soit par la population, le niveau de protection des échanges, les accords commerciaux préférentiels, l'adhésion à une zone monétaire, les indices de prix, le taux de change, les affinités culturelles (aspects historiques communs, langue officielle commune, religion), la contigüité des frontières territoriales, le degré d'enclavement des économies, le degré d'urbanisation des pays, le développement des infrastructures, la complémentarité des échanges, la similarité des économies, la nature de la gouvernance, la stabilité politique interne, le régime politique, etc.

Cette longue liste non exhaustive des variables qui sont, hors revenu et population, muettes (*dummy*) et souvent binaires, peut être raccourcie dans le cadre d'une application particulière. Fontagné, Pajot et Pasteels (2002) proposent, dans cet esprit pratique, un petit mode d'emploi du modèle gravitationnel. Il reste que la distance est la variable cruciale comme le démontrent les travaux qui mettent en évidence l'indice d'intensité relative bilatérale qui mesure le potentiel commercial bilatéral en éliminant l'effet taille de chaque pays (Freudenberg et *ali.* 1998 ; Hadjou 2012). Après de nombreux auteurs, Anne-Celia Disdier et Keith Head (2008) écrivent, sur la base d'une analyse de 1467 effets de distance estimés dans 103 articles, qu'il s'agit là d'un des résultats empiriques les mieux établis en économie internationale.

---

[1] Acronyme anglais pour Middle East and North Africa, l'équivalent français ANMO pour Afrique du Nord et Moyen-Orient.

Dans les travaux empiriques, il peut arriver que la distance à vol d'oiseau entre deux centres économiques soit sous-estimée ou surestimée. La distance du transport est sous-estimée en négligeant les obstacles naturels. Le coût de transport peut être une solution de substitution pour éviter la sous-estimation. La distance entre les capitales surestime la distance dans le commerce transfrontalier lorsqu'il est important. En outre, l'effet frontière rend non pertinente la distance physique, puisqu'il est possible d'observer, à la suite de McCallum (1995), une plus forte intensité des échanges entre deux villes distantes du même pays qu'entre deux villes proches l'une de l'autre situées dans deux pays différents[1]. Mais même dans un espace intégré, comme c'est le cas de l'Union européenne, Head et Mayer ont constaté qu'en 1995, « deux régions européennes commercent en moyenne environ 14 fois plus entre elles lorsqu'elles appartiennent au même pays que dans le cas contraire », validant ainsi la conclusion générale de McCallum qui affirmait « les frontières nationales ont toujours de l'importance » (1995, page 622).

La faible distance entre deux pays ne suffit cependant pas à expliquer l'importance des relations commerciales bilatérales. La distance ne se réduit pas à celle de l'espace géographique, comme Jadish Bhagwati (1993, p. 544) le fait remarquer :

"*Compare for instance the trade through the 1960s between India and Pakistan with that between India and the UK or the USSR. The former trade has been smaller than the latter. Borders can breed hostility and undermine trade, just as alliances among distant countries with shared causes can promote trade*"[2].

Quant aux retombées, la distribution des avantages retirés par chacun des pays partenaires dans le commerce bilatéral est révélée par

---

[1] L'effet frontière de McCallum a été mis en évidence en comparant deux provinces canadiennes et américaines de tailles équivalentes et à distances égales de la frontière séparant les deux pays. Il relève, pour l'année 1988, qu'une province canadienne commerçait en moyenne 20 fois plus avec une autre province canadienne qu'avec un État américain de taille et à distance comparables.

[2]Traduction : « Comparez, par exemple, le commerce entre l'Inde et le Pakistan dans les années 1960 et celui entre l'Inde et le Royaume-Uni ou l'URSS. Le premier a été inférieur au second. Les frontières peuvent engendrer de l'hostilité et saper le commerce, tout comme des alliances entre pays lointains ayant des causes communes peuvent promouvoir le commerce ».

l'importance relative des produits primaires et la différence des tailles des pays. Cette dernière a été mise en évidence pour l'effet frontière.

2.2.2. Les modèles de gravité appliqués aux pays de l'UMA

Le type de modèle de gravité augmenté a été utilisé dans de nombreuses études pour notamment mesurer le potentiel de commerce des pays d'Afrique du nord-ouest. Un aperçu de quelques-unes de ces études suffira ici pour donner les tendances mises en évidence dans leurs conclusions quant aux coûts du non-Maghreb. Seront successivement présentées chronologiquement les contributions de Achy (2007), Millogo (2011), Oueslati et Brini (2013), Raouf et Ghoufrane (2016), Mahjoub et *ali* (2017).

A – L'étude de Lahcen Achy

S'inspirant des travaux d'Anderson (1979), de Bergstrand (1985 et 1989), de Deardorff (1995), et d'Evenett et Keller (1998), Lahcen Achy (2007) a estimé un modèle de gravité sur un échantillon de 146 pays pour des sous-périodes quinquennales entre 1970 et 2000.

Les variables quantitatives du modèle sont le PIB et le PIB par tête (PIBPT), la distance en kilomètres entre les capitales des deux pays partenaires, la superficie exprimée en km² des pays partenaires. Les variables muettes ou qualitatives sont : existence d'un accord d'intégration régionale entre les deux pays, une monnaie unique entre les deux pays, enclavement, colonisateur commun, frontière commune, langue officielle commune. Des variables nouvelles sont introduites pour tester les spécificités des pays d'Afrique du Nord par rapport aux autres pays. Ce sont les échanges intra-région, les échanges extra-région, et diverses variables de contrôle prenant en compte les effets des politiques économiques dans le commerce international : la volatilité du taux du change bilatéral, le ratio du montant total des crédits distribués par les banques par rapport au PIB, les restrictions aux opérations financières courantes et de capital.

Lahcen Achy montre significativement, dans une première exploitation des données sur la période retenue, que les pays d'Afrique du Nord, élargis à l'Égypte et au Soudan, « sont non seulement faiblement ouverts au commerce international, mais ils sont aussi davantage cloisonnés les uns vis-à-vis des autres ».

Dans une seconde étape, sur la base des estimations du potentiel de commerce entre les pays de la région à l'aide du modèle de gravité, Achy fait observer que « si les pays de la région se comportaient comme le *benchmark*, leurs exportations totales seraient 33 % plus élevées par rapport à leur niveau observé ». Le tableau 2 donne les informations détaillées.

Il arrive à la conclusion selon laquelle l'intégration régionale des pays de l'Afrique du Nord ferait que les exportations potentielles seraient dix fois plus élevées par rapport à leur niveau actuel. Il précise que ce « résultat semble cohérent par référence aux indices de complémentarité du commerce extérieur des pays de la région ».

Tableau 2 : Le potentiel commercial des pays d'Afrique du Nord selon Achy

	Algérie	Égypte	Libye	Mauritanie	Maroc	Soudan	Tunisie	Ensemble
Exportations observées (2004)								
Totales	31882	12100	19313	784	9738	3774	9679	87270
Afrique du Nord	490	483	489	14	179	120,5	572	2348
Part Afrique du Nord	1,54	4	2,5	1,8	1,84	3,2	5,9	2,70
Exportations simulées								
Totales	36664	21730	21932	903	13146	7416	14035	115825
Afrique du Nord	7531	7344	5583	296	2430	1800	6881	31865
Part Afrique du Nord	20,54	33,8	25,5	32,8	18,5	24,3	49	27,51
Variation des exportations totales en %	15,0	79,6	13,6	15,2	35,1	96,5	44,9	32,7
Rapport entre commerce intra-régional simulé et observé	**13,3**	**8,5**	**10,1**	**18,3**	**9,1**	**7,6**	**8,3**	**10,2**

B – Le travail d'Albert Millogo

Albert Millogo (2011), sur la base d'un modèle de gravité peu différent du précédent quant aux variables déterminantes retenues, a entrepris une analyse en données de panel sur un échantillon plus large de 191 États et sur une période annualisée plus récente de 25 ans allant de 1982 à 2006.

L'équation du modèle retenu est :

$$lnX_{ijt} = \alpha_0 + \alpha_1 lnY_{it} + \alpha_2 lnY_{jt} + \alpha_3 lnD_{ij} + \alpha_4 Contig_{ij} + \alpha_5 Langoff_{ij} + \alpha_6 Enclav_{ij} + \alpha_7 Colony_{ij} + \alpha_8 AIR_{ijt} + \alpha_9 Kaopen + \alpha_{10} UMA + \alpha_{11} UMA\_MONDE + \varepsilon_{ijt}$$

où *εijt* correspond aux résidus. Les variables muettes sont les suivantes :

-*Contigij* : frontière commune prend la valeur 1 si i et j ont une frontière commune et 0 autrement.

-*Langoffij*: partage d'une langue officielle prend la valeur 1 si i et j, sinon 0 .

-*Enclavij*: enclavement qui est égal à 2 si i et j sont tous les deux des pays enclavés, 1 si l'un des deux partenaires n'a pas de frontière maritime et 0 s'ils ont tous une frontière maritime.

-*Colonyij*: lien colonial égal à 1 si i et j ont des liens coloniaux et 0 sinon.

-*AIRijt* : valeur égale à 1 si i et j dont dans la même ZLE et 0 autrement.

-*UMA* prend la valeur 1 si i et j appartiennent à l'UMA et 0 autrement.

-*UMA MONDE* est égale à 1 si l'un des deux partenaires est de l'UMA et 0 autrement.

-*Kaopen* est la mobilité des capitaux qui prend soit la valeur 2 pour absence d'ouverture des comptes courants et de capitaux en i et j, soit 1 si l'un des deux pays est ouvert et 0 si les deux partenaires sont ouverts.

Le modèle est intéressant pour se faire une idée du coût du non Maghreb en termes de potentiel non exploité. C'est ainsi qu'il apparaît, dans le tableau 3, que les exportations de la zone Afrique du Nord, étendue à l'Égypte et au Soudan, ne représentent que moins de 50 % de la valeur prédite.

Tableau 3 : Potentiel commercial des pays de l'UMA (M $)

Pays	Exportations observées	Exportations estimées	Export obs / Export estimées en %
Algérie	1138,37	2334,73	48,76
Libye	864,02	1136,05	76,05
Maroc	234,96	881,71	26,65
Mauritanie	21,56	14,23	151,48
Tunisie	1124,71	982,52	114,47
TOTAL	3383,62	5349,29	64,25

Sources : Calculs sur la base des estimations et données CNUCED, adaptés de Albert Millogo. Estimation du potentiel de commerce dans l'Union du Maghreb Arabe par un modèle gravitationnel. *Economies et finances*. 2011.

En s'en tenant aux seuls pays de l'UMA, le pourcentage est plus élevé (63,25 %), mais cela ne change pas la conclusion selon laquelle les pays de l'UMA « n'échangent pas assez étant donné le niveau de PIB, la proximité et les autres déterminants des échanges considérés par le modèle ». C'est un constat partagé par toutes les études consultées. Les différences portent sur les montants, mais le plus souvent les années d'observation prises en compte sont différentes.

C – L'étude d'Adnen Oueslati et de Riadh Brini

Oueslati et Brini (2013) analysent avec un modèle de gravité les coûts du non-Maghreb en utilisant des données de panel d'un échantillon de 57 pays dont les pays de l'UMA, entre 1980 et 2007. Leur objectif est d'étudier la relation entre les exportations totales et les facteurs les affectant, ainsi que les exportations par secteur et leurs déterminants. Ils définissent le coût du non-Maghreb, eux aussi, par la différence entre le niveau calculé des exportations totales potentielles et le niveau observé. Les résultats confirment le faible niveau du commerce intra-régional par rapport à son potentiel, mais il est plus élevé que celui calculé dans les échanges avec les pays non membres de la sous-région.

D – L'analyse de Radouane Raouf et d'Azzedine Ghoufrane

L'article de Raouf et Ghoufrane (2016), privilégie l'analyse du potentiel commercial du Maroc dans ses échanges avec les pays africains, avec un accent mis sur ses relations avec le Sénégal mais, bien que marginalement, les échanges avec certains pays de l'UMA sont abordés. C'est à ce titre que cette étude a été retenue bien que, d'une part, le nombre de pays de l'échantillon (25 pays dont 16 africains et 9 hors Afrique) soit plus faible que ceux des études déjà présentées et, d'autre part, la période de ces données (1998-2006) est aussi plus courte. Néanmoins, les résultats obtenus s'inscrivent dans la tendance relevée dans les études antérieures, sans être pour autant identiques.

C'est ainsi que Raouf et Ghoufrane constatent, pour les exportations du Maroc vers l'Algérie, un potentiel de 4,5 fois la valeur des exportations effectives, alors que Millogo donne un facteur de 11. Les exportations observées avec la Libye et la Tunisie sont proches des exportations estimées, comme le montre le Tableau 4. Ces derniers résultats sont cependant non confirmés en 2015 dans l'étude de Mahjoub et *ali* (2017) objet du paragraphe suivant.

Tableau 4 : Le potentiel commercial du Maroc avec trois pays d'Afrique du Nord (en millions de dollars courants)

A -Pays exportateur	B -Pays importateur	C- Exportations observées	D - Exportations estimées	E = D/C Potentiel de commerce en %
Maroc	Libye	22016,312	9762,287237	44,341
Maroc	Tunisie	69756,136	119196,6584	170,876
Maroc	Algérie	49211,419	224564,893	456,327

Adapté de Raouf et Ghoufrane (2016)

E – L'étude coordonnée par Azam Mahjoub

Mahjoub et *ali* (2017) étudient, avec un modèle de gravité, les échanges commerciaux entre les cinq pays de l'UMA et un échantillon de 83 pays (principaux partenaires et blocs régionaux), en vue, notamment, d'estimer le volume potentiel des échanges qui devrait exister entre les pays du Maghreb en fonction de différentes variables déterminantes dont les capacités productives, les accords commerciaux en vigueur, la distance entre les pays, les effets de frontière, etc.

Pour l'année 2015, les estimations des échanges effectifs intra-régionaux, évalués à 6 724,06 milliards US $ ne représentent que 27,4 % du potentiel estimé à 24 514,67 milliards US $, qui représenterait 11,8 % du commerce mondial au lieu de 3,6 %. Un tel niveau des exportations potentielles est associé à une forte croissance du PIB de la sous-région dont le montant représenterait 6,4 % du PIB mondial au lieu de 2,05 %.

Dans les échanges bilatéraux, la Tunisie est le seul pays à avoir dépassé son potentiel d'exportations vers les autres quatre pays. Il est également un fort importateur auprès des autres membres de la sous-région. Les exportations effectives intra-maghrébines du Maroc sont supérieures à leur niveau potentiel sauf avec l'Algérie où elles n'atteignent que 4,05 % en 2015.

Conclusion

De nombreuses études sur les coûts du non-Maghreb ont été réalisées avec deux types de modélisation : les modèles d'équilibre général calculables et les modèles de gravité. Tous ces modèles, par la mise en évidence des effets de l'intégration régionale sur la croissance de la zone, recommandent l'approfondissement de l'intégration. Il semble cependant que l'optimisme de cette conclusion des modèles mérite d'être nuancé eu égard à la tendance à négliger au moins deux phénomènes : la distribution des effets de détournement de trafic et la concentration des productions et des exportations de certains pays aux fortes dotations en ressources naturelles. Les modèles, quelle que soit leur nature - équilibre général calculable ou gravitaire - applicables aux pays de l'Afrique du Nord-ouest, pourraient être plus éclairants en prenant en compte le degré de diversification et de dotation en ressources naturelles des partenaires à l'échange en s'inspirant du modèle théorique de Venables (2011).

Venables présente en effet deux groupes de pays qui se distinguent par leur degré de dotations en ressources naturelles. Il montre que les plus pauvres seraient les principaux bénéficiaires en accédant à la rente des pays riches. Ces derniers seraient perdants pour leurs importations intra-zones du fait de la protection assurée dans l'union. En conséquence, la distribution des avantages de l'intégration risque de freiner l'engagement des États les plus favorisés en ressources naturelles dans le processus d'intégration. Le modèle théorique de Venables a donné lieu à une validation empirique sur les pays du MOAN (Moyen-Orient et Afrique du Nord) par Carrère Céline, Julien Gourdon et Marcelo Olarreaga (2012). Les auteurs sont arrivés à la conclusion selon laquelle les pays pauvres en ressources ne subissent aucun détournement des échanges et sont les principaux bénéficiaires de la zone de libre-échange PAFTA[1]. Le PAFTA a aidé à redistribuer les revenus des pays riches en ressources aux pays pauvres en ressources au sein du PAFTA. Cela explique également pourquoi les pays riches en ressources peuvent être réticents à approfondir davantage ce type d'accords.

En suivant la théorie de Venables, un pays comme l'Algérie, riche uniquement en ressources naturelles, ne voit pas ce qu'il peut gagner dans une intégration territoriale tant que son économie ne sera pas engagée dans une ré-industrialisation nécessaire après la désindustrialisation des années 1990 -2015 (Benabdallah, 2009 ; Mouhoud, 2019). La faible complémentarité des économies n'est cependant pas dirimante à l'intégration (cf Avom -1999- reprenant Meade sur ce point).

Au-delà du faible engagement de l'Algérie, les coûts du non-Maghreb sont limités à une relative courte période, puisque le CER que constitue l'UMA n'est qu'une des premières étapes sur les six dans la réalisation de l'ambitieux Traité d'Abuja. Ce Traité, adopté le 3 juin 1991 et entré en vigueur le 12 mai 1994, instituant la Communauté économique africaine (CEA), a programmé, pour 2028, l'union des économies de l'ensemble des pays africains en un seul marché continental, la création d'une union monétaire et économique africaine avec une seule monnaie africaine émise par une banque centrale africaine. Cette BCA sera créée dans cette perspective. A cet horizon, il est prévu la création et l'élection du premier parlement panafricain. Avant d'en arriver à cette phase ultime, l'intégration régionale des pays de l'Afrique du Nord-Ouest est d'abord une étape vers la mise en oeuvre intégrale de la Zone de libre-échange continentale africaine (ZLECAf), lancée en mars 2018 par 44 pays africains.

---

[1] L'acronyme anglais PAFTA correspond à *Pan Arab Free Trade Area* plus connu sous l'acronyme GAFTA pour *Greater Arab Free Trade Area* et traduit par Grande zone arabe de libre-échange, en abrégé GZALE.

Le principe qui a présidé aux étapes de la CEA est un gradualisme qui passe par des communautés économiques régionales. Ces CER, dont l'UMA, sont supposées permettre de réduire ou même de supprimer avec moins de difficultés les barrières tarifaires et non tarifaires entre pays membres que ce qui est envisagé directement à un niveau continental et surtout dans le cadre des négociations multilatérales du type OMC (Mkimer-Bengeloune Laïla, 2013). Mais, à la différence de ce qui se produit dans la plupart des autres CER attractifs pour trois des cinq pays de l'UMA, cette dernière ne donne aucun signe conforme aux étapes du Traité d'Abuja.

Bibliographie et sitographie

Abdoulahi M. (2005), *Évaluation des efforts d'intégration régionale en Afrique en vue de promouvoir le commerce intra-africain*, Centre africain pour les politiques commerciales, CEA, www1.uneca.org/Portals/atpc/CrossArticle/1/WorkinProgress/30_fr.pdf

Abis S. (2014), Non-Maghreb : coût économique ou coup politique ?, Institut européen de la Méditerranée, Quaderns de la Mediterrània 20/21, *Futuribles*, n° 128, avril 2013 (http://www.futuribles.com).

Achy L. (2007), Le commerce intra-régional : l'Afrique du Nord est-elle une exception ?, *l'année du Maghreb,* CNRS

Achy, L., (2006), *Le commerce en Afrique du Nord : Évaluation du potentiel de l'intégration régionale en Afrique du Nord*, Rabat, Commission économique pour l'Afrique des Nations-Unies, 2006. URL : http://www.northafricaforum.org/francais/integration.pdf.

Adam Ch., D. Cobham, (2007), . " Modelling multilateral trade resistance in a gravity model with exchange rate regimes," *CDMA Conference Paper* Series 0702, Centre for Dynamic Macroeconomic Analysis

Adelman I. and S. Robinson, (1978), *Income distribution policy in developing countries: A case study of Korea*, Oxford university press

Akrimi Neila, (2007), Le Dialogue « 5+5 » : « boîte à idées » pour relancer le Processus de Barcelone en Méditerranée occidentale ? in *Alfa, Institut de recherche sur le Maghreb contemporain*, p. 329-338 https://books.openedition.org/irmc/762?lang=fr

Anderson J. E. (2016) The Gravity Model of Economic Interaction, Boston College and NBER, 9 pages, https://www2.bc.edu/james-anderson/GravityModel.pdf

Anderson J. E., (2011), « The Gravity Model », *Annual Review of Economics*, (3), p.133-160

Anderson J. E., E. van Wincoop (2003), « Gravity with Gravitas: A Solution to the Border Puzzle », *The American Economic Review*, 93, p. 170-192

Armington P., (1969), "A Theory of Demand for Products Distinguished by Place of Production", *International Monetary Fund Staff Papers*, XVI 159-78,

Arthur J., Dray A., Puppetto L. (2020) Estimation de potentiels de commerce par un modèle de gravité, *Documents de Travail de la DG Trésor* • N° 2020/1 • Janvier

Avom D. (1999) *Intégration monétaire préalable ou résultat de l'intégration économique ? Le cas des pays membres de la CEMAC (Communauté Économique et Monétaire de l'Afrique Centrale)*, Université Lyon 2, *theses.univ-lyon2.fr/documents/getpart.php?id=143&action=pdf*

Balassa B., (1961), *The theory of Economic Integration,* London : Allen & Unwin,

Baldwin, R., (1997) The Causes of Regionalism. London, *The World Economy*, 1997, vol. 20, issue 7, 865-888

Barro R. J. and J. W. Lee (eds), (2011) *Costs and benefits of economic integration in Asia,* Oxford University Press, *320 pages*

Bchir Hedi M., Decreux Y., Guérin J.L. et Jean S., (2002), MIRAGE, un modèle d'équilibre général calculable pour l'évaluation des politiques commerciales, *Économie internationale* 89-90 (2002), p. 109-153

Ben Hammouda H. (Sous la direction de), C.E.A (2004). *Les transports et l'intégration régionale en Afrique*. Maisonneuve & Larose, 228 pages –

Ben Hammouda H., Bchir M. H., Oulmane N., Sadni-Jallab M. (2006) The Cost of non-Maghreb: Achieving the Gains from Economic Integration, *Journal of Economic Integration* 22(3) · December

Benabdallah, Y. (2009), « Rente et désindustrialisation », *Confluences Méditerranée*, vol. 71, no. 4, 2009, pp. 85-100.

Bergeijk P. A. G. van, Brakman S. (2010) eds, *The Gravity Model in International TradeAdvances and Applications*, Cambridge University Press, 374 pages

Bergstrand J. H. (1985), The Gravity Equation in International Trade: Some Microeconomic Foundations and Empirical Evidence, *The Review of Economics and Statistics* ; Vol. 67, N°. 3, pp. 474-481

Bergstrand J. H., and P. Egger (2011) Gravity Equations and Economic Frictions in the World Economy, *Palgrave Handbook of International Trade.*

Berthélemy, J.-C. (2005), Commerce international et diversification économique, *Revue d'économie politique*, v. 115, N° 5, pp. 591-611

Bhagwati J. (1993) Regionalism versus Multilateralism, in James de Melo and Arvind Panagariya *New Dimensions in Regional Integration* Cambridge University Press.

Biad A. (2013). La construction du Maghreb au défi du partenariat euro-méditerranéen de l'Union européenne, Dossier de recherche

: Le Maghreb avec ou sans l'Europe ? *L'année du Maghreb*, CNRS p. 103-124,

Boubouche M. (2009), Problématique de la complémentarité et de l'intégration maghrébine, http://fenetreeurope.com/index.php/opinions/843-problematique-de-la-complementarite-et-de-l-integration-maghrebine

Bourguignon F. et Morrisson C. (1992), *Ajustement et équité dans les pays en voie de développement,* Centre de développement, Paris, OCDE.

Bourguinat H. (1968), *Les marchés communs des pays en voie de développement*, Genève, Droz, 214p.

Bourguinat H. (1966), Réalisme et théorie de l'union douanière, *Revue économique*, volume 17, n°6, pp. 949-974.

Boutin C. (2013), La difficile montée en puissance de l'Union du Maghreb arabe. https://www.saphirnews.com/La-difficile-montee-en-puissance-de-l-Union-du-Maghreb-arabe_a17766.html

Carey, H. C., (1858-59). *Principles of social science.* Ann Arbor, University of Michigan Library 2005,

Carrère C., J. Gourdon, M. Olarreaga (2012) Regional Integration and Natural Resources: Who benefits? Evidence from MENA, *CEPII, WP No 2012-09*

Cockburn J., Decaluwé B., Dostie B. (1998), Les leçons du mariage entre les modèles d'équilibre général calculable et la nouvelle théorie du commerce international : Application à la Tunisie. *L'Actualité économique, Revue d'analyse économique* 74 (3), 381-413

Cooper C. A., B.F. Massell, (1965). Toward a general theory of customs unions for developing countries, in *Journal of Political Economy*, vol. 73,

Courtin R. (1948), Le problème de l'union économique douanière, *Revue d'économie politique* Vol. 58, No. 3, pp. 366-393

De Benedictis L., Taglioni D. (2011) « The Gravity Model in International Trade » chapitre 4 in De Benedictis Luca et Salvatici Luca (Eds), *The Trade Impact of European Union Preferential Policies. An Analysis Through Gravity Models*, Springer-Verlag Berlin Heidelberg

De Melo, J. (1988) Computable General Equilibrium Models for Trade Policy Analysis in Developing Countries: a Survey, *Journal of Policing Modeling*, Vol.10, N° 4, pp., 469 - 503.

Decaluwé B., Dissou Y. et Patry A. (1998 et 2001), Union douanière au sein de l'UEMOA, une analyse quantitative, juillet. *Cahiers de recherche*, Université de Laval

Decaluwé, B., Martens A. et Monette, (1987) Macroclosures in open economy. CGE Models : A numerical apparaisal, *Cahier 8704*, CRDE, GRPE, Université de Laval

Decaluwé, B., Martens A. et Savard, L. (2001) *La Politique économique du développement et les Modèles d'équilibre général calculable*, Les Presses de l'Université de Montréal, Montréal.

Dervis, K., J. de Melo and S. Robinson, (1982), *General Equilibrium Models for Development Policy.* New York: Cambridge University Press

Disdier A. - C., K. Head (2008),The Puzzling Persistence of the Distance Effect on Bilateral Trade , *Review of Economics and Statistics*, Volume 90, Issue 1, February, p.37-48

Drevet J. F. (2016), Le Maghreb et l'Union européenne (UE), https://www.diploweb.com/Le-Maghreb-et-l-Union-europeenne.html

Duc C., C. Granger, J.-M. Siroën (2007). Commerce et préférences : Les effets d'une clause démocratique. *Revue économique*, vol. 58(5), 1055-1076

Elmslie B. (2018), Adam Smith's Discovery of Trade Gravity, *Journal of Economic Perspectives*—Vol. 32, N° 2, Spring 2018, Pages 209–222

Feenstra R., Markusen J., Rose A. (2001), "Using the Gravity Equation to Differentiate among Alternative Theories of Trade", *Canadian Journal of Economics*, 34(2): 430-447.

Figueiredo de Oliviera G., N. Peridy (2015), L'impact des coûts à à l'échange sur le commerce des pays MENA : Le rôle des coûts directs et indirects liés au transport maritime, *Région et Développement,* vol. 41, pages 125-147

FMI (2019), *L'intégration économique du Maghreb : Une source de croissance inexploitée*, Préparé par une équipe des services du FMI dirigée par Alexei Kireyev, Département Moyen-Orient –Asie Centrale, n°19/01, 48 pages

Fontagné L, M. Pajot, J.-M. Pasteels (2002), Potentiels de commerce entre économies hétérogènes : un petit mode d'emploi des modèles de gravité. *Économie & prévision*, n° 152-153, pp. 115-139

Frankel A. J., E. Stein, S.-J. Wei (1993-95), Continental trading Blocs: are they Natural, or Super-natural ? *Working Paper* No. 4588,

NBER, https://www.nber.org/papers/w4588, *Journal of Development Economics* Vol. 47, Issue 1, June 1995, Pages 61-95

Frankel A. J., D. Romer (1999): Does Trade Cause Growth? *American Economic Review,* Vol. 89, N° 3, pp. 379-399

Freudenberg M., G. Gaulier, D. Ünal-Kesenci (1998). La régionalisation du commerce international : une évaluation par les intensités relatives bilatérales, *Economie internationale*, n°74, 2ème trimestre.

Gehrels F. (1956). Customs unions from a single country view point, *Review of Economic Studies*, Vol. 24, n°1, Pages 61–64,

Ghazi, T., & Msadfa, Y., (2016), Potentiel du commerce extérieur entre le Maroc et ses partenaires africains : Application d'un modèle de gravité, Laboratoire d'économie appliquée, Agdal. https://www.academia.edu/30388822/Ghazi_T._and_Msadfa_Y._2016_Potentiel_du_commerce_ext%C3%A9rieur_entre_le_Maroc_et_ses_partenaires_africains_Application_d_un_mod%C3%A8le_de_gravit%C3%A9

Ghozali F. (2009), Maghreb : les milliards perdus de la désunion, https://www.jeuneafrique.com/205062/economie/maghreb-les-milliards-perdus-de-la-d-sunion/

Guillaumont P., A.-M. Geourjon et S. Guérineau (2012), *Évaluation des gains attendus de l'intégration économique régionale dans les pays africains de la Zone franc*, FERDI (Fondation pour l'étude et la recherche sur le développement international),

Hadjou L. (2012), Insertion de l'Algérie dans la mondialisation : une approche *par les* affinités commerciales, 25 p. *XLIXe Colloque de l'ASRDLF : Industrie, Villes et Régions, dans une Économie Mondialisée, 2012/07/9-11, Belfort (France).*

Hamdouni S. (1992), Les tentatives d'intégration des pays du Maghreb face à l'élargissement de la communauté économique européenne, *Etudes internationales,* Volume 23, numéro 2, 1992

Head K. et T. Mayer (2000), "Non-Europe: The Magnitude and Causes of Market Fragmentation in Europe", *Weltwirschaftliches Archiv*, 136(2) : 285-314., cité par Thierry Mayer, *La Lettre du CEPII*, N° 207 _ Décembre 2001

Head K. et T. Mayer (2002), Effet frontière, intégration économique et "Forteresse Europe", *Economie & Prévision,* numéro 152-153, pages 71 à 92

Hérault N. (2004), « Un modèle d'équilibre général calculable (MEGC) pour évaluer les effets de l'ouverture au commerce International : le cas de l'Afrique du sud » https://www.researchgate.net/publication/

254429250_Un_Modele_D'equilibre_General_Calculable_MEGC_Pour_Evaluer_les_Effets_de_L'ouverture_Au_Commerce_International_le_Cas_de_l'Afrique_Du_Sud

https://books.google.fr/books?isbn=9264083359

Hufbauer G. C. and C. Brunel (éditors, 2008), *Maghreb Regional and Global Integration: A Dream to be Fulfilled,* Peterson Institute for International Economics, 192 pages

Hugon Ph. (2015), « L'intégration régionale et les trappes à vulnérabilité », *Revue Tiers Monde*, vol. 222, no. 2, pp. 123-140

Huybrechts, A. (1971), Le rôle du progrès des transports dans les économies sous-développées, *Revue économique*, 22-1, pp. 140-162,

Isard W. and M. J. Peck, (1954), Location Theory international and Interregional Trade, *The Quarterly Journal of Economics*, 1954, vol. 68, issue 1, 97-114

Johansen L. A. (1960), *Multi-Sectoral Study of Economic Growth,* North-Holland Publishing Co., pp. 274

Johnson H. (1965), An Economic Theory of Protectionism, Tariff Bargaining, and the Formation of Customs Unions." *Journal of Political Economy*, 73(3), pp. 256-83.

Kadri A., Chena S., Messamah K., Zeghbib H. (2016) « Mobilités transfrontières intra-maghrébines La construction des compétences pour un autre développement », *MIM-AMERM, Programme de recherche sur la Migration Internationale des Marocains,* rapport final version juin 2016.

Karray Z., S. Toumi. (2007) « Investissement Direct Étranger et Attractivité Appréciation et enjeux pour la Tunisie », *Revue d'Économie Régionale & Urbaine*, vol. octobre, N° 3, , pp. 479-501.

Kreinin M. E., (1965) A new look at customs union theory, *Economic Journal*, n°300,

Krugman, P. (1980), Scale Economies, Product Differentiation, and the Pattern of Trade, *American Economic Review*, 70, p. 950-959

Krugman, P. (1991). "The Move Toward Free Trade Zones," in Policy Implications of Trade and Currency Zones, A Symposium Sponsored by the Federal Reserve Bank of Kansas City, Jackson Hole, Wyoming.

Labaronne D. (2013), Les difficultés de l'intégration économique régionale des pays maghrébins, *Mondes en développement*, n° 163, pages 99 à 113

Lachkar M., (2017), Tensions Algérie-Maroc : le commerce entre les deux pays transite par Marseille, *France-info : Afrique,* 22 août 2017

Le Cacheux J., V. Touzé. (2002), Les modèles d'équilibre général calculable à générations imbriquées enjeux, méthodes et résultats. *Revue de l'OFCE,* Presses de Sciences Po, pp.87-113. <hal-01017728>

Letournel P.-Y., K. Schubert et Ph. Trainar (1992), L'utilisation des modèles d'équilibre général calculables dans l'évaluation de la politique fiscale, *Revue économique* 43-4 pp. 709-724

Limao, N., A.J. Venables, (2001). Infrastructure, Geographical Disadvantage, Transport Costs, and Trade. *The World Bank Economic Review*, 15(3):451–479.

Linnemann, H. (1966). *An Econometric Study of International Trade Flows*. Amsterdam, Holland: North-Holland Publishing Company.

Lipsey R.G. (1957), The Theory of Customs Unions: Trade Diversion and Welfare, *Economica,* New Series, Vol. 24, No. 93, pp. 40-46 ; Lipsey R. G. and K. Lancaster The General Theory of Second Best, *Review of Economic Studies*, Vol. 24, No. 1 (1956-1957), pp. 11-32

Lipsey R. G. (1960), The theory of customs unions: a general survey, *Economic Journal,* n°279,

M.Ngoy P. M. (2008), L'Union douanière du COMESA. Avantages et inconvénients pour la RDC. Une analyse à l'aide d'un MEGC, https://www.memoireonline.com/01/10/3112/m_Lunion-douaniere-du-COMESA-Avantages-et-inconvenients-pour-la-RDC-Une-analyse-agra11.html

Mage-Bertomeu, S. (2006). « Les modèles d'équilibre général appliqués à la politique commerciale : développements récents », *Revue d'économie politique*, vol. 116, no. 3, pp. 357-381.

Mahjoub A. et *ali.* (2017), *L'intégration régionale du Maghreb : Quelles alternatives populaires pour une intégration effective et durable ? Résumé analytique : Étude sur le coût du non Maghreb, version préliminaire*, novembre. Projet commun du Forum des Alternatives Maroc, Forum Tunisien pour les Droits Économiques et Sociaux et Oxfam, cofinancé par l'Union européenne

Marchal A. (1965) *Intégration territoriale*, QSJ ?, PUF,

Mayer T. (2001), Les frontières nationales comptent… mais de moins en moins, *La Lettre du CEPII*, N° 207

Meade J. E. (1956) *The theory of customs unions,* La Haye, North Holland, Publishing,

Michaely, M. (1965), On customs unions and the gains from trade, *Economic Journal*, n°299,

Mihoub O. (1988), *Un Modèle calculable d'équilibre général appliqué à l'économie algérienne : l'analyse du système productif*, Thèse de doctorat, Université de Toulouse 1, sous la direction de Georges Moins-Ysal

Ministère du Commerce extérieur. Direction des études (2009), Impact des accords de libre – échange (modèle calculable d'équilibre général Impale), http://www.mce.gov.ma/Etudes/Etudes/Etude_IMPALE.pdf

Mkimer-Bengeloune L. (2013). *Modélisation des barrières non tarifaires et leur impact sur les échanges internationaux : une application aux pays méditerranéens*. Thèse, Université de Toulon,

Mohamed-Cherif F.-Z. (2012) Les liaisons maritimes de l'Algérie dans l'espace Euro – Méditerranée : réalités et perspectives, *Territoire en mouvement Revue de géographie et aménagement* [Online], 16 | connection on 05 February 2019. URL : http://journals.openedition.org/tem/1907

Mouhoud E. M., (2019), Algérie, économie politique d'une rupture annoncée, http://theconversation.com/algerie-economie-politique-dune-rupture-annoncee-112633

Negishi Takashi (1969), The Customs Union and the Theory of Second Best, *International Economic Review* Vol. 10, No. 3, pp. 391-398

Nitor F. and Popa C. (2014), The Role of Transport in Economic Development, https://mpra.ub.uni-muenchen.de/70586/ *MPRA Paper* No. 70586

Nouwoue Njodang D G. (2013). Similarité du commerce et intégration économique régionale au sein de la CEMAC : une application de l'approche économétrique spatiale sur données de panel, https://www.afdb.org/uploads/tx_llafdbpapers/similarite_commerce_integration_sous_regionale.pdf

OCDE (2007), « Chapitre 6. Renforcer la concurrence sur les marchés de produits », *Réformes économiques*, vol. 3, no. 1, 2007, pp. 161-176

OCDE (2009), « Chapitre 6. L'investissement en infrastructures : liens avec la croissance et rôle des politiques publiques », *Réformes économiques*, 2009/1 (n° 5), p. 169-186. URL : https://www.cairn.info/revue-reformes-Économiques-2009-1-page-169.htm

Organisation mondiale du commerce (2018), *L'Examen statistique du commerce mondial 2018*, Genève, 211 pages

Oueslati A., R. Brini (2013). The Arab Maghreb Union: the "Cost of Non Maghreb" and Sectoral Prospects. *International Journal of Economics, Finance and Management Sciences* Vol. 1, No. 6, pp. 285-291.

Oulmane, N. (2009), « Politique commerciale, intégration régionale sud-sud et souveraineté économique en Algérie », *Confluences Méditerranée*, vol. 71, N° 4, pp. 119-133.

Paugam J.-M. et D. Schmid (2004) Une nouvelle rivalité transatlantique en Méditerranée ? *Politique étrangère,* 4/2004

Pöyhönen Pentti (1963) "A Tentative Model for the Volume of Trade Between Countries," *Weltwirtschaftliches Archive*, Vol. 90, pp. 93-100.

Raouf R., A. Ghoufrane, (2016), Trade potential among Morocco and his African partners evaluation using an extended gravity model. *http://www.***gtap.agecon.purdue***.edu/events/conferences/*2016

Rauch F. (2016) The geometry of the distance coefficient in gravity equations in international trade, *Review of International Economics*. 19 pages, users.ox.ac.uk/~econ0360/FerdinandRauch/Bees.pdf

Ravenstein, E. G. (1885). The laws of migration – I. *Journal of the Statistical Society.* Vol. 48 ; N° 2 ; 167–227

Reilly W. J. (1931), *The law of retail gravitation,* New York: Knickerbocker Press

Rodrik D. (1988), "Imperfect Competition, Scale Economies, and Trade Policy in Developing Countries", chap.5 dans *Trade Policy Issues and Empirical Analysis*, Robert E. Baldwin (Ed.), The University of Chicago Press, 109-143.

Rose A. (2000), One Money, one Market: Estimating the Effect of Common Currencies on Trade, *Economic Policy*, vol. 15, n° 30, p. 7-46.

Rouis, M., et S. Tabor, (2012), *Regional economic integration in the Middle East and North Africa : beyond Trade reform*, Washington, D.C., Banque mondiale,;

Royaume du Maroc (2003), Les enjeux de l'intégration maghrébine, *Document de Travail N° 90*, Ministère des Finances et de la Privatisation, Direction de la Politique Économique Générale

Royaume du Maroc (2008), Direction des études et des prévisions financières, *Enjeux de l'intégration maghrébine « Le coût du non Maghreb »,* 21 p. http://www.finances.gov.ma/depf/depf.htm

Royaume du Maroc (2016), Ministère de l'Économie et des Finances, *Projet de loi de finances 2016,* voir notamment le paragraphe 3.3. Une construction Maghrébine toujours en panne, pp 19-21 www.chambredesrepresentants.ma/sites/default/files/ref_fr_2.pdf

Santi, E., Ben Romdhane, S. et W. Shaw, (2012*Libérer le potentiel de l'Afrique du Nord grâce à l'intégration régionale. Défis et opportunités.* Publié par la BAD Agence temporaire de relocalisation, Tunis :www.afdb.org/fileadmin/uploads/afdb/Documents/Project-andOpera-tions/Unlocking%20North%20Africa%20RI%20FR%20Final.pdf

Sari C. (2015) *la communauté économique maghrébine. Une oeuvre à construire***,** L'Harmattan, 314 pages

Scarf H.E. (1969), An Example of an Algorithm for Calculating General Equilibrium Prices, *American Economic Review.*

Scarf, H. E., (1973), *The computation of economic equilibria*, Yale University Press, New Haven and London.

Schubert, K., (1994), Les Modèles d'Equilibre Général Calculable : une Revue de Littérature, *Revue d'Economie Politique* 103(6), pp.777-825

Scitovsky T. (1958) *Economic Theory and Western European Integration.* Pp. 153. Stanford University Press,

Seetanah B., J. Khadoroo (2007) *Le rôle de l'infrastructure de transport dans la capacité d'attirer l'IDE en Afrique*, CEA, https://www.afdb.org/fileadmin/uploads/afdb/.../Conference_2007_14-part-III-2.pdf

Spraos J., (1964). The condition for a trade creating customs unions, *Economic Journal*, n°293, march,

Stewart J. Q. (1948). "Demographic Gravitation: Evidence and Applications." *Sociometry* 11(1/2): 31-58.

Summers L. (1991). "Regionalism and the World Trading System," in *Policy Implications of Trade and Currency Zones*, A Symposium Sponsored by the Federal Reserve; Bank of Kansas City, Jackson Hole, Wyoming, (August): 295-302.

Sutherland D., Araujo S., Egert B., Koźluk T. (2009), Infrastructure Investment: Links to Growth and the Role of Public Policies, *OECD Economics Department Working Papers 686*, OECD Publishing

Sutour S. (2017), Rapport d'information fait *au nom de la commission des affaires européennes sur le volet méditerranéen de la politique de voisinage : le cas de l'Algérie,* Sénat de la République française

Taleb F., Benhabib A., Hachemaoui K. (2012), Intégration financière maghrébine: défis et perspectives, *Économie et sociétés*, www.univ-constantine2.dz/laboratoires/labgmes/index.../Revue_num8_article3_fr.pdf

The Maghreb Times.com- News, The Economic Cost of Non-Maghreb July 30, 2017, https://themaghrebtimes.com/07/30/the-economic-cost-of-non-maghreb/

Tinbergen, J. (1962) *Shaping the World Economy: Suggestions for an International Economic Policy,* The Twentieth Century Fund (New York). pp330

Trotignon J. (2009). L'intégration régionale favorise-t-elle la multilatéralisation des échanges ? *Revue Française d'Économie*, XXIII (3), pp. 3-28

Venables A. (2003), Winners and Losers from Regional Integration Agreements, *The Economic Journal*, 113 (490), p.747-761.

Venables A. (2009). « Economic Integration in Remote Resource-Rich Regions», Oxford University, *OxCarre Research Paper* 22

Venables, A., (2011), Economic integration in remote resource-rich regions, in *Costs and benefits of economic integration in Asia,* Edited by Robert J. Barro and Jong-Wha Lee, Oxford University Press

Viner J. (1950), *The Custom Union issue*, Londres: Carnegie Endowment for International Peace.

World Bank (2010), *Economic Integration in the Maghreb,* cf le chapitre V Integration through Physical Infrastructure, p. 15-26

World Bank Middle East and North Africa Region (2010), *Economic integration in the Maghreb,* http://documents.worldbank.org/curated/en/969341468278074872/Economic-integration-in-the-Maghreb

Zantman A. (1995), Modèles d'équilibre général calculable et répartition des revenus dans les PED : quelques éléments d'évaluation, *Revue Tiers Monde*, T. 36, n° 142, pp. 411-442, https://www.persee.fr/doc/tiers_0040-7356_1995_num_36_142_4961

Zipf, G. K. (1946): The P1P2/D Hypothesis on the Intercity Movement of Persons. *American Sociological Review,* vol. 11, 667-686.

Zipf, G. K. (1949): *Human Behaviour and the Principle of Least-Effort*. Addison-Wesley Press, pp 573.

Chapitre III
Dynamique de la coopération économique et commerciale entre les pays de la CEDEAO et l'UMA : Cas du Maroc, de la Tunisie et de la Mauritanie[1]

Mamoudou Sebego[2],
Ochozias Gbaguidi[3]

Introduction

Les deux dernières décennies ont été marquées par une explosion des accords commerciaux régionaux. Le nombre de ces accords a été multiplié par 4 entre 1997 et 2017. Fin 2017, près de 300 accords étaient notifiés à l'OMC (OMC, 2018). Face aux limites du Cycle de Doha, de nombreux pays se tournent vers ce type d'accords qui constituent alors une sorte de *second best*, le système multilatéral restant le premier choix. La typologie des accords laisse apparaître les zones de libre-échange comme la forme dominante d'arrangements, représentant 83 % des accords contre 10 % pour les unions douanières.

Les intentions manifestes du Maroc et de la Tunisie d'adhérer à la CEDEAO et la volonté de la Mauritanie d'y revenir s'inscrivent dans cette dynamique au niveau continental. L'adhésion éventuelle de ces pays à l'espace CEDEAO va générer une restructuration des relations économiques et commerciales entre la CEDEAO et l'UMA en général et entre la CEDEAO et ces trois pays en particulier. Au plan économique les déficits commerciaux déjà importants entre les deux régions (764 millions de dollars pour le Maroc et 104 millions pour la Tunisie en 2016) et la capacité de compétition *a priori* des entreprises des deux blocs constituent de potentielles sources d'investigation des effets at-

[1] Ce papier est alimenté par les résultats d'une étude produite par la CEA avec le soutien de l'IFPRI. Les opinions exprimées ici n'engagent toutefois ni la CEA, ni l'IFPRI. Elles n'engagent que les deux auteurs.

[2] Economiste au Bureau de la CEA pour l'Afrique de l'Ouest ; Mail : sebego@un.org

[3] Economiste et chef Section initiatives Sous-régionales au Bureau de la CEA pour l'Afrique de l'Ouest Mail : ochozias@un.org

tendus. Les effets potentiels de création et de détournement de commerce, les coûts et les bénéfices pour les pays membres de la CEDEAO (revenus tarifaires, croissance et bien-être, effets sur la production) constituent également des motifs d'investigation pour apprécier la viabilité de l'approfondissement des relations entre la CEDEAO et ces pays de l'UMA. En outre l'adhésion de ces trois pays qui ont par ailleurs de nombreux accords avec d'autres partenaires/régions soulèvera à coup sûr des questions liées à l'harmonisation/renégociation de certains de ces accords (notamment les accords de partenariat économique – APE – avec l'Union européenne).

Ce chapitre examine les implications potentielles d'une telle restructuration géographique, économique et commerciale de la CEDEAO et de l'UMA, notamment par un approfondissement des relations qui pourrait atteindre l'étape de l'adhésion du Maroc, de la Tunisie et de la Mauritanie à la CEDEAO. Les questions de nature politique, juridique et géostratégique liées à ces perspectives d'adhésion ne seront pas traitées ici. L'analyse repose sur la modélisation en équilibre général avec MIRAGRODEP qui est un outil cohérent d'analyse des politiques commerciales permettant de prendre en compte les interrelations entre les différents secteurs et agents économiques. Il repose sur la base de données GTAP (version 9.1).

Le reste du chapitre se présente comme suit : la section 1 présente l'état actuel des échanges entre la CEDEAO, le Maroc, la Tunisie et la Mauritanie ; la méthodologie est présentée à la deuxième section ainsi que les scénarios simulés, tandisque la section 3 sera consacrée à l'analyse des résultats agrégés.

1. État des lieux du commerce et des politiques commerciales bilatérales

Le premier paragraphe de cette section analyse la structure des échanges entre le Maroc, la Mauritanie la Tunisie et la CEDEAO et le second apprécie leurs conditions d'accès au marché.

1.1. Structure des échanges commerciaux entre la CEDEAO et le Maroc, la Tunisie et la Mauritanie

De façon générale, les échanges de la CEDEAO avec le Maroc, la Tunisie et la Mauritanie sont assez modestes, l'essentiel du commerce pour ces quatre entités se faisant avec des partenaires hors du continent. Les importations en provenance du Maroc, de l'ordre de 866 millions de dollars, sont en nette progression par rapport à 2011 (cf Annexe 1) tandis que les exportations s'élèvent à 102 millions de dollars, en recul de 70 % par rapport à 2011. Le déficit commercial vis-à-vis du Maroc, relativement stable entre 2005 et 2010, a ainsi quadruplé entre 2011 et 2016, passant de 184 à 764 millions de dollars[1]. On note le même déséquilibre pour les échanges avec la Tunisie avec toutefois une légère amélioration du déficit entre 2011 et 2016 : 104 millions contre 147 millions. La Tunisie, avec une population d'environ 11 millions d'habitants, reste un partenaire commercial de moindre importance pour la CEDEAO comparée au Maroc ayant une population d'environ 35 millions d'habitants.

Lorsqu'on considère uniquement les flux à destination de l'Afrique subsaharienne, il est noté néanmoins qu'une part non négligeable du commerce marocain se fait avec les partenaires de la CEDEAO. De façon relativement stable, environ 60 % des exportations marocaines vers l'Afrique subsaharienne se font à destination de la CEDEAO. Les importations représentent une part moindre mais non négligeable du commerce avec l'Afrique subsaharienne (environ 27 %). Elles sont en nette baisse depuis 2011, traduisant une réorientation du jeu d'acteurs au niveau des fournisseurs du Maroc. Les échanges de la CEDEAO avec la Tunisie sont considérablement plus faibles, comparés aux flux avec le Maroc : cinq fois moins pour les importations et deux fois moins pour les exportations. Des similitudes peuvent néanmoins être observées avec le Maroc : un déficit commercial important de 104 millions de dollars en 2016 (annexe 1) et une part des importations en provenance de la Tunisie plus importante que celle des importations tunisiennes en provenance de la CEDEAO (0,24 % contre 0,03 % ; annexe 2).

Contrairement au cas du Maroc, le déficit avec la Tunisie est en léger recul depuis 2011, à la fois du fait d'une augmentation des exportations de la CEDEAO et d'une baisse des importations en provenance de la Tunisie. Les exportations à destination de la Tunisie ont en effet doublé depuis 2011, tandis que les importations baissaient de 8 %. Le commerce avec la CEDEAO représente plus de la moitié des échanges de la Tunisie avec l'Afrique subsaharienne.

---

[1] Nous focalisons par la suite l'analyse à partir de 2011, date de la rupture.

Les échanges avec la Mauritanie se situent à un niveau intermédiaire entre le Maroc et la Tunisie. Si les importations restent relativement stables sur la période, les importations évoluent de façon erratique (annexe 1). Le déficit commercial, qui a enregistré un record de 310 millions de dollars en 2011, se creuse davantage malgré le recul entamé en 2012. Contrairement au Maroc et à la Tunisie, les échanges avec la CEDEAO occupent une place importante dans le commerce extérieur de la Mauritanie.

La structure des échanges avec le Maroc révèle une forte concentration autour d'un nombre réduit de produits. Si l'on se réfère à la classification du *Global Trade Analysis Project* (GTAP) à 57 secteurs, les trois premiers secteurs représentent deux-tiers des échanges et les 10 premiers plus de 90 %. Pour les exportations marocaines, une stabilité peut être observée pour des produits échangés entre 2011 et 2016 autour essentiellement des produits chimiques et plastiques (notamment les engrais et les médicaments), des produits alimentaires (essentiellement préparations à base de poisson, jus de fruits, farines), des machines et équipements, du papier et cartons et des produits et structures métalliques. Concernant les importations marocaines, une forte concentration est notable : les trois premiers secteurs représentent plus de la moitié de la valeur des flux en 2011 et 2016. Toutefois une forte évolution apparaît entre ces deux dates. En effet en 2011, les hydrocarbures représentaient 78 % du total contre seulement 8 % en 2016. Le niveau de commerce intra-sectoriel observé entre les exportations et les importations s'explique ici par le niveau d'agrégation auquel l'analyse est conduite.

Nous retrouvons une diversité de clients (annexe 4) pour les exportations marocaines vers la CEDEAO, même si les trois premiers (Sénégal, Côte d'Ivoire et Nigeria) absorbent plus de la moitié des flux en 2016, avec environ un quart pour le seul Sénégal. La hiérarchie des partenaires est relativement stable pour les deux périodes considérées et le Sénégal reste la principale destination des exportations marocaines dans la communauté. En revanche les importations marocaines restent très concentrées autour d'un nombre réduit de partenaires (annexe 5). En 2016 le Nigeria contribue pour environ un tiers, suivi de la Guinée avec 21,3 % et la Côte d'Ivoire avec 10,1 %. Pour l'année 2011, (année de référence choisie pour les simulations, le Nigeria fournissait à lui seul 70 % des importations en provenance de la CEDEAO. Ces importations en provenance du Nigeria sont constituées essentiellement d'hydrocarbures (près de 80 % des importations totales du Maroc en provenance de la CEDEAO en 2011). La baisse des importations marocaines d'hydrocarbures en 2016 explique le recul de moitié du poids du Nigeria dans le total des partenaires communautaires (annexe 5).

Concernant la Tunisie, une concentration des échanges avec la CEDEAO tant au niveau des produits que des partenaires, surtout pour les importations en provenance de la Communauté peut être également notée. Les exportations tunisiennes sont moins concentrées que celles du Maroc : pour avoir la moitié des échanges, il faut prendre en compte les quatre premiers groupes de produits contre deux pour le Maroc. La structure des exportations a peu évolué entre 2011 et 2016. Les principaux produits exportés vers la CEDEAO sont constitués de produits pharmaceutiques et d'engrais, de matériaux de construction, de farines et couscous et d'huiles végétales. Les deux principaux débouchés des produits tunisiens en zone CEDEAO sont le Sénégal et la Côte d'Ivoire avec plus de la moitié des flux enregistrés en 2016. Viennent ensuite le Ghana et le Nigeria avec respectivement 8 % et 7 % des échanges. La nature des produits échangés avec les principaux partenaires reflète le schéma global des échanges. On peut noter un poids plus important des produits alimentaires et des engrais concernant le Sénégal et des produits pharmaceutiques et des matériaux de construction pour la Côte d'Ivoire.

Les importations sont beaucoup plus concentrées que les exportations. En 2016 plus de la moitié est constituée d'hydrocarbures, ce qui est un changement radical par rapport à 2011, année pour laquelle ces derniers étaient quasiment absents. De ce fait, le Nigeria a une part prépondérante en 2016 (annexe 5) avec plus de 60 % dans les importations totales de la Zone CEDEAO vers la Tunisie. Viennent ensuite le Ghana avec 25 % et à un niveau moindre le Sénégal avec 3 %. Ces deux derniers pays exportent essentiellement du cacao (Ghana) et du bois et du coton (Côte d'Ivoire).

Une nette différence est observée dans les échanges avec la Mauritanie selon qu'il s'agisse des exportations ou des importations. En effet si les exportations sont assez diversifiées en termes de poids relatif, les importations restent fortement concentrées autour des produits alimentaires. En excluant les produits de la pêche, la part dépasse 90 % du total. Les exportations sont essentiellement constituées de produits minéraux et associés et de machines et équipements, mais également de produits alimentaires pour la dernière période.

Au niveau des partenaires, une situation différente se présente entre les principaux clients et fournisseurs de la Mauritanie au sein de la CEDEAO.

Les produits exportés par la Mauritanie le sont essentiellement à destination de la Côte d'Ivoire, du Ghana, du Nigeria, du Bénin et du Mali. Les trois premiers pays reçoivent plus de deux tiers des exportations mauritaniennes. La structure des clients est à peu près inchangée entre 2011 et 2016. En revanche, en ce qui concerne les principaux fournisseurs (annexe 5), le Sénégal apparait de très loin comme le principal partenaire avec 80% des exportations de la CEDEAO provenant de ce seul pays. La Côte d'Ivoire et le Mali constituent les deux fournisseurs restants. En effet ces trois pays fournissent 95 % des importations en provenance de la CEDEAO. Cette distribution des partenaires est également stable entre 2011 et 2016.

1.2. Accès aux marchés

Les tableaux de l'annexe 6 donnent un aperçu des protections respectives de la CEDEAO et de ses trois partenaires (Maroc, Mauritanie, Tunisie) au niveau agrégé. Les différences enregistrées au niveau des pays reflètent les différences de poids du commerce au niveau bilatéral entre le Maroc et ces pays. Il est observé un niveau de protection élevé sur le marché marocain pour les produits agricoles et agroalimentaires. L'analyse détaillée laisse apparaître des pics importants, notamment pour la viande, les produits laitiers ou les textiles et habillement et les produits issus du cuir. Ce sont des secteurs où il existe un potentiel pour les pays de la CEDEAO en cas d'accord sous réserve de respect de normes sanitaires pour les produits agricoles. Les boissons font également l'objet de tarifs élevés. Le niveau de protection de la CEDEAO apparaît en moyenne plus élevé comparé à celui du Maroc. Les droits de douane sont relativement plus élevés pour les produits industriels et avec moins de pics. La viande, les fruits et légumes, les textiles et habillement et les produits de l'industrie du bois sont relativement protégés du fait de la structure du Tarif Extérieur Commun avec des taux supérieurs à 20 %[1].

Le marché tunisien est relativement protégé face aux exportations de la CEDEAO Les secteurs les plus protégés sont les fruits et légumes, les oléagineux, les produits laitiers, les autres produits alimentaires et les textiles et habillements avec des taux supérieurs à 20 %. Les hydrocarbures, qui constituent l'essentiel des importations tunisiennes en provenance de la CEDEAO, sont relativement peu taxés. Au niveau de la CEDEAO, les secteurs de l'agro-alimentaire, du textile et de l'habillement et de l'industrie du bois se retrouvent parmi les plus protégés. Le niveau moyen de protection est finalement moins élevé dans la CEDEAO comparé à la Tunisie.

Les niveaux de protection auxquels font face les principaux fournisseurs de la Mauritanie sont particulièrement élevés. Les tarifs moyens pour les produits agricoles et agro-industriels sont au-dessus de 25 % pour le Sénégal, principal partenaire, ainsi que pour la Côte d'Ivoire. Les niveaux de protection sont moins élevés au sein de la CEDEAO pour les importations en provenance de la Mauritanie. On note néanmoins des pics pour la Côte d'Ivoire et le reste de la CEDEAO pour les produits agricoles. Pour le Ghana, le Nigeria et le Bénin, les principaux clients, la protection moyenne est autour de 10 %.

2. Approche méthodologique

Dans cette section, un premier paragraphe sera consacré à la présentation du modèle de simulation, le deuxième paragraphe abordera les scénarios simulés.

2.1. Le modèle de simulation et données

L'approche méthodologique d'analyse est basée sur le modèle MIRAGRODEP. Celui-ci est un modèle d'Équilibre Général Calculable (EGC) basé sur MIRAGE[2]. Il s'agit d'un modèle dynamique récursif

---

[1] Pour rappel le TEC de la CEDEAO comprend cinq bandes : les biens sociaux essentiels taxés à 0 %, les produits de première nécessité et matières premières de base taxés à 5 %, les intrants et produits intermédiaires taxés à 10 %, les biens de consommation finale taxés à 20 % et des biens spécifiques pour le développement économique taxés à 35 %.

[2] Modélisation des Relations Internationales sous l'Equilibre Général Appliqué.

multi-régions et multisectoriel. L'approche dynamique du modèle est utilisée en résolvant le modèle séquentiellement, l'équilibre se déplaçant d'une année à l'autre. Dans la présente analyse, nous supposons la concurrence parfaite dans tous les secteurs, ce qui nous permet d'avoir une décomposition géographique et sectorielle détaillée. Le gouvernement est explicitement modélisé comme différent des agents privés. Il est censé maximiser la fonction d'utilité de Cobb-Douglas : les dépenses gouvernementales pour chaque produit sont une part fixe, en valeur, des dépenses publiques totales en biens et services. Les achats gouvernementaux sont soumis à des taxes. Par ailleurs, une approche d'agrégation tarifaire cohérente est adoptée afin de prendre en compte la variance des tarifs au niveau des lignes tarifaires. MIRAGRODEP utilise la base de données GTAP 9 (Aguiar, Narayanan et McDougall, 2016), qui est la dernière version disponible. Il s'agit d'une base de données mondiale qui contient des données bilatérales complètes sur le commerce, le transport et la protection pour 140 régions et 57 produits[1] pour l'année 2011. Elle contient les matrices de comptabilité sociale de sept pays d'Afrique de l'Ouest[2]. Les sept pays considérés représentent 94 % du PIB de la région CEDEAO, 93 % de ses exportations et 90 % des importations. La version de MIRAGRODEP utilisée dans la présente analyse repose sur une désagrégation géographique et sectorielle comprenant 18 régions et 37 secteurs.

2.2. Scénarios de simulation

Les scénarios simulés sont relativement variés et reflètent les différents stades du processus d'intégration économique. Nous analysons, en effet, à la fois les effets d'une zone de libre-échange – ZLE - (avec ou sans produits sensibles exclus) et l'impact d'une union douanière avec l'adoption par le Maroc, la Tunisie et la Mauritanie du TEC de la CEDEAO.

La construction d'une *baseline* (l'année de base zéro) a été nécessaire afin d'ajuster l'évolution du commerce entre 2011 et 2015 dans le modèle pour refléter les flux observés durant cette période avec tous les prix considérés comme endogènes. Une mise à jour des tarifs à leur niveau de 2015 est effectuée en tenant compte des différentes réformes unilatérales intervenues entre temps. Après différents

---

[1] Classification GTAP.

[2] Bénin, Burkina Faso, Ghana, Côte d'Ivoire, Nigéria, Sénégal et Togo.

ajustements effectués, une série de 14 simulations en ZLE et en union douanière entre la CEDEAO et les trois pays sont effectuées (Annexe 7.1).

En ce qui concerne le choix des produits sensibles, à défaut d'une liste arrêtée par les partenaires, nous utilisons le critère élaboré par Jean, Laborde et Martin (2011) s'appuyant sur un modèle théorique à la Grossman-Helpman (1994). Le critère de choix est basé sur une fonction objective des décideurs qui tient compte à la fois du bénéfice tiré par les politiques de la fourniture de protection et des coûts supportés par les consommateurs et les contribuables.

Par ailleurs, du fait de la forte concentration des exportations des pays de la CEDEAO, l'exclusion de 10 % ou 20 % du commerce ne concernera qu'un nombre réduit de produits (annexe 7.2).

3. Résultats agrégés

Les principaux résultats sont présentés au niveau agrégé, en incluant les variables qui se prêtent aisément à une analyse pour tous les scénarios considérés dans leur ensemble. La section suivante est consacrée aux scénarios individuels et à l'analyse détaillée des variables de production et de commerce au niveau bilatéral.

3.1. Variation de la protection au Maroc en Tunisie et en Mauritanie

L'adhésion éventuelle du Maroc, de la Tunisie et de la Mauritanie à la CEDEAO implique l'alignement de leur politique commerciale sur celle de cet espace et l'adoption du tarif extérieur commun de la communauté. Dans la mesure où le TEC de la CEDEAO est composé uniquement de cinq bandes tarifaires, cela signifie *a priori* une réduction significative de la dispersion des tarifs des trois pays et un changement dans les niveaux de protection au plan sectoriel.

L'adoption du TEC entraînerait dans les trois pays une baisse de la protection pour les secteurs agricoles et agro-alimentaires (annexe 8). Nous observons par contre une augmentation de la protection dans l'industrie au Maroc et en Tunisie et une baisse en Mauritanie. Les variations dans les niveaux de protection sont plus importantes au Maroc qu'en Tunisie pour les cultures, l'agriculture et l'industrie.

L'inverse prévaut pour le secteur bétail-viande. Cependant en Mauritanie les variations de protections sont les plus importantes comparées au Maroc et à la Tunisie. Les tarifs moyens pour le secteur agrégé bétail-viande baisseraient de plus de 15 % avec l'adoption du TEC. Certains secteurs comme les céréales ou les oléagineux verraient leur niveau de protection baisser de plus de 31 %.

3.2. Impact sur le commerce

L'effet global des différents accords sur le commerce est inégal selon que l'on considère le Maroc, la Tunisie ou la Mauritanie d'une part et la CEDEAO d'autre part. En effet pour le Maroc et la Tunisie, quel que soit le scénario retenu, les exportations de ces deux pays vers la CEDEAO augmentent davantage que celles de la CEDEAO vers ces deux pays. Les augmentations d'exportations passent quasiment du simple au double selon que l'on considère la CEDEAO ou les deux pays candidats. Avec la zone de libre-échange par exemple, les exportations marocaines vers la CEDEAO augmenteraient de 74 % contre 24 % pour celles de la CEDEAO ; pour la Tunisie, on aurait respectivement 89 % contre 49 % (annexe 9). Cela s'explique en partie par le poids des importations en provenance du Maroc dans le total de la CEDEAO et le niveau relativement élevé des tarifs à l'intérieur de la CEDEAO dans la situation de référence, le tout comparé au Maroc. Les chiffres élevés observés pour la Tunisie sont également à mettre en parallèle avec le volume initial de commerce relativement faible avec la CEDEAO, contrairement au Maroc.

Un léger détournement de commerce à l'intérieur de la CEDEAO[1] peut être également observé. Le passage à l'union douanière réduit légèrement les gains à l'exportation pour le Maroc et la Tunisie et accroit modestement les gains pour la CEDEAO. En réalité, l'adoption du TEC aura plus de conséquences pour le Maroc et la Tunisie dans la mesure où ces derniers devront changer complètement la structure de leurs tarifs vis-à-vis du reste du monde, contrairement à la CEDEAO.

Pour la Mauritanie, la situation inverse est observée. Les exportations de la CEDEAO augmentent toujours davantage que celles de la

[1] Mais également au niveau des autres partenaires de la CEDEAO (cf. résultats détaillés section 6).

Mauritanie, avec le maximum de gains enregistré avec le schéma de zone de libre-échange. Dans cette dernière configuration (annexe 9), les exportations de la CEDEAO vers la Mauritanie augmenteraient de 112 % tandis que celles de la Mauritanie enregistreraient une hausse deux fois moins importante, soit 57 %. L'union douanière est légèrement plus favorable à la Mauritanie, les exportations vers la CEDEAO augmenteraient dans ce cas de 64 % contre 57 %.

3.3. Impact sur la production

Les réformes commerciales ont un premier effet sur les flux d'importation et d'exportation mais elles affectent également la structure de la production à travers d'abord le changement de protection pour les différents secteurs. En effet les secteurs pour lesquels la protection diminue auront tendance à se contracter et ceux pour lesquels la protection augmente à se développer. La politique commerciale impacte également les prix des inputs et biens intermédiaires. Enfin elle a des effets redistributifs qui affectent les revenus des agents et donc le niveau de la demande, ce qui va entrainer des variations au niveau de la production.

Dans l'ensemble, des effets très modestes sur la production seront enregistrés, surtout pour la CEDEAO. En effet comme précédemment signalé, le passage de la zone de libre-échange à l'union douanière n'affecte pas véritablement la CEDEAO. La production recule très légèrement dans les secteurs des biens agro-alimentaires, du bétail-viande et progresse à peine pour l'industrie. Par contre au Maroc les effets sont amplifiés par le passage à l'Union douanière et on a davantage de secteurs pour lesquels la production recule (agriculture et agro-alimentaire), tandis que les gains augmentent pour l'industrie et les services. Les changements sont davantage marqués pour la Tunisie et reflètent les variations de niveau de protection induites par l'adoption du TEC : les secteurs agricoles et agro-alimentaires pour lesquels la protection diminue voient leur production également diminuer, tandis que l'industrie enregistre une augmentation de sa production en même temps que son niveau de protection. La Mauritanie est le pays dont les niveaux de protection varient le plus avec l'adoption du TEC et, par conséquent, c'est le pays qui enregistre les baisses de production les plus marquées. Avec l'union douanière, la production baisse (annexe

10) de près de 7 % pour le secteur bétail-viande et augmente de 2,44 % pour l'agro-alimentaire.

3.4. Effet sur les recettes publiques

Outre l'impact sur les flux de commerce, l'un des premiers effets d'une réduction des tarifs passe par les modifications des recettes publiques. Cela est d'autant plus important que ce type de fiscalité représente une part importante des recettes publiques. En effet, tous les pays de la CEDEAO sans exception verraient une diminution de leur revenu tarifaire suite à l'accord, cela quel que soit la forme. Globalement, les pertes pour les pays de la CEDEAO sont plus importantes en cas d'accord joint qu'avec des accords individuellement isolés avec les trois pays. Les pertes les plus importantes seront enregistrées en cas d'accord isolé entre la CEDEAO et le Maroc. En termes absolus (annexe 11) en cas d'accord conjoint avec les trois pays, les pertes les plus importantes avec l'Union douanière sont enregistrées en Côte d'Ivoire (96,5 millions), au Sénégal (près de 48.1 millions) et au Ghana (51,7 millions). Par contre, rapporté au poids économique des pays (annexe 11.2), les importants manques à gagner sont enregistrés par le Togo, le Sénégal et la Côte d'Ivoire. Le niveau des pertes reste néanmoins modeste, rapporté au PIB des pays.

Le Maroc et la Tunisie enregistrent des résultats positifs mais différents selon que l'on est en zone de libre-échange ou en union douanière. En effet l'adoption du TEC affecte les revenus issus du commerce avec le reste du monde. Pour le Maroc, la simple zone de libre-échange conduit à une amélioration modeste de ses revenus tarifaires (+ 3,2 millions de dollars). En revanche le passage à l'union douanière, qui comporte un TEC, dope les importations. Par conséquent, avec l'augmentation des importations de façon générale, le gain de recettes passe à 1,9 % du PIB (annexe 11.2). On observe la même évolution en Tunisie, mais de façon plus contrastée. En effet l'option zone de libre-échange conduit à une baisse des recettes de l'ordre 2,3 millions de dollars tandis qu'avec l'union douanière, ces mêmes recettes augmentent de 307 millions de dollars (soit 0,4 % du PIB).

La Mauritanie, comme les pays de la CEDEAO, voit ses recettes tarifaires diminuer quel que soit le scénario envisagé. Les pertes les plus importantes sont enregistrées avec le scénario d'union douanière dans lequel les niveaux de protection sont fortement réduits avec l'adoption du TEC. Les pertes sont de l'ordre de 218 millions de dollars, soit environ 1.52 % du PIB.

3.5. Impact sur le PIB et le bien-être

D'une manière générale les effets sur le PIB sont très limités (annexe 12). A l'exception du Nigeria et du Bénin, tous les pays de la CEDEAO enregistrent une progression modeste du PIB dans au moins un des scénarios. On observe que c'est l'accord avec le Maroc qui détermine les résultats. En termes de bien être[1], on observe en revanche pour les pays de la CEDEAO un recul, certes léger en proportion de la consommation initiale mais avec de potentiels effets redistributifs. Les résultats sont par contre positifs pour les scénarios avec la Mauritanie : le bien-être de la région augmenterait de 23 millions de dollars avec la zone de libre échange et de 16 millions avec l'Union douanière. L'évolution en sens inverse observable entre le PIB et le bien-être dans les cas impliquant le Maroc et la Tunisie s'explique par le fait que l'investissement qui constitue une part importante du PIB augmente, entraînant le PIB à la hausse tandis que la consommation recule. Au Maroc, la forte augmentation de bien-être vient essentiellement des secteurs des équipements, des céréales, des produits métalliques et des véhicules et moteurs.

Pour la Tunisie l'effet sur la croissance du PIB est positif et amplifié par le passage à l'union douanière. Le taux de croissance du PIB passe ainsi de 0,06 à 0,78 % en cas d'accord isolé et de 0,07 à 0,80 % en cas d'accord simultané avec le Maroc et la Mauritanie. La variation du bien-être suit la même logique et représente près de 1 % de la consommation initiale dans les options union douanière.

Le Maroc présente un profil différent. Si les scénarios correspondant à la zone de libre-échange donnent des résultats positifs, en revanche les options union douanière n'entrainent pas un regain de croissance significatif. Par contre l'effet sur le bien-être est amplifié par l'union douanière et représente 1,5 % de la consommation initiale (annexe 12).

---

[1] Le bien-être est mesuré ici par la variation équivalente du revenu. Il s'agit de l'augmentation de revenu nécessaire pour maintenir le niveau d'utilité actuel aux anciens prix. Une valeur négative est donc synonyme de perte de bien-être.

La Mauritanie enregistre la plus forte croissance du PIB comparée à tous les pays considérés. Son PIB augmenterait de 0,60 à 1,39 % selon que l'on est en zone de libre-échange ou en union douanière. En cas d'accord joint, ces gains sont légèrement réduits mais néanmoins toujours importants : 0.32 % et 1.18 % respectivement. Le niveau de bien-être augmente nettement dans le pays : + 42 millions et + 167 millions de dollars pour la zone de libre-échange et l'Union douanière, soit respectivement 0,38 et 1,44 % de la consommation initiale (annexe 13).

3.6. Impact sur la rémunération des facteurs

A travers ses effets sur la production et donc la demande de facteurs, le choc commercial impacte la rémunération des facteurs de production et entraîne une réallocation entre les différents secteurs. Les effets finaux dépendront essentiellement des changements de la demande de facteurs dans les secteurs où ils sont utilisés de façon intensive.

De façon générale, le changement de protection dans les différents secteurs aura des effets sur les niveaux de production qui vont eux-mêmes induire des modifications de la demande de facteurs. Ainsi pour les pays de la CEDEAO l'évolution des rémunérations factorielles suivra celle de la production des différents secteurs. On constate ainsi pour certains pays un accroissement de la rémunération du travail non qualifié et une baisse dans d'autres pays, traduisant des différences d'évolution de la production notamment agricole pour les différents pays où le recours au travail non qualifié est intensif. La même analyse vaut pour la rémunération de la terre, intervenant intenssivement dans l'agriculture. La rémunération du capital tend à augmenter uniformément dans tous les pays.

Pour le Maroc, la Tunisie et la Mauritanie, les tableaux en annexe 6 ont établi un lien entre la variation du niveau de protection des secteurs et celle de la production avec l'union douanière. On note de façon générale un recul de la protection et de la production pour les secteurs agricoles et agro-industriels et une augmentation pour l'industrie. Les variations de rémunération des facteurs de production traduisent cette évolution : le rendement du travail non qualifié et (surtout) de la terre recule tandis que celui du capital s'accroît. Les effets sont plus prononcés que ceux de la CEDEAO.

Pour la Mauritanie, la production augmente dans le secteur agro-industriel, contrairement aux autres pays, d'où l'augmentation de la rémunération du travail non qualifié et de la terre dans les différents scénarios. Ces augmentations constituent les différences les plus importantes comparées aux autres pays.

Conclusion

Les différents scénarios simulés indiquent de façon générale que la CEDEAO est soit négativement affectée par les accords, soit qu'elle enregistre des gains inférieurs à ceux du Maroc et de la Tunisie. On observe en effet un détournement de commerce pour la CEDEAO, tant à l'intérieur qu'avec les partenaires hors zone. Les exportations de la CEDEAO vers le Maroc et la Tunisie augmentent moins que les exportations de ces deux pays vers la région, cela quel que soit le type d'accord considéré. Le PIB devrait croître de façon modeste mais le niveau de bien-être mesuré par la variation équivalente devrait légèrement reculer. On constate néanmoins que le scénario de l'union douanière limite les effets négatifs pour la CEDEAO, comparé à l'option de la Zone de libre-échange.

Le Maroc et la Tunisie augmentent sensiblement leurs exportations vers la CEDEAO et restent préservés de détournement de commerce. En moyenne les exportations de ces deux pays vers la CEDEAO augmentent deux fois plus que leurs importations en provenance de la zone, creusant le déficit commercial déjà important de la CEDEAO vis-à-vis d'eux. Ils enregistrent également des recettes tarifaires supplémentaires et accroissent leur niveau de bien-être. On note toutefois des différences significatives pour le Maroc et la Tunisie entre la zone de libre-échange et l'union douanière.

Les résultats sont beaucoup plus nuancés pour la Mauritanie. On devrait observer des effets globalement positifs pour les deux partenaires : une intensification des flux d'échanges avec davantage d'exportations de la CEDEAO vers la Mauritanie. L'effet sur la croissance du PIB de la CEDEAO devrait être neutre, avec toutefois un accroissement de bien-être dans la région, même si les gains pour la Mauritanie devraient être plus élevés.

En conclusion et vu les niveaux et la répartition des gains et pertes des accords, il est possible de penser que si la volonté d'approfondir le niveau d'intégration entre la CEDEAO, le Maroc et la Tunisie est effective, ces deux partenaires devraient faire des concessions pour la CEDEAO. Une option serait de recourir à un démantèlement moins rapide pour les pays ouest-africains. En outre le niveau des pertes relativement faible laisse à penser que de bonnes règles d'origine (possibilités de cumul avec l'Union européenne par exemple) et des opportunités d'Investissements directs étrangers permettront sans doute d'aboutir à des résultats positifs. En attendant, l'option choisie par la Tunisie de négocier un accord d'association avec la CEDEAO et celle de la Mauritanie d'aller vers un retour progressif à une Communauté à laquelle elle a longtemps appartenu peuvent être considérées comme un bon début d'approfondissement de l'intégration régionale entre l'UMA et la CEDEAO.

Références

Acharya, R., J. A. Crawford, M. Maliszewska and C. Renard (2011). Landscape, *in Preferential Trade Agreement Policies for Development*, J. P. Chauffour and J. C. Maur (eds), The World Bank, 37-6, 2011.

Aguiar, A., B. Narayanan and R. McDougall (2016), An Overview of the GTAP 9 Data Base, *Journal of Global Economic Analysis*, 1 (1): 181-208.

Andriamananjara, S. (2011). Customs Unions, in *Preferential Trade Agreement Policies for Development,* J. P. Chauffour and J. C. Maur (eds), The World Bank, 111-120, 2011.

Bagwell, K. and R. Staiger (1999), *An Economic Theory of GATT*, *The American Economic Review*, 89, 215-248, 199.

Baldwin, R. (2011). Economics, in *Preferential Trade Agreement Policies for Development,* J. P. Chauffour and J. C. Maur (eds), The World Bank, 69-93,

Commission économique des Nations Unies pour l'Afrique (2017), *Etude de la CEDEAO sur Les implications de l'adhésion du Maroc à la Communauté. Analyse descriptive,*

Corden, W. M. (1965) Recent Developments in the Theory of International Trade, Special Papers in *International Economics 7, International Finance Section*, Princeton University, Princeton, N.J.

European Commission (2018). *Overview of Economic Partnership Agreements, update March 2018*, Brussels,

Dixit, A. and V. Norman (1980). *Theory of International Trade, Cambridge, U.K.*: Cambridge University Press,

Grossman, G., E. Helpman (1994). Protection for sale, *American Economic Review,* 84(4): 833-850,

Kemp, Murray C., Henry Y. Wan, Jr. (1976), An Elementary Proposition Concerning the Formation of Customs Unions, *Journal of International Economics,* 6 (1): 95–97,

Krueger, A.O. (1997), Problems with Overlapping Free Trade Areas, *in Regionalism Versus Multilateral Trade*, T. Ito and A.O. Krueger (eds), The University of Chicago Press.

Laborde, D., W. Martin, D. Van der Mensbrugghe (2016). Measuring the impacts of global trade reform with optimal aggregators of distortions, *Review of International Economics*, 25(2): 403-425,

Limao, N. (2016). Preferential Trade Agreements. In *Handbook of Commercial Policy*, Elsevier, K. Bagwell and R. Staiger (eds), 279-367,

Martin, W., F. Ezzahra, T. Guedegbe (2018) Assessing Proposals for Regional Integration Agreements (RIAs), *OCP Policy paper.*

Meade, J. E. (1995). *The Theory of Customs Unions*, Amsterdam. North-Holland,

Melitz, M. J., The Impact of Trade on Intra-Industry. Reallocations and Aggregate Industry Productivity, *Econometrica*, 71, 1695-1725, 2003.

Organisation mondiale du commerce (2011). *World Trade Report* Geneva.

Organisation mondiale du commerce (2018). *Examen des Politiques Commerciales, Rapport Du Secrétariat, Mauritanie, WT/TPR/S/371/*, Genève

Organisation mondiale du commerce (2016a). *Examen des Politiques Commerciales, Rapport Du Secrétariat, Royaume Du Maroc, WT/TPR/S/329/Rev.1*, Genève,

Organisation mondiale du commerce (2016b). *Examen des Politiques Commerciales, Rapport Du Secrétariat, Tunisie, WT/TPR/S/341/Rev.1*, Genève,

Sébastien J., D. Laborde et W. Martin, "Formulas and Flexibility in Trade Negotiations: Sensitive Agricultural Products in the World Trade Organization's Doha Agenda", *World Bank Economic Review,* 24(3): 500-519, 2011.

Union Economique et Monétaire Ouest-Africaine, *Base de données de la surveillance multilatérale*, Ouagadougou, 2016.

Vanek, J., *General Equilibrium of International Discrimination: The case of Customs Unions*, Cambridge, Mass.: Harvard University,1965. Press.

Viner, J., *The Customs Union Issue*, New York, 1950. Carnegie Endowment for International Peace.

Annexes

Annexe 1 : Importations et exportations du Maroc, de la Mauritanie et de la Tunisie entre 2005 et 2016 ' en millions de dollars américains

		Maroc	Mauritanie	Tunisie
2005	Import	64,0	107,37	28,3
	Export	213,92	46,01	99,23
2006	Import	103,35	138,86	32,57
	Export	238,68	74,83	95,78
2007	Import	95,79	125,92	45,75
	Export	195,17	70,5	114,91
2008	Import	92,45	160,34	34,95
	Export	369,89	85,29	142,32
2009	Import	89,06	144,48	29,76
	Export	334,25	85,16	150,62
2010	Import	223,69	278,54	176,38
	Export	457,76	82,14	176,38
2011	Import	333,81	419,98	29,4
	Export	520,45	105,1	176,24
2012	Import	281,91	296,29	31,45
	Export	847,96	105,56	183,21
2013	Import	157,47	194,48	24,44
	Export	874,74	104,00	195,00
2014	Import	94,88	311,77	83,13
	Export	790,27	86,63	208,2
2015	Import	83,07	124,75	56,74
	Export	850,75	62,91	177,67
2016	Import	102,67	202,92	58,37
	Export	869,47	88,82	163,15

Source : COMTRADE, déclarant Maroc, Tunisie et CEDEAO

Annexe 2 : Part de la CEDEAO dans le commerce du Maroc, de la Tunisie et de la Mauritanie (%)

	Part de la CEDEAO en 2011		Part de la CEDEAO en 2016	
	Exportations	Importations	Exportations	Importations
Maroc	2	1	4	0,24
Tunisie	0,98	0,0012	1,1	0,03
Mauritanie	2,3	2,7	9,2	1,4

Source ; COMTRADE, déclarant Maroc, Tunisie, CEDEAO

Annexe 3 : Part du Maroc, de la Tunisie et de la Mauritanie dans le commerce total de la CEDEAO

	Exportations		Importations	
	2011	2016	2011	2016
Maroc	0.20%	0.19%	0.51%	1.29%
Tunisie	0.02%	0.11%	0.17%	0.24%
Mauritanie	0.2%	0.2%	0.4%	0.3%

Source : COMTRADE, déclarant : CEDEAO

Annexe 4 : Clients CEDEAO du Maroc, de la Mauritanie et de la Tunisie en 2011 et en 2016

	Maroc		Tunisie		Mauritanie	
	2011	2016	2011	2016	2011	2016
Bénin	0,041	0,043	0,0354	0,0456	0,0296	0,139
Burkina Faso	0,037	0,057	0,0683	0,0682	0,01	0,012
Cabo Verde	0,0098	0,00078	0,0007	0,00165		0,00000638
Côte d'Ivoire	0,13	0,17	0,14	0,22	0,427	0,211
Gambie	0,036	0,042	0,0147	0,0123	0,00005074	0,000175
Ghana	0,13	0,1	0,0747	0,0853	0,231	0,286
Guinée	0,1	0,04	0,0285	0,068		
Guinée Bissau	0,0124	0,0057	0,00091	0,0072		
Liberia	0,018	0,0056	0,0083	0,00517		
Mali	0,1	0,09	0,084	0,0399	0,0342	0,0684
Niger	0,0174	0,0274	0,0786	0,044	0,0000507	0,000468
Nigeria	0,08	0,16	0,105	0,077	0,227	0,216
Sénégal	0,22	0,23	0,26	0,292	0,0109	0,0346
Sierra Leone	0,00095	0,0141	0,0103	0,0085		
Togo	0,048	0,036	0,088	0,0298	0,0291	0,0303

Source : COMTRADE, déclarant Maroc, Tunisie et CEDEAO

Annexe 5 : Fournisseurs CEDEAO du Maroc, de la Mauritanie et de la Tunisie en 2011 et en 2016

	Maroc		Tunisie		Mauritanie	
	2011	2016	2011	2016	2011	2016
Bénin	0,0005	0,0108			0,00142	0,00417
Burkina Faso	0,00715	0,024	0,107		0,00013	0,0354
Cabo Verde			0,00000626			
Côte d'Ivoire	0,0507	0,1018	0,525	0,0352	0,0689	0,0942
Gambie	0,000065	0,00017	0,00115	0,015	0,00155	0,0001079
Ghana	0,116	0,0718	0,257	0,252	0,0353	0,00152
Guinée	0,0434	0,213	0,000333			
Guinée Bissau	0,00087	0,00109				
Liberia	0,000013		0,0032			
Mali	0,009	0,039	0,00127	0,00197	0,0607	0,0675
Niger	0,000047	0,00111	0,000023	0,0000976		
Nigeria	0,729	0,346	0,00659	0,6477	0,0215	0,00195
Sénégal	0,0172	0,0721	0,0367	0,0378	0,81	0,791
Sierra Leone	0,00089	0,00527	0,000177	0,00215		0,000211
Togo	0,0242	0,0858	0,0603	0,0027		0,000961

Source : COMTRADE, déclarant Maroc, Tunisie et CEDEAO

Annexe 6 : Protection subie et imposée par le Maroc, la Mauritanie et la Tunisie vis-à-vis de la CEDEAO

6.1 Protection totale

	Maroc		Mauritanie		Tunisie	
	Subie	imposée	Subie	Imposée	Subie	Imposée
Bénin	7,9	3,5	10,0	11,9	10,4	0,7
Burkina Faso	8,5	1,6	10,0	27,4	11,9	6,5
Côte d'Ivoire	8,5	9,1	10,1	4,1	9,7	12,2
Ghana	7,2	9,9	10,0	3,9	11,7	13,5
Nigeria	6,3	3,1	10,0	7,3	7,2	1,2
Sénégal	9,4	1,8	8,6	13,8	14,4	23,9
Togo	8,4	0,2	10,0	0,2	10	0,1
RestECOWAS	6,2	2,2	12,4	13	14,1	16,1

Source : TRANS

6.2 : Protection sur les produits manufacturés

	Maroc		Mauritanie		Tunisie	
	Subie	imposée	Subie	Imposée	Subie	Imposée
Bénin	9,2	9,3	8,3	19,9	10,9	1,4
Burkina Faso	9	10,8	9,9	27,5	11,3	11,1
Côte d'Ivoire	9,3	4,2	12,8	2,4	9,8	24,8
Ghana	9,9	4,6	6,4	3,7	9,7	7,9
Nigeria	6,9	2,6	5,7	8	7,2	1
Sénégal	10,9	6,5	7,9	11,1	10,2	3,5
Togo	9,5	19,9	8,3	0,2	11,9	0,1
RestECOWAS	10,7	9,6	12,2	14,1	11,7	9,2

Source : TRANS

6.3 : Protection sur les produits de l'agribusiness

	Maroc		Mauritanie		Tunisie	
	Subie	imposée	Subie	Imposée	Subie	Imposée
Bénin	16,7	1	17,1		14,5	0,7
Burkina Faso	24,3	1,2	17,1		24,7	6,5
Côte d'Ivoire	17,6	20,3	34,9	28,4	12,8	4,2
Ghana	19,6	14	10,1	14,7	20	5,1
Nigeria	9,2	6,8	17,2		5,2	6,4
Sénégal	21,2	3,6	13,5	31	11,7	10
Togo	27	0	17,1		20	0,1
RestECOWAS	26,1	0,2	24,2		17,6	

Source : TRANS

6.4 : Protection sur les produits agricoles

	Maroc		Mauritanie		Tunisie	
	Subie	Imposée	Subie	Imposée	Subie	Imposée
Bénin	11,1	3	10	7	9,3	0,7
Burkina Faso	15	1,2	10		18,6	6,5
Côte d'Ivoir	11,6	10,7	10	28,6	9,6	6,7
Ghana	13	11,6	10	24,9	20,1	13,7
Nigeria	11,7	3,5	19,8	7	8,8	6,4
Sénégal	19,7	1,3	10	25,2	18	25,4
Togo	14,3	0,1	10		20,6	0,1
RestECOWAS	21	1,3		9,7	19,9	17,1

Source : TRANS

Annexe 7 : Liste des scénarios de simulation et les produits sensibles

Annexe 7.1 Scénarios de simulation

#	Code du scénario	Description du scénario
1	FTA_MOR0	ZLE entre la CEDEAO et le Maroc
2	FTA_TUN0	ZLE entre la CEDEAO et la Tunisie
3	FTA_MRT0	ZLE entre la CEDEAO et la Mauritanie
4	FTA_MOR10	ZLE entre la CEDEAO et le Maroc avec produits sensibles (10% du commerce bilatéral exclus de l'accord)
5	FTA_MOR20	ZLE entre la CEDEAO et le Maroc avec produits sensibles (20% du commerce bilatéral exclus de l'accord)
6	FTA_TUN10	ZLE entre la CEDEAO et la Tunisie avec produits sensibles (10% du commerce bilatéral exclus de l'accord)
7	FTA_TUN20	ZLE entre la CEDEAO et la Tunisie avec produits sensibles (20% du commerce bilatéral exclus de l'accord)
8	FTA_MRT10	ZLE entre la CEDEAO et la Mauritanie avec produits sensibles (10% du commerce bilatéral exclus de l'accord)
9	FTA_MRT20	ZLE entre la CEDEAO et la Mauritanie avec produits sensibles (20% du commerce bilatéral exclus de l'accord)
10	FTA_JOI0	ZLE entre la CEDEAO, le Maroc, la Mauritanie et la Tunisie (tous les produits)
11	CET_MOR0	UD entre la CEDEAO et le Maroc. Adoption du TEC CEDEAO pour tous les partenaires
12	CET_TUN0	UD entre la CEDEAO et la Tunisie. Adoption du TEC CEDEAO pour tous les partenaires
13	CET_MRT0	UD entre la CEDEAO et la Mauritanie. Adoption du TEC CEDEAO pour tous les partenaires
14	CET_JOI0	UD entre la CEDEAO, le Maroc, la Mauritanie et la Tunisie. Adoption du TEC CEDEAO pour tous les partenaires

Annexe 7.2 : Liste des produits sensibles par pays
Liste des produits sensibles exclus dans le cadre de l'accord avec le Maroc (20% exclus)

CEDEAO	**Maroc**
110100 : Farines de froment ou de méteil ou d'autres céréales 481930 : Boites, sacs, emballages de papier, cartons ou autre d'une largeur à la base de 40 cm ou plus 040630 : Fromages fondus, autres que râpés ou en poudre 070190 :pommes de terre 070310 :Oignons et échalotes 160413 :sardines en conserve 252020 : Plâtres 252310 :Ciments non pulvérisés 252329 : Ciments hydrauliques 481910 : Boîtes et caisses en papier ou carton 761290 : Réservoirs, fûts, tambours, bidons, boîtes et récipients similaires en aluminium	040630 : Fromages fondus, autres que râpés ou en poudre 080430 : Ananas 151190 : Huile de palme et ses fractions 870423 : Véhicules automobiles pour le transport de marchandises (démontés non montés importés pour l'industrie du montage) 080310 : Bananes fraiches 080390 : Bananes sèches 091012 : Epices (gingembre et autres) broyés ou pulvérisés 120242 : Arachides non grillées destinées à la production d'huile

Annexe 7.3. liste des produits sensibles exclus dans le cadre de l'accord avec la Tunisie (20% exclus)

CEDEAO	Tunisie
252020 : Plâtres 150790 : Huile de soja et ses fractions 220290 : Eaux, y compris eaux minérales et gazéifiées	030343: Poissons congelés (Listaos ou Bonites) 030341 : Thons blancs ou germons 030349 : Autres genres de thon 411310 : Cuirs préparés de caprins 440839 : Feuilles de bois 440890 : Autres feuilles de bois

Annexe 7.4. Liste des produits sensibles exclus dans le cadre de l'accord avec la Mauritanie (20% exclus)

CEDEAO	Mauritanie
030219 : Poissons frais ou réfrigérés	040229 : Lait et crèmes de lait 071390 : Légumes à cosse secs 330499 : Produits de beauté ou de maquillage 391721 : Tubes et tuyaux en plastique 840890 : Moteurs à piston 040221 : Lait et crèmes de lait (autres) 230990 : préparations pour alimentation animale 391723 : tubes et tuyaux en plastique (canalisations et autres) 630539 : Sacs et sachets d'emballage 070799 : concombres et cornichons 080310 : Bananes

Annexe 8 : Variation de la protection suite à l'adoption du TEC de la CEDEAO

	Maroc	**Tunisie**	**Mauritanie**
Boissons et tabac	11.70%	8.10%	1.40%
Bétail	-3.60%	-25.60%	-2.50%
Céréales (hors riz)	-7.30%	-17.90%	-31.00%
Equipements	7.80%	-3.40%	-1.30%
Produits chimiques et plastiques	6.30%	6.20%	-4.20%
Produits laitiers	0.30%	-11.40%	-22.80%
Electronique	7.70%	3.10%	2.20%
Hydrocarbures/gaz	3.50%	4.50%	4.50%
Poissons	8.60%	-23.60%	-10.70%
Produits du cuir	2.10%	-1.50%	-14.90%
Autres produits minéraux	14.10%	-3.30%	5.50%
Viande	-1.40%	-0.70%	4.30%
Autres viandes	5.20%	-0.90%	-1.00%
Produits métalliques	8.20%	-1.70%	-0.30%
Véhicules et pièces	7.30%	-3.70%	-2.00%
Autres cultures	3.70%	-9.30%	0.70%
Autres produits alimentaires	2.20%	-2.20%	-14.80%
Autres produits manufactures	16.10%	-3.20%	-2.70%
Autres ressources naturelles	4.90%	4.70%	3.00%
Oléagineux	6.60%	8.70%	-31.60%
Autres produits animaux	2.70%	-16.90%	-12.60%
Papier-emballages	8.80%	6.70%	-9.30%
Fibres végétales	3.80%	4.40%	4.70%
Riz	-29.90%	-5.00%	-6.00%
Sucre	-20.80%	14.70%	14.30%
Textiles	15.20%	11.10%	-2.20%
Eau-électricité-gaz	4.90%	2.50%	4.00%
Fruits et légumes	1.40%	-8.00%	-15.50%
Huiles végétales	8.80%	7.20%	9.60%
Habillement	10.10%	1.80%	-9.50%
Produits du bois	9.20%	2.00%	-0.60%
Agro-alimentaire	-1.90%	-3.40%	-9.20%
Cultures	-7.20%	-6.20%	-10.10%
Agriculture	-6.80%	-6.60%	-10.10%
Bétail-viande	-0.02%	-13.00%	-15.40%
Industrie	6.90%	1.90%	-1.20%

Source : Des simulations des auteurs

Annexe 9 : 1 Variation en % du commerce en valeur en 2030, exportateur en ligne

	CET_JOI0				FTA_JOI0			
	CEDEAO	Maroc	Mauritanie	Tunisie	CEDEAO	Maroc	Mauritanie	Tunisie
CEDEAO	-0.6	36.3	87.8	44.7	-0.6	23.8	112.0	49.3
Maroc	60.0		84.1	45.5	73.0		115.8	66.7
Mauritanie	64.9	27.2		5.6	57.4	9.9		3.8
Tunisie	85.3	32.9	176.6		89.0	0.7	204.0	

Source : Simulation des auteurs

Annexe 10 : Variation production en % en 2030, par grands groupes de produits

	CET_JOI0				**FTA_JOI0**			
	CEDEAO	Maroc	Mauritanie	Tunisie	CEDEAO	Maroc	Mauritanie	Tunisie
Agro-alimentaire	-0.03	-1.83	2.44	-2.87	-0.02	0.39	2.01	0.43
Cultures	-0.01	-5.21	-0.48	-4.86	-0.01	-0.01	0.33	0.32
Agriculture	-0.01	-3.66	-0.85	-4.31	-0.01	0.00	-0.01	0.23
Bétail-viande	-0.06	-0.37	-6.88	-1.52	-0.02	0.33	-3.87	-0.07
Industrie	0.03	1.61	1.31	0.96	0.03	0.17	0.84	0.34
Services	-0.01	-0.03	-0.29	1.20	-0.01	-0.06	-0.46	0.02

Annexe 11 : Variation des recettes tarifaires

Annexe 11.1 Variation des recettes tarifaires en millions usd

	CET_JOI0	CET_MOR0	CET_MRT0	CET_TUN0	FTA_JOI0	FTA_MOR0	FTA_MRT0	FTA_TUN0
Bénin	-14.6	-7.3	-3.4	-3.9	-14.8	-7.8	-3.1	-4.0
Burkina	-14.9	-5.9	-2.3	-6.8	-15.4	-6.6	-2.2	-6.8
Côte d'Ivoire	-96.5	-23.6	-58.8	-15.1	-96.4	-25.3	-56.7	-15.1
Ghana	-51.7	-31.1	-12.9	-7.8	-52.9	-33.2	-12.0	-7.8
Maroc	3469.8	3517.7	0.1	-1.4	7.8	3.2	-0.1	0.0
Mauritanie	-255.1	-0.6	-218.1	0.0	-100.4	-0.4	-49.4	-0.1
Nigeria	-26.9	-7.1	-13.7	-5.9	-26.7	-7.2	-12.6	-6.6
RECOWAS	-88.7	-59.7	-8.3	-21.6	-90.0	-62.6	-6.8	-21.4
Sénégal	-48.1	-28.7	-2.9	-16.9	-49.5	-31.8	-0.8	-17.2
Togo	-18.3	-9.9	-2.2	-6.3	-18.4	-10.4	-2.0	-6.2
Tunisie	288.1	-6.7	0.7	307.7	-21.8	0.0	0.0	-2.3

Source : Simulations des auteurs

Annexe 11.2 Variation des recettes tarifaires en % du PIB

	CET_JOI0	CET_MOR0	CET_MRT0	CET_TUN0	FTA_JOI0	FTA_MOR0	FTA_MRT0	FTA_TUN0
Bénin	-0.10	-0.05	-0.02	-0.03	-0.10	-0.05	-0.02	-0.03
Burkina	-0.05	-0.02	-0.01	-0.02	-0.05	-0.02	-0.01	-0.02
Côte d'Ivoir	-0.11	-0.03	-0.07	-0.02	-0.11	-0.03	-0.07	-0.02
Ghana	-0.05	-0.03	-0.01	-0.01	-0.05	-0.03	-0.01	-0.01
Maroc	1.86	1.89	0.00	0.00	0.00	0.00	0.00	0.00
Mauritanie	-1.79	0.00	-1.52	0.00	-0.71	0.00	-0.35	0.00
Nigeria	-0.005	-0.001	-0.002	-0.001	-0.005	-0.001	-0.002	-0.001
RECOWAS	-0.14	-0.10	-0.01	-0.03	-0.15	-0.10	-0.01	-0.03
Sénégal	-0.13	-0.08	-0.01	-0.05	-0.14	-0.09	0.00	-0.05
Togo	-0.21	-0.12	-0.03	-0.07	-0.21	-0.12	-0.02	-0.07
Tunisie	0.38	-0.01	0.00	0.40	-0.03	0.00	0.00	0.00

Source : Simulations des auteurs

Annexe 11.3 : 2 Variation des importations du Maroc en 2030 en %, par grands groupes de produits

	CET_JOI0	CET_MOR0	FTA_JOI0	FTA_MOR0	FTA_MOR20
Agro-alimentaire	26.4	26.0	1.5	1.3	0.7
Cultures	55.5	55.1	1.8	1.6	0.7
Agriculture	53.2	52.8	1.8	1.5	0.7
Bétail-viande	12.9	12.8	1.7	1.4	0.7
Industrie	-8.1	-8.3	0.6	0.5	0.3
Services	4.6	4.6	0.7	0.6	0.3

Source : Simulations des auteurs

Annexe 12 : 3 Variation du pib en volume en 2030 en %

	CET_JOI0	CET_MOR0	CET_MRT0	CET_TUN0	FTA_JOI0	FTA_MOR0	FTA_MRT0	FTA_TUN0
Bénin	-0.040	-0.021	-0.010	-0.010	-0.038	-0.021	-0.008	-0.009
Burkina	0.018	0.010	-0.003	0.011	0.021	0.017	-0.003	0.007
CEDEAO	-0.006	-0.004	-0.001	-0.001	-0.005	-0.004	0.000	-0.001
CotedIvoire	0.007	0.000	0.000	0.006	0.008	0.000	0.000	0.007
Ghana	0.001	0.001	0.000	0.001	0.002	0.001	0.000	0.001
Maroc	0.025	0.021	0.000	-0.001	0.026	0.020	0.000	0.000
Mauritanie	1.182	-0.022	1.399	-0.002	0.320	-0.012	0.600	-0.003
Nigeria	-0.005	-0.001	-0.002	-0.001	-0.005	-0.001	-0.002	-0.002
RECOWAS	-0.073	-0.055	-0.001	-0.018	-0.066	-0.055	0.006	-0.018
Sénégal	0.038	0.005	0.017	0.017	0.048	0.007	0.023	0.019
Togo	-0.027	-0.028	-0.009	0.009	-0.025	-0.029	-0.008	0.010
Tunisie	0.805	-0.025	0.003	0.780	0.075	0.000	0.000	0.067

Source : Simulations des auteurs

Annexe 13 : Variation équivalente (bien être) en 2030 en millions de dollars

	CET_JOI0	CET_MOR0	CET_MRT0	CET_TUN0	FTA_JOI0	FTA_MOR0	FTA_MRT0	FTA_TUN0
Bénin	-3.52	-2.48	0.24	-1.41	-3.54	-2.40	-0.09	-1.23
Burkina	2.08	0.32	0.18	1.51	2.04	1.71	-0.26	0.47
CEDEAO	-60.57	-57.78	16.83	-21.41	-34.31	-42.08	23.63	-16.83
Côte d'Ivoire	-11.07	-7.46	-4.20	-1.24	-12.44	-6.73	-8.91	0.77
Ghana	-8.72	-6.20	0.24	-2.99	-4.36	-2.42	0.36	-2.55
Maroc	1819.83	1817.84	-0.13	-5.37	144.83	112.69	-0.46	-0.69
Mauritanie	154.66	-2.17	163.52	0.03	36.45	-0.73	42.91	-0.13
Nigeria	-11.24	-9.30	2.00	-4.15	-3.96	-3.86	1.28	-1.73
RECOWAS	-18.18	-14.64	0.39	-4.39	-13.94	-12.43	2.68	-4.35
Sénégal	-6.90	-16.56	17.77	-6.87	5.05	-14.47	28.60	-6.39
Togo	-3.02	-1.47	0.20	-1.87	-3.15	-1.48	-0.03	-1.81
Tunisie	510.60	-30.25	3.02	490.44	66.35	-0.49	-0.02	66.28

Source : Simulations des auteurs

Annexe 14 : Variation équivalente en 2030 en % de la consommation initiale

	CET_JOI0	CET_MOR0	CET_MRT0	CET_TUN0	FTA_JOI0	FTA_MOR0	FTA_MRT0	FTA_TUN0
Bénin	-0.02	-0.01	0.00	-0.01	-0.02	-0.01	0.00	-0.01
Burkina	0.01	0.00	0.00	0.01	0.01	0.01	0.00	0.00
CEDEAO	-0.01	-0.01	0.00	0.00	0.00	-0.01	0.00	0.00
Côte d'Ivoire	-0.02	-0.01	-0.01	0.00	-0.02	-0.01	-0.01	0.00
Ghana	-0.01	-0.01	0.00	0.00	-0.01	0.00	0.00	0.00
Maroc	1.50	1.50	0.00	0.00	0.12	0.09	0.00	0.00
Mauritanie	1.36	-0.02	1.44	0.00	0.32	-0.01	0.38	0.00
Nigéria	0.00	0.00	0.00	0.00	0.00	0.00	0.00	0.00
RECOWAS	-0.03	-0.02	0.00	-0.01	-0.02	-0.02	0.00	-0.01
ROW	0.00	0.00	0.00	0.00	0.00	0.00	0.00	0.00
Sénégal	-0.02	-0.05	0.06	-0.02	0.02	-0.05	0.09	-0.02
Togo	-0.03	-0.02	0.00	-0.02	-0.03	-0.02	0.00	-0.02
Tunisie	0.97	-0.06	0.01	0.93	0.13	0.00	0.00	0.13

Source : Simulation des auteurs.

Chapitre IV

Potentiel du commerce extérieur de l'Algérie envers l'Afrique : Un essai de mesure

Mohamed Yazid BOUMGHAR[1]

Introduction

L'Algérie va connaître dans les prochaines années sa seconde expérience d'intégration régionale[2]. L'étude rendue publique pendant la 33ème conférence au sommet des chefs d'État et de gouvernement de l'Union africaine (UA) à Niamey le 6 juillet 2020, a balisé la démarche à suivre et les étapes à respecter pour espérer une entrée en vigueur effective de la ZLECAf[3] dans des délais réalistes[4]. A ce jour, vingt-deux des cinquante-quatre pays africains ont signé et ratifié cet accord. De par son envergure, il est considéré comme étant l'Accord le plus important après celui conclu portant création de l'Organisation Mondiale du Commerce (OMC). L'Algérie figure parmi les vingt-deux premiers signataires. Prendre conscience rapidement des gains et pertes possibles générés par cet accord sur l'économie algérienne est un souci tant partagé par le politique que le chercheur académique. Un aspect de ce souci sera discuté dans ce chapitre.

Dans un premier temps, il s'agira de faire le point sur le volume et la nature du commerce extérieur de l'Algérie avec ses partenaires africains. Cela permettra de confirmer ou non certaines tendances statistiques révélées dans CNUCED (2019)[5].

---

[1] Maître de Recherche - Classe B – CREAD (Algérie) – myboumghar@gmail.com

[2] La première est prévue avec l'Union européenne avec l'entrée en vigueur de la zone de libre-échange en septembre 2020.

[3] Zone Continentale de libre échange africaine.

[4] https://www.uneca.org/fr/stories/recette-pour-la-zleca-le-nouveau-rapport-se-penche-sur-les-prochaines-%C3%A9tapes-de-l%E2%80%99accord

[5] CNUCED (2019), « Key Statistics and Trends in Regional T in Regional Trade in Africa », page 30.

Dans un second temps, l'évaluation du potentiel du commerce extérieur entre l'Algérie et ses partenaires africains retiendra notre attention. Cette évaluation permettra d'identifier les politiques à mettre en place pour bénéficier du potentiel à l'export, et de se préparer à l'éventualité des pertes d'emplois qui pourraient survenir suite à la substitution de certaines productions locales par des importations africaines futures.

Pour le premier point, l'investigation se fera en interrogeant les statistiques du commerce extérieur rendues publiques par le Centre de Commerce International (CCI) sur la période récente (2014-2018)[1]. Pour le second aspect, qui est d'estimer le potentiel du commerce, la méthodologie empruntée est celle des modèles de gravité dans la lignée des travaux de Fontagné (2002)[2] et Ghazi et Masadfa (2016)[3]. Une revue de la littérature empirique sur le sujet précèdera cette estimation.

1. Commerce extérieur de l'Algérie avec l'Afrique : quelques faits

Avant de tenter une estimation du potentiel du commerce extérieur de l'Algérie avec ses partenaires africains, il est nécessaire de faire le point sur la situation actuelle et d'en tirer quelques enseignements. Cette analyse fera le lien avec l'évènement majeur à venir et qui concerne la mise en place de la ZLECAf en juillet 2020. L'Algérie va connaître dans les prochaines années sa seconde expérience d'intégration régionale. La première est prévue avec l'Union européenne avec l'entrée en vigueur de la zone de libre-échange dans une année (septembre 2020). L'étude rendue publique pendant la rencontre de Niamey du 6 juillet 2020 a balisé la démarche à suivre et les étapes à respecter pour espérer une entrée en vigueur effective de la ZLECAf dans des délais réalistes[4]. Dans le cadre de cette section, nous proposons de voir

---

[1] https://www.trademap.org/Index.aspx

[2] Fontagné (2002) et al., « Potentiels du commerce entre économies hétérogènes : un petit modèle d'emploi des modèles de gravité », Economie et Prévision , 2002/1 n°152-153, pages 115 à 139.

[3] Ghazi et Msadfa (2016), « Potentiel du commerce extérieur entre le Maroc et ses partenaires africains : Application d'un modèle de gravité » in « Equilibres externes, compétitivité et processus de transformation structurelle de l'économie Marocaine », OCP Policy Center, pages 113-154.

[4] https://www.uneca.org/fr/stories/recette-pour-la-zleca-le-nouveau-rapport-se-penche-sur-les-prochaines-%C3%A9tapes-de-l%E2%80%99accord

dans quelle mesure l'Algérie pourrait augmenter ses exportations vers l'Afrique en tenant compte de la situation actuelle de son commerce extérieur avec ses partenaires africains.

La première tâche est de faire le point sur le volume et la nature du commerce extérieur de l'Algérie avec ses partenaires africains. Ceci permettra de confirmer ou non certaines tendances statistiques révélées dans l'étude réalisée par la CNUCED (2019)[1] récemment. Il a été démontré dans cette étude que le commerce intra-africain (entre pays africains entre eux) est plus diversifié que le commerce extra-africain (réalisé par les pays africains avec leurs partenaires étrangers non africains). Ce fait stylisé permet aux pays africains d'être moins sensibles à la variation des prix. Il est intéressant de voir si le commerce extérieur de l'Algérie avec ses partenaires africains est de ce type. Un tel phénomène lui permettrait de compenser, un tant soit peu, les fluctuations de ses exportations en hydrocarbures réalisées avec des partenaires africains.

Tout d'abord, examinons ce que nous enseignent les statistiques du commerce extérieur sur la période récente (2001-2017). Sur les vingt dernières années, l'Algérie importait en moyenne pour l'équivalent d'un milliard de dollars et exportait pour l'équivalent de 1,7 milliard de dollars ; ce qui nous donne un excédent commercial moyen de l'ordre de 700 millions de dollars par an. Les importations étaient plus régulières que les exportations. Du fait de leur montant, les exportations « *dictent* » l'allure de l'évolution de la balance commerciale (voir figure 1). En analysant le commerce extérieur algérien par zone géographique, il apparaît que l'Afrique représente en moyenne sur cette période seulement 3 % des importations de l'Algérie et 4 % de ses exportations. Il est à noter que ces échanges commerciaux algériens avec les pays du continent sont très concentrés autour de quelques pays. En effet, sur les 53 pays que compte le continent africain, cinq pays fournissent 94 % des besoins de l'Algérie et dans une proportion similaire (94 %), cinq pays sont clients de l'Algérie. Ces pays sont, d'une part, trois pays partenaires au sein du CER que constitue l'UMA (Tunisie, Maroc, Mauritanie) et, d'autre part, l'Égypte et le Sénégal. Les cinq principaux pays fournisseurs sont l'Égypte, la Tunisie, le Maroc, la Côte d'Ivoire et l'Afrique du Sud.

---

[1] CNUCED (2019), « Key Statistics and Trends in Regional T in Regional Trade in Africa », page 30.

Figure 1 : Évolution du commerce extérieur de l'Algérie avec l'Afrique (en millions de dollars courants)

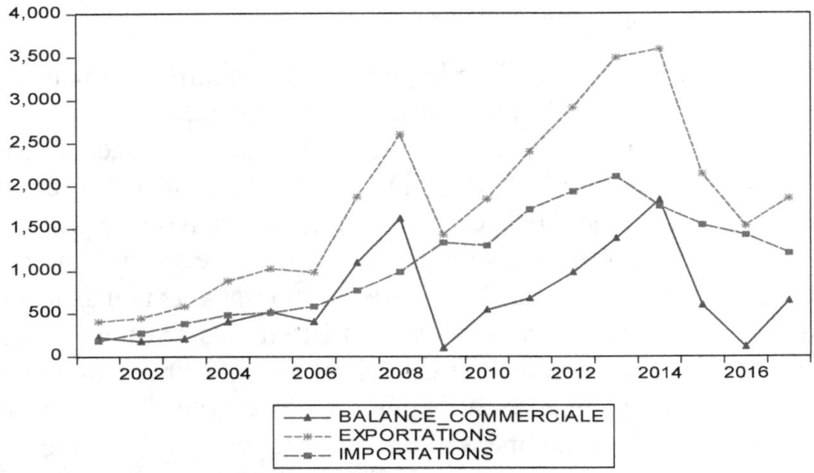

Source : https://www.trademap.org/Index.aspx

Un fait notable à relever : l'Algérie n'a jamais importé de sept pays et n'a jamais exporté vers quinze autres. Les échanges commerciaux de l'Algérie avec ses partenaires africains sont concentrés autour de trois pays qui sont les mêmes que ce soit pour les exportations ou les importations, à savoir l'Égypte, la Tunisie et le Maroc. Pour les exportations, ces trois pays représentent 90 % des exportations algériennes vers l'Afrique et pour les importations, ces trois pays représentent 84 % des importations algériennes des pays africains.

La structure des exportations de l'Algérie envers ses partenaires africains n'échappe pas à celle connue pour le reste du monde. Les hydrocarbures représentent au moins 94 % pour des pays comme la Tunisie et le Maroc et la quasi-totalité pour l'Égypte (99 %). Les importations sont plus diversifiées que les exportations. Si l'on prend l'Égypte, le premier fournisseur de l'Algérie, les importations de l'Algérie de ce pays tournent essentiellement autour de trois produits qui représentent 40 % des importations.

Ce sont essentiellement des « Préparations alimentaires pour les boissons (15 %) », du « Cuivre et des ouvrages en cuivre (14 %) » et enfin les « Matières plastiques et ouvrages en cette matière (10 %) ». Les importations du deuxième fournisseur de l'Algérie (Tunisie) sont moins concentrées que celles avec l'Égypte. Il est à noter que cinq produits représentent à eux seuls 50 % de la valeur des importations.

Arrivent au premier rang avec 12 % les « Ouvrages en fonte, fer et acier », suivis des « Matières en plastique » et « Produits chimiques inorganiques » dans les mêmes proportions (10 %). Pour le Maroc, troisième fournisseur, la répartition est identique à celle de la Tunisie en termes de produits mais avec des proportions plus importantes. Apparaissent en premier les « Vêtements et accessoires de vêtements » (19 %), suivis par les « Tabacs » et la « Fonte, fer et acier » dans la même proportion (15 %).

Ces premiers constats démontrent que l'Algérie n'a jamais cherché à diversifier ses fournisseurs et ses clients au-delà de son voisinage géographique immédiat à l'exception de l'Afrique du Sud mais dans une moindre mesure.

La situation est un peu différente pour ses voisins immédiats (Tunisie et Maroc). Pour les importations, la situation est exactement la même que pour l'Algérie. Nous retrouvons l'Algérie, l'Égypte et la Tunisie (ou le Maroc). Pour les exportations, la situation est très différente pour le Maroc qui compte comme premiers clients le Sénégal, la Côte d'Ivoire et la Mauritanie. Par contre les exportations de la Tunisie restent cantonnées dans son voisinage immédiat (Algérie, Libye et Maroc).

2. Revue de la littérature empirique

Les approches par les modèles de gravité[1] ont évolué au cours du temps. Dans cette évolution deux types de modèles sont apparus : les modèles intuitifs et les modèles théoriques. Leur brève présentation précédera celle des modèles de gravité appliqués pour les échanges impliquant des pays africains.

2.1. Les modèles de gravité intuitifs

Comme cela a été rappelé dans le chapitre II ci-dessus, Tinbergen (1963) a formulé une version intuitive à estimer pour le modèle de gravité. Dans cette modélisation, il est supposé que les flux commerciaux sont fonction des tailles économiques des pays concernés par l'échange, la distance les séparant ainsi que d'autres facteurs. La taille

[1] Pour une approche historique des modèles de gravité, cf le chapitre II précédent de Ahmed Silem dans cet ouvrage

économique est mesurée par le Produit intérieur brut. D'autres auteurs comme Head (2003) et Starck (2012) rajoutent des facteurs explicatifs des échanges comme les frais de transport, les délais de livraison, les frais de communication, et les coûts de transaction. L'écriture originelle du modèle est la suivante :

$$X_{ij} = A.Y_j^{\beta}.Y_i^{\alpha}/D_{ij}^{\rho}.$$

Pour les besoins de l'estimation empirique, une transformation numérique est nécessaire. Le modèle précédent devient :

$$\log(X_{ij}) = \log(A) + \alpha.\log(Y_i) + \beta.\log(Y_j).\rho.\log(D_{ij}) + \sigma.Z_{ij} + \sum_{k}^{n} \gamma_k.\beta_{ijk} + \varepsilon_{ij}$$

Chaney (2013) a relevé dans son travail que le test empirique de la version linéaire du modèle de Tinbergen (1963) a relevé une certaine robustesse du modèle et la constance de certains faits relevant l'effet significatif des tailles économiques et de la distance comme variables explicatives du volume des échanges commerciaux. Après les travaux de Tinbergen (1963), Linneman (1966) a proposé de rajouter la variable « population » comme une des variables explicatives des échanges pour tenir compte des effets de taille. Plus récemment, Silva et Tenreyro (2006) ont recensé des travaux qui ont inclus d'autres variables comme la langue commune, les facteurs culturels et la présence ou non d'accords commerciaux et de zones de libre-échange.

2.2. Les modèles de gravité à fondements théoriques

Les premiers travaux à fondements théoriques microéconomiques, après ceux des années 1960 purement analogiques (Tinbergen, 1962 ; Linnemann, 1966), datent de la fin des années quatre-vingt avec ceux de Anderson (1979) et Krugman (1980). Par la suite, Bergstrand (1985 et 1989) a développé ces deux premières spécifications en gardant pratiquement les mêmes hypothèses de base (spécification d'Armington et fonction demande de type CES). Dans son approche Bergstrand reprend aussi les hypothèses krugmaniennes des rendements croissants à l'échelle et de concurrence monopolistique pour le marché. Ce type d'approche permet de dériver l'équation du modèle de gravité qui peut être testée empiriquement. Son approche a été surtout utilisée pour étudier le commerce intra-industrie. Il faut attendre les travaux d'Eaton et Kortum (2002) pour différencier les pays selon leurs technologies et adapter ainsi une fonction de production pour chacun des pays, ce qui est plus proche de la réalité. Dans ce modèle, les rendements sont constants et les consommateurs ont des préférences homothétiques. Chacun d'eux essaie de maximiser sa fonction d'utilité de type CES en achetant le bien le moins cher dans le monde. Dans ce type d'approche, il est fait l'hypothèse implicite que le travail est fixe (à l'international).

2.3. Les modèles de gravité appliqués aux économies africaines

Les travaux empiriques sur l'Algérie et les pays de la région sont peu nombreux mais restent très instructifs. Pour le Maroc, on peut citer le travail de Ghazi et Masadfa (2016). Dans cette étude, les deux auteurs ont tenté une mesure du potentiel à l'export du Maroc envers quarante pays de l'Afrique. Ce modèle a été estimé tant en panel qu'en coupe instantanée et ce sur la période 2000-2014. Dans ce modèle, les exportations sont expliquées par le produit intérieur brut, la distance géographique, la langue et la présence ou non d'accords régionaux de libre-échange entre le Maroc et ces quarante pays individuellement ou en groupe dans le cadre des commissions économiques régionales (CER) qui existent sur le continent africain. Pour l'estimation en modèle de panel, les auteurs trouvent que les « exportations sont positivement et fortement élastiques par rapport à la taille économique et le niveau du développement dans les pays d'origine ; les exportations sont positivement et faiblement élastiques par rapport à la taille économique et le pouvoir d'achat dans les pays de destination ; et la croissance des exportations a tendance à baisser dans le temps (en effet, les exportations sont négativement, mais faiblement, élastiques par rapport à la variable temporelle) »[1].

Pour l'estimation en données transversales, le test a été fait pour les cinq années suivantes : 2001, 2004, 2007, 2010 et 2014. Les auteurs trouvent que les variables ont les bons coefficients prédits par la théorie. En effet, le PIB influe positivement sur les exportations. La variable distance influe négativement reflétant le fait que le commerce extérieur est plus intense entre pays se partageant des frontières communes. Aussi le fait d'avoir signé un accord de libre-échange facilite les exportations. Par contre, les auteurs remarquent le facteur langue n'intervient nullement dans l'explication des échanges commerciaux.

[1] Ghazi et Masadfa (2016), page 137.

Avec une méthodologie similaire, Avom et Mignamissi (2013) ont mesuré le potentiel du commerce à l'export des pays de la Communauté économique et monétaire de l'Afrique centrale (CEMAC) à travers un modèle de gravité. L'estimation du modèle a porté sur la période 1995-2010. Il a été estimé sur un échantillon de 55 pays englobant ceux de la CEMAC, l'Union européenne, les BRICS[1], les États-Unis et le Royaume-Uni. Trois variantes du modèle sont estimées selon la nature de la variable dépendante (importations, exportations, commerce total). Les résultats montrent que pour les trois variantes, le produit intérieur brut (PIB) contribue positivement et au seuil de 1 % au commerce bilatéral et ce quelle que soit la variable dépendante retenue. Le même résultat est obtenu pour la variable d'échelle (population). Par contre, pour la distance, elle n'est significative que pour la variante du modèle où la variable dépendante est le commerce total. Ici, les auteurs ne trouvent pas un impact significatif pour la variable « *langue* ».

Dans le but de quantifier l'impact de la corruption sur les échanges commerciaux de la Tunisie avec ses partenaires étrangers, Abdelhafid et *al.* (2015) ont estimé un modèle de gravité statique sur la période 1999-2012. Dans cette approche, les auteurs rajoutent la corruption comme une variable explicatrice supplémentaire par rapport aux variables explicatives traditionnelles qu'on a évoquées plus haut. Ils trouvent que la corruption a un impact positif sur le volume des importations en Afrique subsaharienne, en Amérique, dans le Mena dans l'Asie centrale et Europe de l'Est, excepté Singapour. Comme pour les précédentes études, les variables déterminantes du PIB et de la distance ont le bon signe et sont significatives. Ce qui n'est pas le cas de la variable « *langue* ».

Enfin, nous pouvons citer un travail récent concernant l'Algérie. Il s'agit de celui de Taleb (2016) qui a estimé un modèle de gravité pour 27 pays sur la période 1995-2010. En sus des variables traditionnelles citées plus haut, l'auteure rajoute deux variables qualitatives (variables muettes ou *dummy*). La première dénommée « pétrole » pour faire la distinction entre les pays producteurs de pétrole et les pays consommateurs nets de pétrole. La deuxième variable qualitative est dénommée « UMA » pour isoler le bloc des pays faisant partie de l'UMA et voir son effet sur les autres pays.

[1] Brésil, Russie, Inde, Chine et Afrique du Sud.

L'auteure trouve que le PIB a un effet positif et significatif. Une hausse de 1 % du PIB du pays exportateur entraîne, toutes choses égales par ailleurs, une augmentation des exportations de 0,94 %, et une hausse de 1 % du PIB du pays importateur engendre une hausse des exportations de 0,74 %.

La variable « distance » est aussi significative et a le bon signe (négatif) : une hausse de la valeur de la distance de 1 % entraîne une diminution des exportations de l'ordre de 1,08%. Pour la variable « *UMA* » elle conclut que le commerce intra UMA est 1,6 fois plus élevé que le commerce extra UMA.

Enfin pour la variable « pétrole », l'auteure trouve que la variable est significative avec un signe négatif (-0,88) : les pays exportateurs de pétrole ont « ...tendance à moins exporter que les pays non exportateurs de pétrole... »[1].

3. Estimation d'un modèle de gravité pour l'Algérie

Sur la base de ce qui précède, nous avons estimé un modèle de gravité sur données algériennes. La variable dépendante est ici les exportations de l'Algérie vers les pays africains sur les trois dernières années (2016-2018). La base de données Trademap[2] fournit des données directes pour les années 2016 et 2017 et des données miroir pour l'année 2018. Une comparaison entre les données directes et miroir sur les trois dernières années (2016, 2017 et 2018) donne une surestimation moyenne de l'ordre de 4 % des données miroir par rapport aux données directes mais seulement une sous-estimation de 1 % des données miroir par rapport aux données directes sur les deux dernières années (2016 et 2017). Ceci nous permet d'utiliser les données miroirs pour l'estimation du modèle de gravité dans notre recherche. Mais en examinant les données miroirs, nous remarquons que les données manquent pour des pays importants dans le commerce extérieur de l'Algérie comme la Tunisie et le Mali. De ce fait il a fallu s'en tenir, d'une part, aux données directes et, d'autre part pour la période de collecte des données, aux années 2015, 2016 et 2017.

Il est à remarquer que pour certains des 50 pays pour lesquels l'information est disponible, la valeur du montant des exportations est

[1] Taleb (2016), page 175.
[2] https://www.trademap.org/

nulle. Le nombre de ces pays vers lesquels l'Algérie n'exporte aucun produit varie selon les années : 17 en 2015, légèrement plus élevé, avec 20, pour les années 2016 et 2017. Cela a pour effet de rétrécir la taille de notre échantillon d'estimation.

La première variable indépendante à prendre en compte est la distance entre les deux pays. Ghazi et Msadfa (2016) ont utilisé dans leur travail les données tirées du site https://fr.distance.to/. Ce site calcule deux distances. La première est une ligne droite entre deux points (villes) tandis que la seconde est la distance calculée à partir d'un trajet qu'on peut effectuer par route. L'usage de ce site pour constituer notre base de données sur les distances n'est pas approprié et ce pour deux raisons. La première est que la distance qui a le plus de sens est celle du « *trajet par route* ». C'est cette distance qui est la plus proche de la réalité des échanges commerciaux sur les marchandises dans le monde. Cependant, pour les échanges entre l'Algérie et le Maroc, la distance par route entre les deux capitales, qu'elles soient économiques ou administratives, n'est pas pertinente compte tenu de la fermeture de la frontière terrestre entre les deux pays.

Pour la distance, il a donc fallu se tourner vers « *CERDI SEA DISTANCE* »[1], une autre base de données. Elle renferme des données plus vraisemblables eu égard à l'objet de notre recherche. Cette base rassemble la mesure des distances maritimes bilatérales de 227 pays et territoires. Le point pertinent du calcul de la distance est le port, pour le pays côtier, contenant le nombre le plus élevé de lignes maritimes. A chaque pays enclavé, est associé le port étranger le plus proche de sa capitale par la route. La distance maritime la plus courte entre chaque couple de ports pertinents est ensuite calculée.

La seconde variable indépendante est le produit intérieur brut (PIB). Les données ont été extraites de la base de données « *African Economic Outlook* » pour son édition du 29 mai 2019[2]. Dans cette édition, l'information est disponible sur la période 2010-2018 pour les 54 pays identifiés dans cette publication.

La troisième variable indépendante est qualitative et correspond à la présence ou non d'une langue commune. Il est admis implicitement à travers cette variable *dummy* que le fait de partager une même

---

[1] https://ferdi.fr/donnees/base-de-donnees-cerdi-seadistance

[2] https://www.afdb.org/en/documents/document/the-african-statistical-yearbook-2019-109564 (page 85).

langue pourrait faciliter les échanges commerciaux. La variable « langue » servira à tester, toutes choses égales par ailleurs, si le fait de partager ou non certains facteurs culturels et historiques a un effet sur le volume des échanges commerciaux. Cette information est tirée de la base de données *GeoDist* tenue par le CEPII[1]. Cette base recense plusieurs langues. Les trois premières langues officielles auxquelles s'ajoutent d'autres langues parlées. Pour les besoins de cette recherche, seules les deux premières langues officielles ont été retenues. L'indice de langue *L* aura ainsi trois valeurs :

L = 0 si aucune langue officielle commune ; L = 1 si une des deux langues officielles est commune ; L = 2 si les deux langues sont communes.

Sur la base de la construction de cet indice, six pays ont un indice égal à 2 avec l'Algérie. Ce sont le Maroc, la Tunisie, le Niger, le Tchad, Djibouti et les Iles Comores. Vingt-trois pays présentent un indice égal partageant soit la langue française ou l'arabe avec l'Algérie et enfin 24 pays qui ne partagent ni l'arabe ni le français avec l'Algérie comme langue commune. Enfin la quatrième et dernière variable indépendante testée est la présence ou non d'accords commerciaux entre l'Algérie et ses voisins africains. Il est admis que la présence d'un accord commercial entre deux pays réduit les obstacles à échanger et devrait donc influer vers la hausse le volume des exportations. A ce jour, l'Algérie est signataire des accords commerciaux suivants :

i) Accord bilatéral avec la Tunisie. L'accord a été conclu le 4 décembre 2008 et est entré en vigueur le 1er mars 2014.
ii) Accord commercial multilatéral dans le cadre de l'UMA. Accord institué par la déclaration signée à Marrakech le 17 février *1989* par les cinq chefs d'État de l'Algérie, de la Libye, du Maroc, de la Mauritanie et de la Tunisie.
iii) Grande Zone Arabe de Libre-échange (Égypte - Janvier 2009).

Sur la base des données disponibles et en excluant les pays pour lesquels les exportations de l'Algérie sont nulles, une base de données a pu être constituée pour 38 pays africains (voir annexe 1).

---

[1] http://www.cepii.fr/CEPII/fr/bdd_modele/presentation.asp?id=6

L'estimation du modèle de gravité en données transversales pour les années 2015, 2016 et 2017 permet de tirer quelques enseignements (voir tableau 1)[1]. Pour les trois années, il apparait que la distance joue un rôle significatif comme déterminant des exportations. Aussi, elle a le bon signe (négatif). Ce qui confirme une évidence. Plus les pays sont proches ou adjacents, plus la probabilité d'échanger un grand volume est grande.

Paradoxalement et contrairement à d'autres travaux, la langue ici n'intervient pas dans l'explication de l'évolution des exportations et ce pour les trois années. Cette observation est conforme au résultat mis en évidence par Ghazi et Masadfa (2016) qui n'ont relevé aucun rôle de la langue comme déterminant des exportations du Maroc envers les pays de l'Afrique. Les accords commerciaux jouent aussi un rôle, sauf pour l'année 2017 où le seuil de signification est de 16 %. La taille économique des économies représentée par le PIB a un rôle significatif et a le bon signe (positif).

Tableau 1 : Résultat des régressions

Variable	**2015**	**2016**	**2017**
Constante	5,00 **	2,503	3,799 **
PIB	0,441	0,814 *	0,834 *
DISTANCE	-0,004 *	-0,0005 *	-0,008 *
LANG	0,081	-0,567	-0,532
ACCORD	3,630 *	2,931 *	2,043
R2	**0,520**	**0,685**	**0,680**

Légende : * : seuil de significatif 5 %, ** : seuil de signification de 10

Le modèle de gravité estimé ci-dessus permet de calculer le potentiel à l'export. Ce dernier est calculé comme suit :

$$potentiel \text{ à } l'export = \frac{Exportations\ actuelles}{Exportations\ estimées}.$$

[1] Les résultats détaillés des régressions figurent dans l'annexe 2.

Un potentiel inférieur à l'unité reflète un potentiel non exploité entre l'Algérie et le pays en question. Sur la base de ce calcul, il existe sept pays qui sont dans cette situation (voir tableau 2 ci-dessous). Dans ce tableau ont été exclus tous les pays pour lesquels les exportations de l'Algérie sont nulles.

Tableau 2 : Potentiel à l'export (en M d'euros)

Pays	Exportations actuelles	Exportations estimées	Potentiel d'export
Angola	67	75	0,89
République Centrafricaine	2	79	0,03
Comores	1	17	0,06
Djibouti	2	141	0,01
Madagascar	3	19	0,16
Malawi	1	29	0,03
Somalie	44	61	0,72

Il apparaît que le potentiel non exploité l'est avec des pays très éloignés de l'Algérie. Le plus proche d'entre eux est situé à plus de 5500 km (Djibouti). Le total de ce potentiel non exploité est estimé ici à 302 millions d'euros.

Toutes choses égales par ailleurs, la marge de progression des exportations actuelles de l'Algérie avec les pays africains est assez réduite. Ceci explique en partie que la quasi-totalité de ces exportations tournent autour des hydrocarbures et de leurs dérivés. L'étude faite par la CNUCED (2019) avait montré que le commerce intra-africain est plus diversifié que le commerce extra-africain. Ce qui n'est pas le cas de l'Algérie qui présente la même tendance que le commerce de l'Algérie avec les pays non africains et qui reste dominé par les hydrocarbures et leurs dérivés.

Conclusion

Le but poursuivi dans ce chapitre a été de tenter une estimation du potentiel à l'export de l'Algérie à travers un modèle de gravité. Avant cela, l'examen des statistiques du commerce extérieur de l'Algérie avec les pays de l'Afrique présenté à la première section avait montré une forte concentration des échanges commerciaux autour de cinq pays seulement. Trois de ces pays appartiennent à l'espace maghrébin. Le seul pays éloigné est l'Afrique du Sud qui importe en quasi-totalité des hydrocarbures et exporte vers l'Algérie des produits manufacturés à haute valeur technologique.

La section consacrée à la mesure du potentiel d'exportation de l'Algérie en ayant recours au modèle gravitaire simple, c'est-à-dire sans référence au comportement des consommateurs de chaque pays, a consisté à tester les facteurs traditionnels comme la taille de l'économie, la distance, la langue et la présence ou non d'arrangements commerciaux. Cette estimation a été faite en coupes transversales pour les trois années 2015, 2016 et 2017. La taille économique présente une élasticité significative de l'ordre de 0,81 à 0,83 pour les années 2016 et 2017. Ces valeurs d'élasticités trouvées sont assez proches de celles estimées par Ghazi et Masadfa (2016) pour leur travail sur le Maroc. Dans ce travail, l'élasticité des exportations marocaines vis-à-vis du produit intérieur brut est de l'ordre de 0,57 en moyenne sur la période 2000-2014 et de l'ordre de 0,71 à 0,81 pour la sous-période 2001-2004. La variable « distance » présente une significativité sur les trois années et présente le bon signe (négatif). Ceci confirme des travaux antérieurs et une évidence relevée dans des travaux similaires.

La variable « langue » n'a aucune influence dans l'explication des flux commerciaux de l'Algérie avec ses voisins africains. A un degré moindre, la variable « Accord » au sens de celui de la GZALE présente un certain effet pour les années 2015 et 2016 et un effet beaucoup moins perceptible pour l'année 2017.

Avec de telles performances, le potentiel d'exportation de l'Algérie que permettrait la mise en place de la ZLECAf est non négligeable, mais à condition de sortir de la spécialisation « hydrocarbures et leurs dérivés ». En effet, l'Algérie entretient seulement 3 % de son commerce international avec ses voisins africains, et 90 % de ces trois pour cent le sont avec ses voisins immédiats maghrébins. Mais si l'on élargit la réflexion dans le cadre de la mise en place d'une zone de libre-échange de l'envergure de celle de la ZLECAf, ce raisonnement ne tient plus. En effet, sur la base de cet arrangement commercial et tenant compte des règles d'origine, l'Algérie ne peut refuser l'entrée des produits africains sur son territoire. Les mesures de restriction au commerce extérieur mises en place en 2016 et révisées plusieurs fois vont entrer en conflit avec les dispositions de l'Accord de la ZLECAf et de ses protocoles et annexes. Les autorités algériennes doivent être assez attentives à ce dernier point si elles en veulent tirer profit de ce nouvel arrangement commercial avant l'entrée en vigueur de la zone de libre-échange avec l'Union européenne en septembre 2020.

Références

Anderson, J. E. (1979), A theoretical foundation for the gravity equation. *American Economic Review* n° 69

Armington, P., (1969), "A Theory of Demand for Products Distinguished by Place of Production", *International Monetary Fund Staff Papers*, XVI 159-78,

Avom D. et D. Mignamissi (2013), Évaluation et analyse du potentiel commercial dans la Communauté économique et monétaire de l'Afrique centrale (CEMAC), *L'Actualité économique*, 89 (2), 115–145.

Ghazi T. et Y. Masadfa (2016), « Potentiel du commerce extérieur entre le Maroc et ses partenaires africains : Application d'un modèle de gravité » , in « *Equilibres externes, compétitivité et processus de transformation structurelle de l'économie Marocaine* », sous la direction de El Abassi I, T. Ghazi , L. Oulhaj, A. Ragbi, OCP Policy Center, Rabat, pp 113-154.

Bergstrand, J.H. (1985), « The gravity equation in international trade: Some microeconomic foundations and empirical evidence », *Review of Economics and Statistics* num. 67.

Bergstrand, J.H. (1989), « The generalized gravity equation, monopolistic competition and the factor proportions theory in international trade », *Review of Economics and Statistics,* n° 71.

CNUCED (2019), « *Key Statistics and Trends in Regional Trade in Africa* », Geneve, 59 pages.

Chaney T. (2013), « *The gravity equation in international trade: An explanation* », University of Chicago, NBER, Center for Economic Policy Research.

Eaton J., Kortum S. (2002), « Technology, geography, and trade », *Econometrica*, Vol. 70 issue 5, Pages 1741-1779.

Linnemann, H. (1966), « *An econometric study of international trade flows* », Dissertation, Netherlands School of Economics.

Silva, J.M.C., Tenreyro S. (2006), « The log of gravity », *The Review of Economics and Statistics*, num. 88.

Taleb (2016), « *Le projet d'intégration régionale maghrébine : Impact sur l'Algérie* », Thèse de Doctorat en Sciences économiques, Université de Tlemcen, 232 pages.

Tinbergen, J. (1963), *Shaping the world economy*, Twentieth Century Fund.

ANNEXES

Annexe 1a : Les données du modèle

Pays	PIB (2017)	Export_ 2015	Export_ 2016	Export_ 2017	Langue	Accord	Distance (en km)
Angola	122124	939	6933	67	0	0	8122
Burundi	3216	0	0	0	1	0	9109
Bénin	9254	1115	1317	1754	1	0	6132
Burkina Faso	12355	172	21	335	1	0	6049
Bostwana	17383	0	0	0	0	0	12127
Afrique centrale	2172	0	0	2	1	0	6781
Côte d'Ivoire	3813	22728	8020	6354	1	0	5484
Came-roun	34993	451	407	300	1	0	6781
RD Congo	39667	0	0	0	1	0	7604
Rep du Congo	931	102	52	134	1	0	7501
Iles Comores	1085	0	0	1	2	0	9645
Cap Vert	1776	26	289	788	0	0	3182
Djibouti	1913	0	0	2	2	0	5570
Égypte	236528	495996	286545	456828	1	1	2984
Erythrée	5813	0	0	1118	0	0	5456

Annexe 1b : Les données du modèle

Pays	PIB (2017)	Export _2015	Export_ 2016	Export_ 2017	Langue	Accord	Distance (en km)
Ethiopie	76831	0	0	15192	0	0	5454
Gabon	14922	4	5	117	1	0	6980
Ghana	58978	1889	2479	15727	0	0	5905
Guinée	9915	2727	2324	5670	1	0	4090
Guinée Bissau	1263	0	0	0	0	0	3711
Guinée Equatoriale	12289	44	104	197	1	0	6960
Kenya	78689	2608	3393	667	0	0	8799
Libéria	2763	21663	187	232	0	0	5064
Libye	30565	22515	31053	18940	1	0	1570
Lesotho	2656	0	0	0	0	0	12127
Maroc	109709	629897	499056	450368	2	1	503
Madagascar	11474	2	0	3	1	0	10182
Mali	15369	814	999	1185	1	0	4090
Mozambique	12586	8	0	0	0	0	11744
Mauritanie	4937	57055	38522	50068	1	1	2482
Maurice	13259	18	19	58	1	0	10589

Annexe 1c : Les données du modèle

Pays	PIB (2017)	Export_ 2015	Export_ 2016	Export_ 2017	Langue	Accord	Distance (km)
Malawi	6348	0	0	1	0	0	9109
Namibie	13562	0	0	0	0	0	9035
Niger	8136	2492	311	330	2	0	6132
Nigéria	376385	443	8021	325	0	0	6264
Soudan	45736	0	0	18070	1	0	4199
Sénégal	20934	8395	7742	27077	1	0	3248
Sierra Leone	3749	500	582	901	0	0	4311
Swaziland (Eswatini)	4439	4	0	0	0	0	11744
Tchad	11182	195	16	0	2	0	6781
Togo	4629	9361	1232	19112	1	0	6048
Tunisie	39817	846023	603483	753422	2	1	967
Tanzanie	53271	4656	6303	3463	0	0	9110
Ouganda	914	0	0	0	0	0	8799
Afrique du Sud	349433	314	291	456	0	0	12127
Zambie	25863	0	0	0	0	0	11744
Zimbabwe	17585	0	0	0	0	0	11744

Annexe 2 : Résultats des régressions

Année 2017

Variable	Coefficient	Std. Error	t-Statistic	Prob.
C	3.799194	2.265836	1.676729	0.1033
LOG(PIB)	0.834305	0.221725	3.762799	0.0007
DISTANCE	-0.000823	0.000150	-5.503949	0.0000
LANG	-0.532868	0.546882	-0.974374	0.3372
ACCORD	2.043786	1.432788	1.426440	0.1634
R-squared	0.715942	Mean dependent var		6.691576
Adjusted R-squared	0.680435	S.D. dependent var		3.508904
S.E. of regression	1.983587	Akaike info criterion		4.332779
Sum squared resid	125.9078	Schwarz criterion		4.550471
Log likelihood	-75.15642	Hannan-Quinn criter.		4.409526
F-statistic	20.16326	Durbin-Watson stat		2.179896
Prob(F-statistic)	0.000000			

Année 2016

Variable	Coefficient	Std. Error	t-Statistic	Prob.
C	2.503112	2.092208	1.196397	0.2437
LOG(PIB)	0.814623	0.222807	3.656173	0.0013
DISTANCE	-0.000558	0.000155	-3.599961	0.0015
LANG	-0.567509	0.581156	-0.976517	0.3390
ACCORD	2.931719	1.304848	2.246789	0.0345
R-squared	0.731966	Mean dependent var		7.360410
Adjusted R-squared	0.685351	S.D. dependent var		2.957138
S.E. of regression	1.658765	Akaike info criterion		4.010456
Sum squared resid	63.28453	Schwarz criterion		4.248350
Log likelihood	-51.14639	Hannan-Quinn criter.		4.083183
F-statistic	15.70247	Durbin-Watson stat		2.421214
Prob(F-statistic)	0.000003			

Année 2015

Variable	Coefficient	Std. Error	t-Statistic	Prob.
C	5.005697	2.702644	1.852148	0.0769
LOG(PIB)	0.441597	0.287815	1.534307	0.1386
DISTANCE	-0.000431	0.000200	-2.151127	0.0422
LANG	0.081015	0.750718	0.107916	0.9150
ACCORD	3.630825	1.685559	2.154077	0.0419
R-squared	0.591219	Mean dependent var		7.512687
Adjusted R-squared	0.520126	S.D. dependent var		3.093182
S.E. of regression	2.142737	Akaike info criterion		4.522478
Sum squared resid	105.6004	Schwarz criterion		4.760371
Log likelihood	-58.31469	Hannan-Quinn criter.		4.595204
F-statistic	8.316206	Durbin-Watson stat		2.121680
Prob(F-statistic)	0.000266			

Chapitre V

Infrastructures et intégration commerciale en Afrique subsaharienne : quel enseignement ?

Bernard NGUEKENG[1]

Introduction

L'intégration de l'Afrique fait partie de l'un des cinq accélérateurs[2] (baptisés *High 5*) définis par la Banque africaine de développement (BAD, pour la suite) pour assurer la transformation économique du continent. Selon la Commission pour l'unité africaine (CUA), la Commission économique pour l'Afrique (CEA) et la BAD (2017)[3], l'intégration est multidimensionnelle. Elle est mesurée par un « indice multidimensionnel qui rend compte de l'intégration dans les cinq domaines importants pour le développement économique et social : commerce, production, macroéconomie, infrastructure et libre circulation des personnes » (UNECA, 2020)[4].

Concernant la dimension commerciale qui fait l'objet de la présente étude, on constate que si les échanges de l'Afrique subsaharienne (ASS pour la suite) vers l'étranger ont connu des progressions remarquables, le commerce intra-régional est resté à la traine. Plus précisément, les échanges extérieurs de cette partie de l'Afrique qui n'ont cessé de s'accroître sont passés de 155,42 milliards de dollars en 1995 à 684,36 milliards de dollars en 2018 avec le niveau plafond de 806,106 milliards de dollars atteint en 2012 (CNUCED, 2019). La part du commerce intra-Afrique subsaharienne dans ce commerce total a évolué en dents de scie allant de 14,38 % en 1995 à 18,16 % en 2018

---

[1] Chercheur associé au CEREG, boysbernard@yahoo.ca

[2] Nourrir l'Afrique ; Éclairer l'Afrique et l'alimenter en énergie ; Industrialiser l'Afrique ; et Améliorer la qualité de vie des populations en Afrique sont les quatre autres composantes.

[3] Ces trois organisations ont eu une assise à Addis-Abeba en 2016 avec pour principal objectif l'élaboration de l'Indice d'intégration régionale en Afrique.

[4] Commission économique pour l'Afrique, Conseil économique et social, évaluation des progrès d'intégration régionale en Afrique, Note 2 page 2

avec une valeur moyenne de 16,56 %. Cette part est largement inférieure à la valeur observée dans l'Union européenne (65,87 %) et dans la zone ALENA (48,28 %). L'observation dans le détail permet de constater l'existence de disparités, avec la meilleure performance qui revient à l'Afrique orientale (16,17 % en moyenne), tandis que l'Afrique centrale occupe le dernier rang avec 1,37 % seulement.

Sachant que l'intégration régionale est une priorité pour le développement en Afrique[1] (BAD, 2017), on reste préoccupé par le faible niveau observé en ASS. Si les théories traditionnelles du commerce international[2] permettent de mieux comprendre cette situation, la prise en compte des nouvelles théories contribue à sa bonification, notamment les nouvelles théories de l'économie géographique et de la nouvelle économie internationale raisonnant en concurrence imparfaite, en termes de filières territorialisées (Hugon, 2002 ; Hugon, de Bandt 1988) ; de chaînes de valeur régionales (Kikuchi et *al.*, 2016 ; BAD, 2014 ; OCDE, 2014 ; Baldwin, 2012 ; Kijima et *al.*, 2012 ; CNUCED, 2013 ; Koopman et *al.,* 2010 et Stryker, 2010), la proximité géographique (Nora Mareï, 2017 ; AMIN, 2004 ; Baumont, 1998) et des projets d'envergure régionale ou de projets transfrontaliers tels que les infrastructures (Malick, 2017 ; BAD, 2016 ; Steck, 2015 ; Abdo, 2014 ; Fau et *al.*, 2014 ; Lombard et *al.*, 2014 ; Foster et Garmendia, 2010 ; Straub, 2008 ; Teravanithorn et Raballand, 2008 ; Eustace et Fay, 2007 ; Antil et Choplin, 2004 ; Gipouloux, 2009 ; Limao et Venables, 2001 ; Banque Mondiale, 1994 ; Krugman, 1991 ; Munnel, 1990 et Aschauer, 1989).

La prise en compte des infrastructures physiques (routes, ponts, aéroports et les télécommunications) est déterminante dans le développement des rapports commerciaux. Plusieurs travaux ont d'ailleurs mis en évidence le rôle majeur que jouent les infrastructures sur le développement des échanges intra-régionaux, Mais pour les pays de l'ASSl l'offre en infrastructure est encore très limitée.et, logiquement, on constate que les pays de l'ASS échangent très peu entre eux.

Ce chapitre se propose donc d'évaluer la contribution de ce niveau infrastructurel sur ces échanges dans un triple intérêt :

[1] Car elle a des conséquences sur les types d'achats que réalisent les consommateurs, sur la diversité de l'offre sur les marchés locaux, sur la fluidité des déplacements des citoyens entre les pays.

[2] Les pays africains disposent pratiquement de la même structure de production qui est très peu diversifiée.

(i) tout d'abord sur le plan logique, cette étude permettra de voir si le niveau infrastructurel tel qu'observé contribue favorablement aux échanges intra-régionaux compte tenu de la place importante qu'occupent ces échanges sur la transformation structurelle de cette partie de l'Afrique ;

(ii) ensuite sur le plan positif, l'étude se propose d'aborder la question sous un angle critique en tenant compte non seulement de la structure des échanges, mais aussi de la particularité des infrastructures notamment de transport et de télécommunication ;

(iii) enfin l'étude porte sur les pays de l'ASS qui, nourrissant l'ambition d'un développement effectif, ont mis la priorité sur l'intégration de manière générale et l'intégration commerciale en particulier. Au regard de ce qui précède, la principale implication des résultats qui seront mis en évidence par cette étude est d'encourager les autorités politiques africaines à promouvoir le développement infrastructurel qui facilite les communications et donc les échanges entre ces pays, toutes choses étant égales par ailleurs.[1]

La première section du présent chapitre exposera quelques faits stylisés de l'évolution du commerce intra-régional et la situation infrastructurelle de cette partie de l'Afrique. La deuxième section mettra en exergue la méthodologie de l'étude ainsi que les données utilisées. La troisième section sera consacrée à une discussion des résultats.

1. Quelques faits stylisés du commerce intra-ASS

Nous présentons ici l'évolution de la part du commerce intra-ASS par rapport à son commerce total, ensuite nous comparons cette part avec celle des autres régions du monde. Nous faisons également une comparaison de l'intégration commerciale entre les différentes sous-régions de l'Afrique sub-saharienne, d'une part, et entre les différentes communautés économiques de cette partie de l'Afrique, d'autre part.

Il ressort du tableau 1 ci-dessous que l'intégration commerciale de la sous-région ASS mesurée par la part du commerce intra dans le commerce total a connu une tendance haussière de 14,20 % en 1995 à 18,16 % en 2018 avec la valeur plancher réalisée en 1995 et le niveau

[1] Les infrastructures présentes sont sans effet en cas de terrorisme dans les zones frontalières ou de fermeture des frontières pour des raisons politiques.

plafond atteint en 2015 (19,12 %). Si cette intégration commerciale est au-dessus de la moyenne observée en Afrique (avec 16,56 % contre 12,79 %), elle est largement en dessous des performances réalisées par l'Union européenne et l'Asie (respectivement 65,83 % et 58,39 %). Cette situation montre bien que l'ASS a encore beaucoup d'efforts à fournir pour son intégration et cette étude scrute la contribution des infrastructures.

L'observation du tableau 2 ci-dessous nous permet de constater une forte disparité en termes d'intégration commerciale entre les différentes sous-régions de l'Afrique Sub-saharienne.

Si l'Afrique occidentale fait les efforts d'être la plus intégrée (avec une moyenne de 17,71 %), l'Afrique centrale se fait remarquer par ses faibles performances (2,17 % en moyenne). Le résultat observé en Afrique occidentale est attribuable aux mesures prises par les dirigeants de cette partie de l'Afrique en faveur de l'éradication ou tout au moins de la résorption des barrières tarifaires et non tarifaires.

La situation de l'Afrique centrale peut être justifiée par plusieurs éléments notamment la faible diversification des produits d'exportation et la composition similaire du panier des biens exportés. Les bonnes performances de l'Afrique orientale (10,59 %) peuvent être justifiées par la présence du mastodonte qu'est l'Afrique du Sud qui approvisionne les autres pays en biens et services.

Le tableau 3 ci-dessous présente l'évolution de l'intégration commerciale dans les différentes CER en ASS. Son observation nous permet de constater que c'est la communauté de l'Afrique de l'Est qui est la plus intégrée (avec 12,23 %). La CEEAC occupe le dernier rang (avec seulement 2,23 %), ce qui n'est pas surprenant compte tenu du résultat de la sous-région obtenu plus haut. La CEDEAO (avec un niveau d'échange moyen de 9,76 %) est mieux classée par rapport à la COMESA (6,45 %) ce qui témoigne que les efforts fournis au niveau institutionnel portent leurs fruits. Nous avons la libre circulation des personnes qui est effective dans les pays de cette CER notamment au Bénin.

Tableau 1 : évolution du commerce intra-ASS (en % du commerce total) par rapport aux autres régions

ANNÉE	1995	1996	1997	1998	1999	2000	2001	2002	2003	2004	2005	2006
BRICS	3,96	4,27	4,25	3,94	4,09	5,24	6,17	7,04	7,85	8,35	9,31	9,59
ASEAN	21,47	21,92	21,94	21,60	21,99	23,51	22,75	22,98	23,46	24,22	24,83	24,79
AELE	0,80	0,88	0,84	0,91	0,80	0,67	0,71	0,66	0,62	0,64	0,62	0,68
UE (27)	66,03	66,03	65,91	65,93	65,95	65,95	65,85	65,91	66,02	65,89	65,84	65,80
ALENA	41,53	42,81	43,97	45,18	46,35	47,21	46,75	45,66	44,58	43,69	42,96	41,85
Afrique	11,35	11,97	11,52	11,53	11,37	11,46	11,70	12,42	12,46	11,79	11,39	11,23
ASS	14,20	15,18	14,56	15,26	15,19	15,91	15,73	16,76	16,64	15,77	15,18	14,74
Asie	53,53	53,95	53,74	50,37	52,50	55,57	55,36	56,76	58,47	58,99	59,58	59,97
ANNÉE	**2007**	**2008**	**2009**	**2010**	**2011**	**2012**	**2013**	**2014**	**2015**	**2016**	**2017**	**2018**
BRICS	10,32	10,84	11,44	11,94	12,39	12,56	12,48	12,27	12,12	9,78	12,82	11,44
ASEAN	24,85	24,83	24,17	24,46	24,20	24,29	24,22	24,04	23,53	23,00	22,64	22,90
AELE	0,72	0,82	0,77	0,65	0,77	0,68	0,56	0,65	0,56	0,54	0,58	0,61
UE (27)	65,94	65,81	65,70	65,75	65,80	65,68	65,71	65,74	65,70	65,69	65,70	65,70
ALENA	40,92	39,87	39,26	39,92	39,68	40,04	40,76	41,46	40,67	40,36	40,26	39,94
Afrique	11,30	11,63	13,86	14,20	13,74	13,96	14,48	14,60	15,28	14,87	14,27	14,50
ASS	14,75	15,24	18,41	18,61	17,03	17,81	18,43	18,20	19,12	18,64	17,91	18,16
Asie	59,87	60,30	60,47	61,52	61,55	62,05	61,96	61,76	61,17	59,88	61,16	60,91

Tableau 2 : évolution de l'intégration commerciale des régions de l'ASS (% du commerce total)

ANNÉE	1995	1996	1997	1998	1999	2000	2001	2002	2003	2004	2005	2006
Afrique	9,23	10,0	10,1	10,0	9,76	10,4	10,1	11,1	11,0	10,5	12,0	10,5
Afrique	23,08	22,9	20,3	24,9	24,8	23,4	22,0	20,6	20,5	19,3	16,9	15,6
Afrique australe	9,23	9,19	9,26	9,78	10,0 2	8,42	8,32	8,27	8,87	8,66	6,92	6,29
Afrique	1,78	2,05	2,10	1,92	1,32	1,26	1,63	1,78	1,68	1,48	1,70	1,72
ANNÉE	**2007**	**2008**	**2009**	**2010**	**2011**	**2012**	**2013**	**2014**	**2015**	**2016**	**2017**	**2018**
Afrique	10,26	9,98	10,1	9,44	9,36	9,48	9,33	9,17	9,33	8,87	8,34	8,50
Afrique	12,99	12,6	12,8	12,6	13,1	13,0	14,6	13,6	15,8	16,9	16,1	15,8
Afrique	5,94	7,23	9,06	14,4	13,0	13,8	13,8	14,5	15,9	15,5	14,0	13,3
Afrique	2,30	1,94	2,97	2,95	3,37	2,56	2,78	1,75	2,96	2,72	2,93	2,44

Tableau 3 : évolution de l'intégration commerciale des CER de l'ASS (en % du commerce total)

ANNÉE	1995	1996	1997	1998	1999	2000	2001	2002	2003	2004	2005	2006
COMESA	5,37	5,81	5,98	5,45	5,34	5,86	6,09	6,41	6,37	5,69	6,33	6,61
CAE	12,93	14,73	13,20	13,10	13,31	15,05	13,31	13,04	13,99	14,13	13,36	10,65
CEEAC	1,82	2,08	2,10	1,95	1,38	1,26	1,63	1,78	1,69	1,49	1,72	1,74
CEDEAO	8,95	10,53	9,20	10,66	10,74	11,00	10,40	11,60	11,27	10,17	10,78	9,69
ANNÉE	**2007**	**2008**	**2009**	**2010**	**2011**	**2012**	**2013**	**2014**	**2015**	**2016**	**2017**	**2018**
COMESA	5,90	6,25	6,90	6,77	7,16	6,77	7,46	7,13	7,34	6,86	7,39	7,61
CAE	10,67	11,35	11,61	11,35	10,68	11,77	10,57	10,87	11,15	10,85	10,48	11,42
CEEAC	2,34	1,98	2,98	2,98	3,40	2,65	2,87	1,89	3,13	2,97	3,02	2,57
CEDEAO	9,17	9,75	9,76	8,37	8,08	8,74	10,20	8,82	9,58	9,29	9,04	8,47

Source des 3 tableaux auteur à partir des bases de données UNCTADstat 2019

2. Méthodologie de l'étude

Trois principales préoccupations qui sont les nôtres dans cette section sont la présentation du modèle empirique du commerce extérieur, les données utilisées et la stratégie d'estimation de ce modèle.

2.1. Spécification du modèle de gravité

Nous utilisons dans le cadre de cette étude le modèle de gravité qui a été appliqué pour la première fois par Tinbergen (1962). Initialement dépourvu de bases théoriques, la première tentative d'explication théorique a été donnée par Anderson (1979). Plusieurs autres travaux ont également contribué non seulement à renforcer le cadre théorique préalable mais aussi à proposer d'autres extensions (Anderson et al., 2016 ; Glick et Rose, 2016 ; Anderson, 2010 ; Bergstrand et Egger, 2009 ; Helliwell et Schembri, 2005 Anderson et van Wincoop, 2003 ; Baier et Bergstrand, 2002).

Il existe plusieurs spécifications de l'équation de gravité (voir Head et Mayer, 2014). Dans le cadre de cette étude, nous retenons la forme dite « *naïve* » qui exprime mieux le commerce bilatéral dans la sous-région de l'Afrique sub-saharienne. Elle se présente de la manière suivante :

$$X_{ni} = GY_i^a Y_n^b \emptyset_{ni} \qquad (1)$$

Cette formulation exprime le commerce bilatéral proportionnellement au produit des tailles (dimension) des pays. C'est une formulation très générale et plus restrictive par rapport aux formulations dérivées des fondements théoriques. La présence de la restriction $a \neq b \neq 1$ est une généralisation imposée lors des estimations depuis Tinbergen (1962). Toutefois, plusieurs approches théoriques postulent l'hypothèse d'élasticités unitaires. D'autre part, des études montrent que les justifications théoriques de cette formulation imposent une restriction très rigide selon laquelle ϕ_{ni} est une constante. Cette contrainte montre ainsi que la prise en compte des effets bilatéraux n'est pas nécessaire, ce qui rentre en contradiction avec l'évidence selon laquelle les coûts de transport varient d'une paire de pays à une autre.

Au regard des évolutions qu'a connues ce modèle, nous utiliserons le modèle de gravité augmenté en référence à Anderson et Wincoop (2001 et 2004) et Zarzoso et Lehmann (2010). Il sera question pour nous d'aller au-delà des éléments explicatifs du simple modèle (taille des pays et distance) et de prendre en compte les spécificités de l'ouverture entre ces pays d'Afrique Sub-saharienne. Nous adoptons dans cet article la forme log-linéaire augmentée suivante :

$$ln(X_{ijt}) = \beta_0 + \beta_1 ln(PIB_{it}) + \beta_2 ln(PIB_{jt}) + \beta_3(lnPop_{it}) + \beta_4 ln(Pop_{jt}) + \beta_5 ln(Dist_{it}) + \beta_6 LiaRout_{ij} + \beta_7 LiaPort_{ij} + \beta_8 LiaAer_{ij} + \beta_9 MU_{ij} + \beta_{10} CER_{ij} + \varepsilon_{ijt} \quad (2)$$

Où X_{ijt} représente les exportations du pays i vers j à la date t.

PIB $_{i(j)t}$ *:* représente le niveau du PIB du pays i(j) à la période initiale en valeur constante (dollars US), mesure le pouvoir d'achat des populations. Cette variable sert à mesurer l'impact des revenus sur les échanges. En référence à Helpman (1987), on s'attend à plus d'ouverture face à une augmentation du PIB.

POP$_{i(j)t}$: représente la taille du pays i(j) qui est mesurée par le niveau de population à la période t. Selon le théorème d'Heckscher-Ohlin, les pays à différentiel de niveau de développement économique important échangent des marchandises intensives en facteurs différents en exploitant leurs avantages comparatifs en termes de dotation factorielle. Du côté de la demande et d'après Linder, les pays commercent plus si leurs niveaux de développement sont plus proches. Le signe attendu du coefficient de cette variable sera négatif ou positif suivant la réalisation de l'effet d'absorption ou d'économie d'échelle[1].

D$_{ij}$ est la distance entre le pays i et j, dans le cadre de cet article, nous retenons la distance à vol d'oiseau ou encore distance orthodromique, en raison de la disponibilité des données. Elle considère les capitales des pays comme les pôles commerciaux et calcule la distance d'arc entre ces pôles à l'aide des coordonnées géographiques (longitude et latitude). Cette mesure de la distance donne des résultats robustes seulement sous la condition du « *ceteris paribus* » (Avom et Mignamissi, 2013).

En ce qui concerne nos variables d'intérêt, nous retenons en référence aux travaux de Portugal-Perez et Wilson (2012), Eustace et Fay (2007) et Sané (2017) celles qui concernent les infrastructures de transport car facilitant les transactions entre pays. Nous avons :

---

1 Effet d'absorption : un pays très peuple exporte moins qu'un pays moins peuplé. Effet d'économie d'échelle : un pays très peuplé exporte plus qu'un pays moins peuplé.

***LiaRout*$_{ij}$**: qui représente la liaison des pays i et j par une route, cette variable prend la valeur 1 s'il existe bel et bien une route reliant les deux pays et 0 sinon ;

***LiaPort*$_{ij}$** représente la liaison par voie maritime, elle prend la valeur 1 si les deux pays possèdent les infrastructures portuaires et 0 sinon ;

***LiaAer*$_{ij}$** représente la liaison par voie aérienne, elle prend la valeur 1 s'il existe les vols aériens reliant les deux pays et 0 sinon.

Les autres variables telles que ***MUij*** indiquent l'existence de monnaie unique pour les deux pays i et j. elle est égale à 1 si c'est le cas et 0 dans le cas contraire ; ***CER*$_{ij}$** indique si les pays i et j appartiennent à une même communauté économique régionale, elle prend la valeur 1 si c'est le cas et 0 sinon, en référence à Acemoglu et Robinson (2008) et Tabellini (2007). Enfin, ε_{ijt} représente le terme d'erreur.

Par ailleurs, il existe, selon Baldwin et Taglioni (2007), trois principales erreurs à éviter dans l'estimation du modèle de gravité. Ce sont :

(i) la « Gold medal error », liée à l'omission de certains déterminants potentiels du commerce bilatéral. Pour adresser cette erreur, nous employons des muettes dyadiques invariantes dans le temps ;
(ii) la « Silver medal error », qui apparaît lorsque les exportations bilatérales sont calculées à la moyenne des flux réciproques. Pour prévenir ce biais, nous retenons une spécification en données de panel ;
(iii) la « Bronze medal error », dû à l'usage des PIB réels, alors que les variables ne doivent pas être déflatées. Pour corriger ce biais, nous utilisons le PIB nominal.

2.2. Stratégie d'estimation

La littérature récente a identifié trois principaux biais que poserait le modèle de gravité, à savoir un biais lié à la transformation logarithmique des variables, un biais dû à la présence de zéros dans la variable dépendante et un biais lié à l'hétéroscédasticité des résidus (Avom et Mignamissi, 2014). C'est dans cette perspective que Santos Silva et Tenreyro (2006, 2010 et 2011) ont démontré que le problème de l'estimation du commerce dans le modèle de gravité n'est pas forcément l'endogénéité des variables, mais le traitement optimal de ces différents biais. Ils recommandent une stratégie permettant de surmonter l'inconsistance des approches log-linéaires en présence d'hétéroscédasticité et de flux nuls des échanges commerciaux. Santos-Silva et Tenreyro (2006, 2010 et 2011) recommandent l'utilisation de l'estimateur Poisson du Pseudo Maximum de Vraisemblance (PPMV) qui, selon eux, a la même robustesse que l'estimateur Gamma PML, à cause de la similarité de leurs conditions de premier ordre[1] (Head et Mayer, 2014).

2.3. Présentation de l'échantillon et sources des données

Les données utilisées dans ce travail couvrent la période 1995 – 2018. Elles sont issues des bases d'organismes ou de centres de recherche internationaux.

Les informations relatives à la variable expliquée (exportations bilatérales en dollars courants) sont extraites de la base *UNCTADSTAT* de la CNUCED. Les variables traditionnelles telles que les PIB et les populations sont extraites du *World Development Indicators* de la Banque Mondiale.

Les données relatives à la distance ont été extraites des fichiers du Centre d'études prospectives et d'informations internationales (CEPII), organe qui fournit la plupart des données relatives aux variables utilisées pour estimer le modèle de gravité.

Les variables muettes d'infrastructure et de contrôle ont été construites par nous. Les supports utilisés sont la mappemonde, la base de données du FMI et l'OMC, certains dictionnaires interactifs tels que *Google Earth.* Le modèle est estimé à partir d'un échantillon comprenant 50 pays de l'Afrique Sub-saharienne (voir la liste en annexe 2).

[1] En partant d'un modèle simple $X_{ij} = Exp(Z_{ij}'\beta)\varepsilon_{ij}$, où ε est un terme d'erreur multiplicatif, les conditions de premier ordre pour un maximum pour le Poisson, les MCO et le Gamma sont respectivement données par : $\sum Z_{ij}(X_{ij} - \widehat{X}_{ij}) = 0$, $\sum Z_{ij}(\ln X_{ij} - \ln \widehat{X}_{ij}) = 0$ et $\sum Z_{ij}\left(\frac{X_{ij}}{\widehat{X}_{ij}} - 1\right) = 0$. Poisson et Gamma fournissent tous deux des estimateurs consistants, quelle que soit la distribution de ε (Head et Mayer [2013]).

3. Discussion des résultats

Nous présentons dans cette section les résultats des estimations de notre équation 2 d'une part et le test de la robustesse de ces résultats d'autre part.

3.1. Analyse des résultats

Le tableau 4 ci-dessous présente les résultats des estimations avec l'estimateur Poisson du Pseudo Maximum de Vraisemblance de notre équation des exportations intra-Afrique Sub-saharienne. Pour capter les effets des infrastructures sur ces exportations, nous intégrons successivement chacune de ces variables dans le modèle de gravité de base (1 à 3).

Dans le modèle 1, nous tenons compte de l'infrastructure routière seule. Le modèle 2 intègre l'infrastructure maritime, c'est-à-dire l'existence des ports dans les deux pays qui échangent. Dans le modèle 3, c'est l'infrastructure aérienne qui est considérée. Le modèle 4 tient compte de toutes ces infrastructures ainsi que deux autres variables à savoir, l'utilisation de la même monnaie par les deux pays et leur appartenance à la même CER.

D'une manière générale, il ressort des résultats que les variables traditionnelles du modèle possèdent les signes attendus avec une significativité majoritairement à 1 %. En effet, le niveau du PIB du partenaire étranger évolue positivement avec les exportations du pays domestique. De manière concrète, la hausse du revenu dans un pays de l'ASS de 10 % entraine la hausse des échanges intra en moyenne de 1 %. De même, la hausse du revenu dans l'un de ces pays de 10 % entraine la hausse de la demande intra régionale de 0,9 % environ. Bien que l'effet soit assez limité, ces résultats sont conformes aux analyses de Krugman et Obstfeld (2001) et Béraud (1999).

Les coefficients des variables population des pays ont un signe positif ; c'est l'effet d'économie d'échelle qui est réalisé ; c'est-à-dire que plus la population augmente dans la sous-région, plus les pays échangent entre eux. La hausse de la population de 10 % entraine l'intensification des échanges à hauteur de 1,5 %. La relation négative entre la distance et les échanges est également conforme à l'intuition économique.

Concernant nos variables d'intérêt, nous constatons dans le premier modèle que le coefficient de la variable liaison routière est positif et significatif à 1 %. Ce qui signifie que l'existence d'une route reliant deux pays entraine une intensification des échanges entre ces deux partenaires. Ce résultat confirme ceux trouvés par Malick Sané (2017). Dans la deuxième spécification, le coefficient de la variable liaison maritime a un signe positif et significatif à 1 %. L'existence d'infrastructures portuaires entre deux pays de l'Afrique Subsaharienne intensifie leurs échanges. De même le rapprochement aérien à travers l'existence des aéroports améliore le niveau d'échange. Ces résultats sont globalement conformes à ceux de Limao et Venables (2001), Eustace (2007), Combes (2008) et Semedo (2013).

Tableau 4 : Résultats de l'estimateur Poisson PMV de l'équation d'exportations

	Variable dépendante : exportations entre les pays de l'ASS			
	(1)	(2)	(3)	(4)
Log(PIB$_i$)	0.0924***	0.0919***	0.119***	0.120***
	(0.000171)	(0.000172)	(0.000187)	(0.000187)
Log(PIB$_j$)	0.0884***	0.0892***	0.0892***	0.0883***
	(7.95e-06)	(7.92e-06)	(7.95e-06)	(7.98e-06)
Log(POP$_i$)	2.521***	2.519***	2.202***	2.204***
	(0.000323)	(0.000323)	(0.000366)	(0.000366)
Log(POP$_j$)	0.150***	0.152***	0.153***	0.151***
	(2.65e-05)	(2.64e-05)	(2.65e-05)	(2.65e-05)
Log(Dist$_{ij}$)	-	-0.0867***	-0.0942***	-0.0903***
	(0.000261)	(0.000261)	(0.000262)	(0.000262)
LiaiTerres$_{ij}$	0.182***			0.169***
	(0.000128)			(0.000128)
LiaiMar$_{ij}$		0.339***		0.330***
		(9.63e-05)		(9.68e-05)
LiaisAer$_{ij}$			0.336***	0.259***
			(9.66e-05)	(0.000186)
Mon$_{ij}$				0.692***
				(0.00618)
CER$_{ij}$				0.0181***
				(1.15e-05)
Constante	-9.650***	-9.479***	-8.961***	-8.740***
Observations	36,258	36,259	35,537	35,535
Paires	50	50	50	50
Log(a)_cons	2.982***	2.922***	2.862***	2.799***
Prob>=chibar^2	0.000	0.000	0.000	0.000
Wald chi^2	3.22e+08	3.19e+08	3.18e+08	3.32e+08
Prob>chi^2	0.0000	0.0000	0.0000	0.0000

Standard errors in parentheses. *** $p<0.01$, ** $p<0.05$, * $p<0.1$

Dans le quatrième modèle, nous estimons notre équation d'exportation en tenant compte de toutes les variables de l'infrastructure et nous ajoutons également la variable liée à la monnaie unique et l'appartenance à une CER. En combinant les différentes infrastructures, nous ne constatons pas un changement sur les signes de leurs coefficients.

La variable représentant les efforts de rapprochement commerciaux, mesurée par l'appartenance à une même Communauté économique régionale, a un coefficient de signe positif et significatif à 1 % ; ce qui signifie que l'intensification des échanges en Afrique Subsaharienne est expliquée par ces mesures adoptées par les différents pays.

Ces résultats sont conformes à l'intuition économique et confirment les travaux de Clausing (2001), Coulombe (2004), Hollander A. et Macdissi (2009). De même l'existence d'une même monnaie entre les pays intensifie davantage les échanges entre ces pays conformément aux travaux d'Avom et Mignamissi (2013).

3.2. Sensibilité des résultats aux estimateurs concurrents

Nous comparons les résultats de l'estimateur PPML à trois autres estimateurs afin de conforter la validité de nos résultats. Conformément à la littérature récente, nous retenons l'estimateur GAMMA, à cause de la quasi-similarité de ses conditions de premier ordre de maximisation avec celles du PPML (Head et Mayer, 2014); l'estimateur ZIP, pour un éventuel biais relatif à la forte proportion de zéros dans la variable dépendante (De Benedictis et Taglioni, 2011); et l'estimateur NEGBIN, pour un éventuel biais relatif à l'« *overdispersion* » de la variable dépendante (De Benedictis et Taglioni, 2011).

Les résultats de ce test de robustesse (tableau 5) montrent que les variables d'intérêt gardent les mêmes signes, à savoir un effet positif et significatif à 1%.

Tableau 5 : Sensibilité des résultats

	Variable dépendante : exportations entre les pays de l'ASS			
	PMV	GAMMA	ZIP	NEGBIN
Log(PIB$_i$)	0.120***	0.0538***	0.101***	0.00551***
	(0.000187)	(9.77e-06)	(0.00568)	(0.00192)
Log(PIB$_j$)	0.0883***	0.0833***	0.103***	0.0140***
	(7.98e-06)	(7.93e-06)	(0.00464)	(0.00142)
Log(POP$_i$)	2.204***	0.0137***	0.0319***	-0.000843
	(0.000366)	(1.16e-05)	(0.00614)	(0.00209)
Log(POP$_j$)	0.151***	0.115***	0.340***	0.0775***
	(2.65e-05)	(2.66e-05)	(0.0143)	(0.00444)
Log(Dist$_{ij}$)	-0.0903***	0.908***	0.375***	-0.113***
	(0.000262)	(0.000202)	(0.115)	(0.0416)
LiaiTerres$_{ij}$	0.169***	0.238***	0.563***	0.0392
	(0.000128)	(0.000126)	(0.0876)	(0.0272)
LiaiMar$_{ij}$	0.330***	-0.167***	-0.303***	0.0765***
	(9.68e-05)	(8.28e-05)	(0.0482)	(0.0171)
LiaisAer$_{ij}$	0.259***	0.0224***	0.0102***	-0.00204**
	(0.000186)	(4.46e-06)	(0.00210)	(0.000917)
Mon$_{ij}$	0.692***	0.297***	0.214***	0.00743
	(0.00618)	(7.73e-05)	(0.0442)	(0.0147)
CER$_{ij}$	0.0181***	-0.251***	0.0661	0.245***
	(1.15e-05)	(0.000154)	(0.0921)	(0.0274)
Constante	-8.740***	1.374***	2.612***	-3.426***
	(0.146)	(0.00106)	(0.00716)	(0.214)
Observations	35,535	35,535	35,535	35,535
Paires	50	50	50	50
Log(a)_cons	2.799***			
Prob>=chibar^2	0.000			
Wald chi^2	3.32e+08	3.21e+08		2.18e+08
Prob>chi^2	0.0000	0.0000		0.0000
LR chi^2			3.47e+08	
Prob>chi^2			0.0000	

Standard errors in parentheses, *** p<0.01, ** p<0.05, * p<0.1

Conclusion

L'objectif de cet article était d'évaluer l'effet du niveau infrastructurel actuel en Afrique Sub-saharienne sur le commerce intra-régional. La littérature théorique est abondante pour soutenir l'évidence selon laquelle les infrastructures favorisent les échanges entre les États (Limao et Venables, 2001 ; Eustace, 2007 Longo et Sekkat, 2001). De même, plusieurs modèles ont été développés pour mettre en évidence les effets de ces infrastructures.

En tenant compte du niveau des échanges entre les pays de l'Afrique Sub-saharien et les spécificités de ces économies, nous avons utilisé un modèle de gravité en référence aux travaux de Head et Mayer (2014), auquel nous avons ajouté les variables liées à l'infrastructure. A la suite d'une série d'estimations par le PPML, nous aboutissons aux résultats suivants :

-les infrastructures de transport telles que les routes, les ports et les aéroports ont un effet positif sur ces échanges. Mais l'effet des infrastructures routières est plus faible que celui des deux autres traduisant la réalité de ces pays qui sont plus difficilement joignables par route que par les deux autres moyens.

A la suite de ces résultats, nous suggérons aux dirigeants africains d'investir davantage sur les infrastructures de transport notamment les ports et aéroports sans négliger les routes qui facilitent les transactions entre pays reliés par l'espace terrestre.

Références bibliographiques

Abdo H.M (2014). Rôle des infrastructures de transport dans la construction de l'espace ouest-africain.

Acemoglu, D. and Robinson, J. (2008). The Role of Institutions in Growth and Development, *Working Paper N° 10, World Bank.*

Agbodji Akoété Ega (2007) : « Intégration et Échanges commerciaux Intra Sous-régionaux : le Cas de l'UEMOA, *Revue africaine de l'Intégration* Volume 1, No. 1, janvier.

Ahn S.C., Schmidt P. (1995): « Estimation of Models for Dynamic Panel Data», *Journal of Econometrics, 68, 5-27.*

Amin, A. (2004): "Regions unbound: Towards a new politics of place", *Geografiska Annaler:* series B, 86 (1): 33–44.

Anderson J E. (2011): « The gravity model », *Annual Review of Economics*, 3, p. 133-160.

Anderson J. E., Marcouiller D. (2002): « Insecurity and the Pattern of Trade: An Empirical Investigation », *The Review of Economics and Statistics*, 84(2), p. 342-352.

Anderson J.E. (1979): «A Theoretical Foundation for the Gravity Equation», *American Economic Review*, 69, pp. 106-116.

Antil A., Choplin A. (2004) : « Le chaînon manquant : la route Nouakchott-Nouadhibou, dernier tronçon de la transsaharienne Tanger-Dakar », *Afrique contemporaine*, n°208, p. 115-126.

Aschauer, D. (1989). Is public expenditure productive? *Journal of Monetary Economics*, Vol 23, N° 2, March, pp. 177-200.

Avom D. (2005) : « Les Déterminants des Échanges dans la CEMAC : une Évaluation empirique », *Economie Appliquée, tome LVIII, No.2, pp. 127-153.*

Avom D., Mignamissi D. (2013) : « évaluation et analyse du potentiel commercial dans la communauté économique et monétaire de l'Afrique centrale (cemac) », *Revue d'analyse économique*, vol. 89, n° 2, juin 2013

Avom D., Gandjon S. F. G. (2014) : « Qualité du cadre juridique, corruption et commerce international : le cas de la CEMAC », *Revue d'économie politique*, /1 Vol. 124, p. 101-128.

Baumont C. (1998) : « Economie géographique et intégration régionale. Quels enseignements pour les Pays d'Europe centrale et orientale ? », Document de travail n° 9811, octobre.

Bergrstrand, Jerey H. et Peter Egger (2009): «Gravity Equations and Economic Frictions in the World Economy», in Daniel Bernhofen,

Rodney Falvey, David Greenaway and Udo Krieckemeier, eds., Palgrave Handbook of International Trade, *Palgrave-Macmillan Press, forthcoming.*

Bergstrand J.H. (1985): «The Gravity Equation in International Trade: Some Microeconomic Foundations and Empirical Evidence», *Review of Economics and Statistic, Vol. 67, pp. 474–481.*

CNUCED (2010) : « la coopération sud-sud : l'Afrique et les nouvelles formes de partenariat pour le développement ». *Le développement économique en Afrique rapport 2010, Génève.*

CNUCED (2013) : « *Les chaînes de valeur mondiales. L'investissement et le commerce au service du développement* », *Rapport sur l'investissement dans le monde,* New York, Genève,

Commission de l'Union africaine (CUA), Banque africaine de développement (BAD) et Commission économique pour l'Afrique (CEA) (2011). Programme de développement des infrastructures en Afrique : interconnecter, intégrer et transformer un continent, Addis-Abeba.

Estace A. (2006) : « Les infrastructures de l'Afrique : problèmes et perspectives d'avenir », Présenté au séminaire de haut niveau sur la réalisation du potentiel d'investissement rentable en Afrique Organisé par l'Institut du FMI en coopération avec l'Institut multilatéral d'Afrique Tunis, Tunisie, 28 février – 1er mars

Estace, A., and M. Fay (2007): «Current Debates on infrastructure policy, *World Bank Policy Research Working paper* 4410, November.

Fau N., Khonthapane S., Taillard C., eds. (2014): "*Transnational Dynamics in Southeast Asia: The Greater Mekong Subregion and Malacca Straits Economic Corridors*", Singapore, Institute of Southeast Asian Studies ISEAS.

Feenstra R. (2003): «Advanced International Trade», *Theory and Evidence*, Princeton University Press.

Feenstra R., (2004): «Advanced International Trade, Theory and Evidence», *Princeton University Press.*

Foster, V., Garmendia, B. (2010): Africa's Infrastructure: A Time for Transformation, Africa Development Forum, World Bank.

Geourjon A.M., Guerineau S., Guillaumont P., Guillaumont-Jeanneney S. (2013). *Intégration régionale pour le développement en Zone franc*, Economica, Paris.

Gipouloux, F. (2009) : « *La Méditerranée asiatique. Villes portuaires et réseaux marchands en Chine, au Japon et en Asie du Sud-Est », XVIe-XXIe siècle*, CNRS Éditions, Paris.

Head K., Mayer T. (2004a.) The empirics of agglomeration and trade. *Handbook of regional and urban economics* vol.4, pp 2609-2669.

Head K., Mayer T. (2004b.) Market potential and the location of Japanese investment in the European Union. *Review of Economics and Statistics* 86 (4), pp 959-972.

Head K. et Mayer T. et Ries, J., (2010). The erosion of colonial trade linkages after independence. *Journal of International Economics* 81 (1), pp 1-14.

Head K., Mayer T., Ries J. (2009). How remote is the o_shoring threat? *European Economic Review* 53 (4), 429-444.

Helpman E., Krugman P. (1985): *Market Structure and Foreign Trade*, Cambridge, MA: MIT Press.

Hugon Ph. (2002). Les économies en développement au regard des théories de la régionalisation, *Tiers-Monde*, tome 43, n°169, p. 9-25.

Kijima Y., Ito Y., Otsuka K. (2012). Assessing the impact of training on lowland rice productivity in an African setting: Evidence from Uganda. *World Development*, 40(8): 1610-1618.

Kikuchi, M., Haneishi, Y., Maruyama, A., Tokida, K., Asea, G. and Tsuboi, T. (2016): "The competitiveness of domestic rice production in East Africa: A domestic resource cost approach in Uganda". *Journal of Agriculture and Rural Development in the Tropics and Subtropics*, 117(1):57-72.

Koopman R., Powers W., Zhi Wang, and Shang-Jin Wei. All rights reserved. (2010): "Give Credit Where Credit Is Due: Tracing Value Added in Global Production Chains", Cambridge MA: *NBER doc* n° 16426

Krugman P., (1980). Scale economies, product differentiation, and the patterns of trade, in *American Economic Review,* vol. 70, n° 5.

Limao N. et Venables A.J (2001). Infrastructure, Geographical Disadvantage and Transport Costs, Policy Research Working Papers.

Lombard J., Ninot O., Steck B. (2014). Corridors de transport en Afrique et intégration territoriale en questions, *in. La régionalisation du monde, construction territoriale et articulation global/local*, dir. A. Gana et Y. Richard, Paris, IRMC - KARTHALA, pp.253-272

Longo, R. and K. Sekkat (2001, 2004). Obstacles to expanding intra-African trade, *World Development* 32(8):1309-1321 · August

Munnell, A., (1990): "Why has Productivity Growth Declined? Productivity and Public Investment.", Federal Reserve Bank of Boston, *New England Economic Review*, January/Febr, pp 3-20.

Nora Mareï (2017) : « Régionalisation entre Maghreb et Afrique de l'Ouest : regard géographique », *Revue Interventions économiques.*

Portugal-Perez, A., Wilson, J. S. (2012). Export Performance and Trade Facilitation Reform: Hard and Soft Infrastructure, *World Development*, pp. (1295-1307).

Sané M. (2017) : « Infrastructures, commerce intra-africain et développement économique en Afrique », *Revue Interventions économiques,* Mars

Steck B. (2015) : « Introduction à l'Afrique des ports et des corridors : comment formuler l'intégration entre logistique et développement », *Cahiers de géographie du Québec*, Volume 59, n° 168, pp 1-21.

Straub, S. (2008). Infrastructure and growth in developing countries: recent advances and research challenges, ESE Discussion Papers 179, Edinburgh School of Economics, University of Edinburgh.

Stryker, J. D. (2010): Developing competitive rice value chains. Working Paper presented at the *Second Africa Rice Congress*, 22–26 March 2010: *Innovation and Partnerships to Realize Africa's Rice Potential.* Bamako, Mali.

Teravanithorn S, Raballand G. (2008). Transport Price and Costs in Africa: A Review of the main international corridors, *Working Paper 14, Africa infrastructure sector diagnostic,* Banque Mondiale, Washington D.C.

Zarzoso Martinez I., et Lehmann Nowak F. (2003): «Augmented Gravity Model: An Empirical Application To Mercosur-European Union Trade Flows», *Journal of Applied Economics, Vol. VI, No. 2 (Nov 2003), 291-316.*

Annexes

Annexe 1: statistiques descriptives des variables de l'étude

Variable	Observations	Moyenne	Ecart type	Minimum	Maximum
Commerce bilatéral	36749	21596.14	162033.1	0	5433502
PIB $_i$	36505	7292417	2.18e+07	111.6689	1.58e+08
Population $_i$	36750	1.08e+07	2.37e+07	111.6689	1.74e+08
Distance $_{ij}$	36750	105.3564	18.54223	74.72004	152.1556
Liaison terrestre $_{ij}$	36748	.533825	.4988613	0	1
Liaison aérien $_{ij}$	36749	.0822335	.2747239	0	1
Même monnaie $_{ij}$	36750	.4800272	.4996077	0	1
CER $_{ij}$	36750	.28	.449005	0	1

Source: auteurs

Annexe 2 : liste des pays de l'échantillon

CER	***Pays***
CEN-SAD	Bénin, le Burkina Faso, le Cap-Vert, la République centrafricaine, la Côte d'Ivoire, Djibouti, l'Érythrée, la Gambie, la Guinée, la Guinée-Bissau, le Libéria, le Mali, la Mauritanie, le Niger, le Nigeria, le Sénégal, la Somalie, le Soudan, le Tchad, le Togo
COMESA	Burundi, les Comores, la République démocratique du Congo, Djibouti, l'Égypte, l'Érythrée, l'Éthiopie, le Kenya, la Libye, Madagascar, le Malawi, l'Île Maurice, le Rwanda, les Seychelles, le Soudan, le Soudan du Sud, le Swaziland, l'Ouganda, la Zambie et le Zimbabwe.
SADC	Angola, le Botswana, la République démocratique du Congo, le Lesotho, Madagascar, le Malawi, l'Île Maurice, le Mozambique, la Namibie, les Seychelles, l'Afrique du Sud, le Swaziland, la République unie de Tanzanie, la Zambie et le Zimbabwe
EAC	Burundi, le Rwanda, la Tanzanie, le Kenya et l'Ouganda
CEEAC	Angola, le Burundi, le Cameroun, la République centrafricaine, le Tchad, la Guinée équatoriale, le Gabon, la République du Congo, la République démocratique du Congo, le Rwanda et Sao Tomé.
IGAD	Djibouti, l'Ethiopie, l'Erythrée, le Kenya, la Somalie, le Soudan du Sud, le Soudan et l'Ouganda
CEDEAO	Bénin, le Burkina Faso, le Cap-Vert, la Côte d'Ivoire, la Gambie, le Ghana, la Guinée, la Guinée-Bissau, le Libéria, le Mali, le Niger, le Nigeria, le Sénégal, la Sierra Leone et le Togo.

Chapitre VI
Investissements directs et croissance en Afrique à l'heure de l'intégration commerciale continentale : une revue de la littérature

Cécile BASTIDON[1]
Kouakou Constant OUATTARA[2]

Introduction

Depuis quatre décennies, à la suite de crise de la dette des économies en développement et dans le contexte de la désintermédiation générale des systèmes de financement, les économies dites émergentes, puis en développement ont connu plusieurs vagues d'entrées massives d'IDE. L'objet de ce chapitre est de dessiner les principales caractéristiques d'un cadre général pour l'évaluation empirique de l'effet des IDE sur la croissance, dans le cas particulier des économies en développement. Nous accordons une importance particulière au cas des économies en développement africaines, dans le contexte de la ZLECAf en cours de création. A cette fin, nous proposons une revue sélective de la littérature de référence relative aux dynamiques de croissance endogène et à la prise en compte de leur cadre institutionnel. Sur la base de ce cadre théorique de référence, nous proposons une lecture critique de travaux empiriques récents relatifs à la relation entre IDE et croissance dans les économies en développement. Cette lecture fait apparaître une similarité forte entre les conditions à la manifestation, d'une part, d'effets favorables optimaux des IDE sur la croissance des économies en développement africaines ; et d'autre part, d'effets favorables optimaux de la mise en œuvre d'une zone de libre-échange continentale. Ce constat suggère que les gains associés à la mise en place de politiques publiques favorisant, en particulier, les réformes institutionnelles et les réformes des systèmes de financement domestiques, pourraient être plus importants que le suggèrent les littératures empiriques existantes. Les gains peuvent, en effet, résulter de

[1] LEAD, Université de Toulon ; et CAC-IXXI, ENS Lyon, email : bastidon@univ-tln.fr
[2] LEAD, Université de Toulon, email : kouakou-ouattara@etud.univ-tln.fr

différents canaux qui ne sont généralement pas considérés simultanément.

Premier accord mondial en termes de nombre de pays et d'habitants depuis la fondation de l'Organisation Mondiale du Commerce, la ZLECAf suscite des attentes considérables de ses membres fondateurs. Une littérature émergente s'attache à évaluer les effets de court et moyen terme, mais aussi et surtout les conditions à la manifestation d'effets favorables optimaux de long terme. Selon les enseignements des modèles gravitaires standard, le commerce intra-régional africain est freiné par un ensemble de facteurs défavorables : niveaux de revenus individuels généralement peu élevés, faible poids économique des pays protagonistes, distances importantes, etc. La juxtaposition et la superposition de communautés régionales dont les mécanismes spécifiques ne sont pas nécessairement synchronisés (Séronie et Jacquemot, 2019) peuvent être également défavorables au développement des échanges continentaux. Toutefois, même lorsque ces obstacles sont pris en compte, le niveau actuel de ce commerce intra-régional reste inférieur à son potentiel. En dynamique, le constat est toutefois différent : les échanges intra-régionaux progressent relativement rapidement en moyenne, avec de fortes disparités faisant apparaître un petit nombre de pôles structurant des échanges de plus en plus diversifiés (Green et *al.*, 2019).

Dans ce contexte, le principal résultat de la littérature existante sur les effets de l'entrée en vigueur de la ZLECAf est précisément qu'ils devraient être favorables dans l'ensemble, bien qu'hétérogènes. La principale cause de ces effets favorables attendus est la réduction des barrières non tarifaires, véritables « obstacles au développement » (Owoeye, 2016). Ce résultat est, par exemple, mis en évidence du point de vue du bien-être, mesuré par la variation de la consommation exprimée en termes réels, par Abrego et *al.* (2019). Il est obtenu à partir d'un modèle multi-pays multi-secteurs à la Costinot et Rodriguez-Clare (2014) prenant en compte les structures de marché et l'hétérogénéité des firmes. La capacité à prendre en compte l'hétérogénéité au sens de Melitz (2003), c'est-à-dire l'existence de différences de productivité, est d'autant plus cruciale dans le cas du continent africain que les petites et moyennes entreprises (PME) génèrent environ 80% de l'emploi et 50% du PIB du continent africain. D'ailleurs, selon Obeng Odom et Franklin (2020), si la ZLECAf n'est pas en mesure de « décoloniser le commerce global », c'est-à-dire de favoriser la croissance de l'activité en dehors des monopoles des multinationales et de l'appropriation des rentes associées aux ressources naturelles, sa mise en place pourrait se traduire par une croissance associée à une hausse des inégalités.

A moyen et long terme, l'enjeu est d'exercer par le biais de la facilitation des échanges intra-régionaux des effets durables de transition économique, en particulier sur l'industrialisation, la compétitivité et l'innovation. La capacité à exercer de tels effets est largement conditionnée à l'issue des négociations sur les politiques d'investissement, de concurrence et de propriété intellectuelle, faisant l'objet de négociations spécifiques dans la constitution de la ZLECAf (Cofelice, 2018 ; Séronie et Jacquemot, 2019). Tous ces sujets sont en effet étroitement reliés aux déterminants de la croissance dans les littératures relatives à la croissance endogène et à l'environnement institutionnel du développement (Mishra, 2018). D'autres déterminants cruciaux de la croissance dans ces littératures sont pour le moment en dehors des compétences qui devraient être celles de la ZLECAf, en particulier les questions de capital humain, de développement financier et d'accès aux financements, et de lutte contre l'insécurité. Les avancées réalisées dans ces domaines dans un futur proche n'en conditionnent pas moins la capacité des pays membres à profiter à moyen et long terme des gains de l'échange (Jibrilla, 2018). La question du capital humain, par exemple, est étroitement liée à celle de l'expertise technique des parties prenantes relativement au processus d'intégration continentale, c'est-à-dire en dehors des processus associés à leur activité économique habituelle (Parshotam, 2018).

Enfin, comme pour tout processus multilatéral, la volonté politique des protagonistes est une condition cruciale, particulièrement dans les premiers stades. Ainsi, si les grands pays appréhendent leurs propres gains nets de l'échange comme faibles ou incertains, le processus d'intégration continentale se trouve particulièrement fragilisé (Jibrilla, 2018). Cela peut-être le cas, par exemple, si les pays membres rencontrent des difficultés à s'entendre sur la question des subventions au secteur agricole (Tshomba, 2017), ou si la coïncidence temporelle du lancement de la ZLECAf avec d'autres processus de négociation d'accords régionaux avec des partenaires étrangers n'est pas gérée de manière jugée satisfaisante (Kolcho, 2017). Mevel et Karingi (2017) mettent d'ailleurs en évidence, à partir de simulations réalisées sur un modèle d'équilibre général calculable de type MIRAGE, que la ZLE-

CAf pourrait exercer des effets plus importants sur la dynamique des exportations extra-zone que sur celle des importations intra-zone.

Dans l'ensemble, l'appréciation portée par la littérature empirique émergente sur les effets attendus de la ZLECAf est donc favorable, avec une vigilance particulière sur l'hétérogénéité de ces effets et le risque d'accroître les inégalités. Le canal le plus usuel en théorie du commerce international associé à ces résultats est celui de l'abaissement des barrières non tarifaires. Toutefois, dans un contexte de très forte hétérogénéité constatée des firmes, la structure des marchés apparaît également comme cruciale. Enfin, il existe un consensus sur les effets favorables, voire nécessaires, des déterminants traditionnels de la croissance endogène (capital humain, en particulier) et de la qualité institutionnelle (respect des normes, par exemple). Tout modèle empirique d'appréciation de l'effet des IDE sur la croissance des économies en développement africaines se doit aujourd'hui de tenir compte de ces éléments de contexte. Afin de dessiner les grands traits d'un tel modèle, nous passons en revue, dans un premier temps, les déterminants de la croissance dans les modèles de croissance endogène ; dans un second temps la littérature relative à la prise en compte de l'environnement institutionnel dans les dynamiques de croissance de long terme ; enfin, dans un troisième temps, nous passons en revue à partir de ce double prisme un ensemble de modèles empiriques ayant pour objet de caractériser la relation entre IDE et croissance économique dans les économies en développement.

1. Les théories de la croissance endogène : du capital humain au progrès technique

L'objet de cette première section est de fournir un aperçu sélectif des modèles théoriques de référence relatifs à la croissance endogène, comme fondement des approches empiriques ultérieures. Nous envisageons successivement le rôle du capital humain (Lucas, 1988), celui de la dépense publique (Barro, 1990), et enfin du progrès technique (Romer, 1990).

1.1. Lucas (1988) et le capital humain

Le modèle de croissance endogène de Lucas (1988) constitue le cadre théorique de référence de la démonstration du rôle du capital humain comme facteur déterminant. Le point de départ de Lucas est simplement le constat d'une césure généralement admise entre mécanismes de la croissance, supposés relativement bien connus, et les « Mécanismes du développement économique[1] », supposés moins bien connus. L'objet de Lucas est d'apporter un éclairage sur les seconds, à partir du socle théorique de référence s'appliquant aux premiers. Le cadre général néo-classique du modèle de Lucas (1988) s'appuie donc sur la théorie de la croissance économique de long terme que Solow (1956) et Denison (1961) ont développée et appliquée à l'expérience américaine au XXème siècle. Il s'agit d'un modèle d'économie fermée, où la technologie de production est caractérisée par des rendements constants.

Les agents sont rationnels. A la date *t*, *N(t)* agents travaillent, et la consommation réelle par habitant est un flux *c(t)* d'unités d'un bien unique. La production *y(t)* est la somme de la consommation et de la variation du capital. Cette production est déterminée par la fonction de production Cobb-Douglas ci-dessous :

$$y(t) = N(t)c(t) + \dot{K}(t) = A(t)K(t)^{\beta}N(t)^{1-\beta} \qquad (1)$$

Avec *A(t)* le niveau technologique, exogène à la période *t*, *K(t)* le stock de capital, *N(t)* le niveau de travail, $\dot{K}(t)$ la variation du capital physique, et β la part du capital physique dans la fonction de production, avec $0 < \beta < 1$. La productivité marginale du capital qui découle de (1) est :

$$pmk = \beta A(t)K(t)^{\beta-1}N(t)^{1-\beta} = \rho + \sigma\kappa \qquad (2)$$

Cette productivité marginale (pmk) doit être égale à la valeur constante $\rho + \sigma_{K}$ sur le sentier de croissance équilibré, où les facteurs de production croissent à un taux fixe, avec σ le coefficient d'aversion au risque, ρ le taux d'actualisation et κ le taux de croissance de la consommation par habitant.

En divisant les deux membres de *(1)* par *K(t)* puis en utilisant l'expression de la productivité marginale sur le sentier de croissance équilibré de *(2)*, il vient :

[1] C'est d'ailleurs le titre de l'article : Lucas, Robert E. « On the mechanics of economic development ». *Journal of Monetary Economics*, vol. 22, n° 1, 1988, p. 3-42.

$$\frac{N(t)c(t)}{K(t)} + \frac{\dot{K}(t)}{K(t)} = A(t)K(t)^{\beta-1}N(t)^{1-\beta}$$

$$\frac{N(t)c(t)}{K(t)} + \frac{\dot{K}(t)}{K(t)} = \frac{\rho + \sigma\,\kappa}{\beta} \tag{3}$$

Il convient de souligner que dans *(3)*, le taux de croissance du capital ($\frac{\dot{K}(t)}{K(t)}$) est constant sur le sentier équilibré, ce qui signifie que le taux de croissance de la consommation totale $\frac{N(t)c(t)}{K(t)}$ est également constant. Par différenciation, il vient :

$$\frac{\dot{K}(t)}{K(t)} = \frac{\dot{N}(t)}{N(t)} + \frac{\dot{c}(t)}{c(t)} = \kappa + \lambda \tag{4}$$

Où λ est le taux exogène de croissance de la population. Le capital par habitant et la consommation par habitant évoluent, tous deux, au taux κ. Par différenciation de (2) ou de (3), il vient :

$$\kappa = \frac{\mu}{1-\beta} \tag{5}$$

Avec μ le taux de progrès technique, correspondant à ($\frac{\dot{A}}{A}$). Ce taux est exogène et positif. Il en résulte que le taux de croissance des grandeurs par habitant, le long du sentier de croissance équilibré, est proportionnel au progrès technique, le coefficient de proportionnalité correspondant à l'inverse de la part du travail dans la fonction de production.

A ce cadre général, Lucas (1988) ajoute les hypothèses suivantes. Pour ce qui concerne l'allocation du temps, le travailleur consacre une partie de son temps à la production courante et une autre partie à l'éducation. Par ailleurs, l'« effet externe » se définit comme la contribution du niveau moyen de capital humain à la productivité de tous les facteurs de production.

Un travailleur qualifié *(i)*, en ce qui concerne l'hypothèse de la répartition du temps, consacre *(u_t)* de son temps à la production courante et le reste *($1-u_t$)* à l'éducation, c'est-à-dire l'accumulation du capital humain :

$$\dot{h}_{i,t} = \delta.(1 - u_{i,t}).\,h_{i,t} \tag{6}$$

Où $\dot{h}_{i,t}$ représente la variation du capital humain de l'individu *i*,

$h_{i,t}$ son stock de capital humain,

$(1 - u_{i,t})$ le temps alloué par l'individu à sa formation,
et δ l'efficacité de la formation, avec $0 < u_{i,t} < 1$.

Si $u_{i,t} = 1$, l'individu n'accumule pas de capital humain. En revanche, si $u_{i,t} = 0$ alors l'individu accumule du capital humain à son rythme maximum réalisable (δ) dans *[0 ;1]*.

A partir de (6), sur un sentier de croissance équilibré, si on considère que :

$$\nu = \frac{\dot{h}_{i,t}}{h_{i,t}} \qquad (7)$$

correspond au taux de croissance du capital humain, alors :

$$\nu = \delta(1 - u_{i,t}) \qquad (8)$$

La fonction de production de biens décrite dans (1) et modifiée comme suit prend en compte l'effet interne du capital humain sur la productivité de chaque individu sur sa propre productivité :

$$N(t)c(t) + \dot{K}(t) = AK(t)^{\beta}[u(t)h(t)N(t)]^{1-\beta} \qquad (9)$$

Avec $h(t)$ le niveau de capital humain, compris dans l'intervalle *[0, ∞[*. En ajoutant l'hypothèse d'effet externe du niveau de capital humain sur la production de l'ensemble des facteurs à cette fonction de production *(9)*, on a :

$$N(t)c(t) + \dot{K}(t) = A(t)K(t)^{\beta}[u(t)h(t)N(t)]^{1-\beta}\, h_a(t)^{\gamma} \qquad (10)$$

Avec (h_a) le niveau moyen de capital humain, associé à l'« effet externe ». Il convient de noter, selon Lucas (1988), que tous les travailleurs bénéficient de l'effet externe, de sorte qu'un travailleur, quel que soit son niveau de formation, sera relativement plus productif dans une économie qui a un niveau de capital humain élevé.

La productivité marginale du capital qui découle de (*10*) est :

$$pmk = \beta AK(t)^{\beta-1}[u(t)h(t)N(t)]^{1-\beta}\, h_a(t)^{\gamma} = \rho + \sigma\,\kappa \qquad (11)$$

A l'instar de *(2)*, la productivité marginale du capital est égale à $\rho + \sigma\,\kappa$ sur le sentier équilibré.

Dans cette déclinaison du modèle, le taux de croissance du capital par habitant prend en compte l'effet externe et le taux de croissance du capital humain. En reprenant *(8)*, on a donc :

$$\kappa = \frac{1 - \beta + \gamma}{1 - \beta}\,\nu \qquad (12)$$

Avec $(1-\beta+\gamma)\,\nu$ qui représente le taux de croissance technologique exogène $(\frac{\dot{A}}{A})$ représenté par (μ) dans (5) du modèle précédent. On remarque dans *(12)* que l'effet externe et le taux de croissance du capital humain ont simultanément un effet positif sur le taux de croissance du capital physique par habitant. Dans cette même équation, étant sur le sentier de croissance équilibré, le taux de croissance est constant, qu'il y ait effet externe ou pas. Le taux de croissance du capital physique par habitant augmente plus rapidement que celui du capital humain $(k>\nu)$ en présence d'effet externe $(\gamma>0)$, alors qu'en l'absence d'effet externe strictement positif $(\gamma=0)$, le taux de croissance du capital évolue au même rythme que celui du capital humain $(k=\nu)$.

On distingue entre le taux de croissance efficient (ou optimal) du capital humain, pour lequel le niveau de capital humain est toujours égal à sa valeur moyenne, soit $h(t)=h_a(t)\ \forall\ t$; et le taux de croissance d'équilibre, pour lequel le sentier de $h(t)$ résultant des décisions d'optimisation des agents prises pour un sentier de $h_a(t)$ donné coïncide avec cette valeur donnée. En d'autres termes, le taux de croissance d'équilibre du capital humain correspond à la coïncidence des comportements observés et anticipés des agents. Il se définit comme suit :

$$\nu=[\sigma(1-\beta+\gamma)-\gamma)]^{-1}[(1-\beta)(\delta-(\rho-\lambda))] \qquad (13)$$

Le taux de croissance efficient est fonction des mêmes paramètres que le taux de croissance d'équilibre :

$$\nu*=\sigma^{-1}\left[\delta-\frac{1-\beta}{1-\beta+\gamma}(\rho-\lambda)\right] \qquad (14)$$

Les équations *(13)* et *(14)* s'appliquent si les taux ν et ν* ne dépassent pas le taux maximal réalisable δ, soit :

$$\sigma\geq 1-\frac{(1-\beta)}{1-\beta+\gamma}\,\frac{\rho-\lambda}{\delta} \qquad (15)$$

C'est-à-dire que le modèle ne s'applique pas quand l'aversion au risque est trop basse. Dans *(15)*, en situation d'égalité $(\nu*=\nu)$ ce qui signifie que le taux de croissance efficient est égal au taux de croissance d'équilibre. Tandis qu'en cas d'inégalité stricte $(\nu*>\nu)$, le taux de croissance efficient est supérieur au taux de croissance d'équilibre.

Dans les deux cas, la croissance du capital humain augmente avec l'efficacité de l'investissement en capital humain (δ) et diminue avec le taux d'actualisation (ρ). La différence entre le taux de croissance optimal du capital humain et le taux de croissance d'équilibre du capital humain est obtenue en soustrayant *(13)* de *(14)*.

Pour $\sigma = 1$, on a :

$$\nu * -\nu = \frac{\gamma}{1 - \beta + \gamma}(\rho - \lambda) \qquad (16)$$

Dans l'équation *(16)*, on remarque que des effets externes peu marqués ($\gamma \approx 0$) ou une faible valeur du facteur d'actualisation ($\rho - \lambda \approx 0$) ont pour conséquence une faible inefficience, soit une quasi-égalisation des deux taux ($\nu *= \nu$). Au contraire, la présence d'effets externes ($\gamma > 0$) crée une différence croissante. Si on considère deux économies avec un même niveau de capital physique, l'économie qui générera le plus de croissance sera donc celle qui sera la mieux dotée en termes de capital humain, au sens de l'existence de l'effet externe. Ce résultat a des implications de politiques économiques fortes : selon Lucas (1988), l'effet externe « profite à tous, sans qu'aucun ait un effet significatif sur h_a, de sorte que personne ne le prend en compte au moment de décider comment allouer son temps » (p. 18).

1.2. Barro (1990) et la dépense publique

De même que le modèle de Lucas (1988) constitue le cadre théorique de référence de la relation entre capital humain et la croissance, celui de Barro (1990) est celui de la relation entre dépenses publiques et croissance. Le modèle de Barro (1990) décrit une économie fermée. Le ménage représentatif a une vie infinie et cherche à maximiser son utilité globale. La population qui représente le nombre de travailleurs est constante, et chaque ménage-producteur a accès à la fonction $y = f(k)$ où y représente la production par travailleur et k la quantité de capital par travailleur ; le taux de croissance de la consommation est :

$$\gamma = \frac{\dot{c}}{c} = \frac{1}{\sigma} * (f' - \rho) \qquad (17)$$

Où σ correspond à l'élasticité constante de la fonction d'utilité de la consommation, γ correspond au taux de croissance de la consommation qui est égal au taux de croissance par habitant, ρ correspond au taux de préférence pour le présent qui est constant. f' correspond à la productivité marginale du capital. Au lieu de supposer des rendements décroissants, Barro (1990), comme Rebelo (1991), les suppose constants pour le capital. Donc la fonction de production modifiée du capital est :

$$y = Ak \tag{18}$$

où $A > 0$ correspond à la productivité marginale constante du capital et à la technologie. Selon Barro (1990), l'hypothèse de rendements constants devient vraisemblable lorsque le capital regroupe en général le capital physique et humain.

Dans (17) en remplaçant f' par A, soit des rendements constants sur le sentier régulier, il vient :

$$\gamma = \frac{\dot{c}}{c} = \frac{1}{\sigma}(A - \rho) \tag{19}$$

Barro (1990) suppose que la technologie est suffisamment productive pour garantir une croissance positive sur le sentier régulier, l'utilité restant strictement bornée par une limite finie. Les conditions correspondantes sont :

$$A > \rho > A(1 - \sigma) \tag{20}$$

La première condition implique que $\gamma > 0$ dans *(19)*. La seconde condition garantit, de manière instantanée, que l'utilité réalisable est bornée si $A > 0, \rho > 0, \sigma \geq 1$.

Dans le modèle, les services publics sont considérés comme un input de la production. La production présente alors des rendements constants par rapport au capital et au secteur public considérés ensemble, mais des rendements décroissants par rapport au seul capital. Les rendements sont donc décroissants si les inputs de l'État n'évoluent pas au même rythme que les inputs privés. La fonction de production est de type Cobb-Douglas :

$$y = f(k, g) = Ak^{1-\alpha}g^{\alpha} \tag{21}$$

Où g représente les dépenses publiques, k le capital par habitant, α la part du capital public avec $0 < \alpha < 1$. A partir de (21), il vient :

$$\frac{y}{k} = f\left(\frac{g}{k}\right) = A\left(\frac{g}{k}\right)^{\alpha} \tag{22}$$

Les dépenses publiques équivalent les recettes publiques :

$$g = T = \tau y = \tau Ak^{1-\alpha}g^{\alpha} \tag{23}$$

Où T correspond aux recettes publiques et τ au taux d'imposition. Une hausse du taux d'imposition augmente les recettes du gouvernement et donc ses dépenses.

La productivité marginale du capital est :

$$\frac{\delta y}{\delta k} = (1-\alpha)\, A\left(\frac{g}{k}\right)^{\alpha} \qquad (24)$$

En remplaçant $g = \tau y$ de (23) dans (21), on obtient :

$$y = k\, A^{1/(1-\alpha)}\, \tau^{\alpha/(1-\alpha)} \qquad (25)$$

$$\frac{y}{k} = f\left(\frac{g}{k}\right) = A^{1/(1-\alpha)}\, \tau^{\alpha/(1-\alpha)} = A\left(\frac{g}{k}\right)^{\alpha} \qquad (26)$$

En substituant dans (24), on obtient :

$$\frac{\delta y}{\delta k} = (1-\alpha)\, A^{1/(1-\alpha)}\, \tau^{\alpha/(1-\alpha)} = (1-\alpha)\, f\left(\frac{g}{k}\right) \qquad (27)$$

Qui peut également s'écrire :

$$\frac{\delta y}{\delta k} = f\left(\frac{g}{k}\right)\left(1 - f'\,\frac{g}{y}\right) = f\left(\frac{g}{k}\right)(1-\eta) \qquad (28)$$

Où $0 < \eta < 1$ et $\eta = f'\,\frac{g}{y} = \alpha$.

A partir de (27) ou (28), on peut déduire qu'une hausse des dépenses publiques fait croître la productivité marginale du capital. Pour obtenir le taux de croissance on remplace A de (19) par $\frac{\delta y}{\delta k}$ de (27) auquel on ajoute l'impôt sur le revenu. On obtient :

$$\gamma = \frac{\dot{c}}{c} = \frac{1}{\sigma}\left[(1-\tau)(1-\alpha)\, A^{1/(1-\alpha)}\left(\frac{g}{y}\right)^{\alpha/(1-\alpha)} - \rho\right] \qquad (29)$$

Ou encore :

$$\gamma = \frac{\dot{c}}{c} = \frac{1}{\sigma}\left[(1-\tau)\, f\left(\frac{g}{k}\right)(1-\eta) - \rho\right] \qquad (30)$$

Avec $(1-\tau)\, f\left(\frac{g}{k}\right)(1-\eta)$ de (29) ou $(1-\tau)(1-\alpha)\, A^{1/(1-\alpha)}\left(\frac{g}{y}\right)^{\alpha/(1-\alpha)}$ de (30) qui représente le rendement marginal privé.

A partir de (30), on peut déduire qu'une hausse du taux d'imposition augmente la productivité marginale du capital dans (28) et donc (γ) dans (30). Cependant, elle réduit aussi le revenu disponible, ce qui tend à réduire (γ). Le premier effet domine pour de petites valeurs de (τ), soit des « gouvernements de petite taille » (en termes de taux d'imposition). Ensuite, c'est le second effet qui domine. (29) montre que le gouvernement définit sa taille par rapport au revenu domestique comme celle qui résulterait d'un processus concurrentiel où l'offre de services publics serait l'un des facteurs de production :

$$Arg\,max.(\gamma) = Arg\,max.(1-\tau)\,\tau^{\alpha/(1-\alpha)} = \alpha \qquad ((31)$$

Pour évaluer les externalités des dépenses publiques et de l'impôt, Barro (1990) compare les résultats entre le rendement marginal privé et le rendement marginal social. Pour cela, il suppose que pour τ donné le gouvernement peut effectuer les choix de consommation de chaque ménage au fil du temps. Le taux de croissance de la consommation est alors :

$$\gamma_P = \frac{\dot{c}}{c} = \frac{1}{\sigma}\,[(1-\tau)\,A^{1/(1-\alpha)}\left(\frac{g}{y}\right)^{\alpha/(1-\alpha)} - \rho] \qquad (32)$$

$$\gamma_P = \frac{\dot{c}}{c} = \frac{1}{\sigma}\left[(1-\tau)\,f\left(\frac{g}{k}\right) - \rho\right] \qquad (33)$$

Avec $(1-\tau)\,f\left(\frac{g}{k}\right)$ de (33) ou $(1-\tau)A^{1/(1-\alpha)}\,t^{\alpha/(1-\alpha)}$ de (32) qui représente le rendement marginal social du capital.

La différence entre le rendement marginal privé de (30) et le rendement marginal social de (33) est la présence du facteur $(1-\eta)$, qui réduit le taux de croissance. Ainsi, le taux de croissance du rendement marginal social de (33) est supérieur à celui du rendement marginal privé de (30).

L'impôt sur le revenu est enfin remplacé par une taxe forfaitaire, les choix des ménages étant décentralisés. Le taux de croissance de la consommation est donc :

$$\gamma_L = [(1-\alpha)A^{1/(1-\alpha)}\left(\frac{g}{y}\right)^{\alpha/(1-\alpha)} - \rho] \qquad (34)$$

$$\gamma_L = \frac{\dot{c}}{c} = \frac{1}{\sigma}\,[f\left(\frac{g}{k}\right)(1-\eta) - \rho] \qquad (35)$$

Avec $(1-\alpha)A^{1/(1-\alpha)}\left(\frac{g}{y}\right)^{\alpha/(1-\alpha)}$ de (34) ou $\Phi\left(\frac{g}{k}\right) * (1-\eta)$ de (35) qui représente le rendement marginal privé.

En l'absence de $1-\tau$, on peut déduire que le taux de croissance de (35) est supérieur à celui de (30), soit ($\gamma_L > \gamma$). La croissance de γ_L est monotone par rapport à τ : cette relation positive ne comporte pas de seuil. La hausse de τ forfaitaire augmente les dépenses publiques, ce qui augmente la productivité marginale. Parce que l'impôt est forfaitaire, les ménages répondent à cette hausse de la productivité par un taux de croissance accru de la consommation.

En somme, Barro (1990) établit que les dépenses publiques ont un effet positif sur la croissance économique, généralement jusqu'à un certain seuil. Toutefois, comme celui de Lucas (1988) ce résultat est fondé sur l'hypothèse d'une technologie à rendements constants. Dans ce qui suit, on envisage une technologie à rendements croissants.

1.3. Romer (1990) et le progrès technique

La première hypothèse du modèle fondateur de Romer (1990) est que la technologie est un bien non rival, c'est-à-dire qui peut techniquement être utilisé simultanément par plusieurs individus ou entreprises, alors que dans le cas d'un bien rival l'usage d'un bien par un individu ou une entreprise affecte sa capacité à être utilisé par les autres. La deuxième hypothèse est que la technologie est un bien partiellement excluable, c'est-à-dire dont le propriétaire peut, par des moyens techniques et légaux, empêcher les autres de l'utiliser. Au contraire, la recherche scientifique publique est non excluable. La troisième hypothèse principale est que la technologie repose sur des rendements croissants : la production de nouvelles inventions se base sur le stock de connaissances existantes, ce qui signifie selon Romer (1990) une croissance potentiellement sans limite.

Les facteurs de production du modèle sont le capital (K) mesuré en unités de biens de consommation, le travail (L) mesuré par le nombre d'individus, le capital humain (H) correspondant à l'effet cumulatif de la formation initiale et de la formation en cours d'emploi, et un indice du niveau technologique (A). La population et le capital humain sont tous deux fixes.

L'économie comporte trois secteurs. Le secteur recherche utilise le capital humain alloué à la recherche (H_2) et développement et le stock de connaissances existant pour produire de nouvelles connaissances. En particulier il produit des modèles (*designs*) pour de nouveaux biens durables intermédiaires (*new producer durables*). Le secteur des biens intermédiaires utilise les modèles du secteur recherche et le capital pour produire des biens durables, la recherche et la production intermédiaire pouvant en pratique intervenir dans la même entreprise. Le secteur de biens finals utilise la main-d'œuvre, le capital humain alloué à l'output final (H_1) et les biens durables qui sont disponibles pour produire l'output final. La production finale peut être consommée ou épargnée, auquel cas elle vient augmenter le stock de capital.

Barro (1990) considère une entreprise (i) pour chaque bien durable. Elle produit un modèle pour le bien puis débute sa production, en convertissant (η) unités de production finale non consommée à la période $(t-1)$ en une unité de bien durable (i) à la période (t). Il convient de noter qu'en ce qui concerne son modèle pour le bien durable (i), la firme peut obtenir un brevet à durée de vie illimitée. Soit :

$$\dot{K}(t) = Y(t) - C(t) \qquad (36)$$

Où $Y(t)$ est l'*output* final, $C(t)$ la consommation finale en (t) et $\dot{k}(t)$ la variation du capital.

A partir de (36), puisqu'il faut (η) unités de bien final non consommé pour produire une unité de bien durable (i), on déduit qu'une diminution de la consommation en (t) correspond à une hausse de l'*output* final non consommé qui peut être converti pour produire un bien durable.

Le stock total de connaissance croît comme suit :

$$\dot{A} = \delta H_2 A \qquad (37)$$

Où (δ) est un paramètre de productivité, (H_2) le capital humain consacré à la recherche, (A) le stock de connaissance disponible. Plus on consacre de capital humain à la recherche, toute chose égale par ailleurs, plus on augmente donc le stock de connaissances, plus on produit de biens intermédiaires durables et plus on augmente l'output final. Pour un niveau égal de capital humain dédié à la recherche, la différence intervient au niveau du stock de connaissances disponible.

Ainsi, l'ingénieur qui travaille aujourd'hui est plus efficace que l'ingénieur qui travaillait il y a cinquante ans car il profite des connaissances accumulées dans l'intervalle.

Il convient de souligner que H_1 et H_2 sont liés par la contrainte $H_1 + H_2 = H$, de sorte que toute entreprise peut allouer du capital humain soit à la recherche soit à la production finale. Le taux de croissance issu du modèle Romer (1990) met alors en évidence que plus on consacre de capital humain à la recherche, toute chose égale par ailleurs, plus on obtient de croissance :

$$g = \frac{\dot{c}}{c} = \frac{\dot{y}}{y} = \frac{\dot{k}}{k} = \frac{\dot{A}}{A} = \delta H_2 \qquad (38)$$

Les théories de la croissance endogène établissent donc la relation entre capital humain, dépenses publiques, et technologie, d'une part, et la croissance, d'autre part. Toutefois, elles ne prennent pas explicitement en compte l'environnement spécifique de la croissance dans les économies en développement, qui sont l'objet de l'approche institutionnelle abordée dans ce qui suit.

2. L'approche institutionnelle de la croissance de long terme

L'objet de cette seconde section est de proposer un aperçu des approches fondatrices dans le champ de l'économie institutionnelle, depuis la démarche fondatrice de North (1991) qui définit la classification de référence, jusqu'aux développements plus récents d'Acemoglu, Johnson et Robinson (2015) relatifs aux processus institutionnels et la dynamique de l'interaction entre institutions politiques et institutions économiques.

2.1. North (1991) et les institutions formelles et informelles

North (1991) définit les institutions comme des « astreintes humaines qui structurent l'interaction politique économique et sociale ». On distingue institutions informelles se rapportant aux normes de comportement, c'est-à-dire sanctions, tabous, coutumes, traditions et codes de conduite, et institutions formelles relevant des constitutions, lois, et droits de propriété. Selon North, qui est le fondateur de la littérature dite institutionnelle, les institutions sont conçues dans le but de créer l'ordre et de réduire l'asymétrie d'information lors des échanges. Il illustre ce propos en prenant comme exemple le commerce local au sein d'un village. Le commerce villageois existe au sein d'un réseau social dense de règles informelles, telles que la violence ayant pour objet maintien de l'ordre. Les coûts de transaction sont alors faibles. Cependant, lorsque le commerce s'étend à plusieurs villages, la taille du marché, l'incertitude et les risques de conflits au sujet de l'échange augmentent. Dans ce cas, la mise en place d'un environnement institutionnel est nécessaire afin de faciliter les échanges et de réduire l'asymétrie d'information. Cette création ou ce renforcement de l'environnement institutionnel facilite les échanges commerciaux qui à leur tour génèrent de la croissance économique. Il est, naturellement, tentant d'établir un parallèle avec la nécessité de renforcement institutionnel dans le cas de l'élargissement de l'environnement des échanges résultant de la création d'un accord de libre-échange.

La distinction entre institutions formelles et institutions informelles est généralement reprise, par exemple par Williamson (2009), qui définit les institutions informelles comme résultant des contraintes privées issues des coutumes, des traditions, et de cultures qui émergent de manière spontanée ; et les institutions formelles comme résultant de l'imposition de contraintes politiques sur le pouvoir public par des institutions juridiques. Les institutions informelles et les institutions formelles exercent les unes sur les autres des effets d'influence réciproque (Williamson, 2000).

Le cadre d'ensemble de Williamson (2000) comporte quatre niveaux, de L1 à L4, par ordre de fréquence croissante. Au niveau L1, qui est celui de la théorie sociale, se situent les institutions informelles qui comprennent les traditions, les préceptes religieux, les coutumes. A ce niveau, la fréquence est d'un siècle à un millénaire : les institutions informelles sont intergénérationnelles (Guiso et *al.*, 2015). Ces institutions sont spontanées. Elles ne sont ni conçues, ni appliquées par une quelconque autorité publique. Au niveau L2, qui est celui de l'économie des droits de propriété et marque la transition entre institutions informelles et formelles, se situent les fonctions exécutives, législatives et judiciaires, et bureaucratiques. Le changement au niveau des institutions formelles s'effectue selon une fréquence d'une décennie et un siècle. Aux niveaux L3 et L4 qui sont, respectivement, ceux de l'économie des coûts de transaction et de la théorie de l'agence, se situent les structures de gouvernance et en particulier l'environnement contractuel ; et les choix d'allocation des ressources. Leurs fréquences de renouvellement sont, respectivement, de 1 à 10 ans.

La réciprocité d'influence entre les institutions informelles, au premier niveau, et les institutions formelles, au second niveau, suggère que les normes sociales doivent être en phase avec les normes juridiques afin de bénéficier d'un environnement institutionnel favorable à la gouvernance (troisième niveau) et à l'allocation des ressources (quatrième et dernier niveau). En cas d'inadéquation dans les économies en développement des institutions informelles procédant de l'histoire longue et de l'environnement institutionnel procédant de l'importation d'environnements institutionnels externes, on constate de manière structurelle une instabilité politique pouvant se manifester par des coups d'État, des conflits internes, des tensions religieuses. Ces évènements affectent défavorablement les niveaux supérieurs de l'environnement institutionnel, et donc la croissance.

2.2. Acemoglu, Johnson et Robinson (2015) et les processus institutionnels

La dynamique de la relation entre institutions politiques et institutions économiques implique des mécanismes spécifiques (Acemoglu et *al.,* 2015). Nous analyserons successivement la relation entre institutions politiques à la période *t*, performance économique à la période *t*, et distribution de ressources à la période *t+1* ; puis, la relation entre distribution des ressources à la période *t* et institutions politiques à la période *t+1*.

Selon Acemoglu et *al.* (2005), le pouvoir politique comporte deux composantes, qui sont le pouvoir politique *de jure* et le pouvoir politique *de facto*. Nous reviendrons sur le pouvoir *de facto* dans la relation entre la distribution des ressources à la période *t* et les institutions politiques à la période *t+1*. Le pouvoir politique *de jure* se réfère aux institutions formelles, c'est-à-dire au pouvoir qui provient des institutions politiques d'une société donnée dont le régime peut être la démocratie, la monarchie, etc. Le pouvoir politique *de jure* impacte les institutions économiques car les groupes d'individus ont des intérêts divergents en ce qui concerne la distribution des ressources, et donc de manière indirecte les institutions économiques. Or les institutions économiques jouent un rôle essentiel dans la croissance économique, *via* leur influence sur les investissements dans le capital physique, humain et sur la technologie. Ce rôle est essentiel dans l'explication des différentiels internationaux dans les dynamiques de croissance.

Le pouvoir politique *de facto*, dans le contexte de la relation entre la distribution de ressources à la période *t* et les institutions politiques à la période *t+1*, est le pouvoir qui est attribué à un groupe d'individus. Ce groupe d'individus ne bénéficie pas du pouvoir des institutions politiques, mais parvient dans certaines circonstances à influencer voire renverser le pouvoir en place pour tenter de faire prévaloir ses vues. Le pouvoir politique *de facto* dépend de l'allocation des ressources, qui détermine le rapport de force des groupes de population entre eux. Il peut influencer les institutions politiques futures, dans la mesure où un changement de régime entraîne des réformes politiques en profondeur.

En somme, il existe donc un réseau très dense et complexe d'interactions à la fois entre les différents niveaux institutionnels (informel vs. formel), et entre environnement politique et environnement économique, lequel affecte favorablement ou défavorablement les dynamiques de croissance.

3. Aperçu des approches empiriques de relation entre IDE et croissance économique en Afrique

Dans cette dernière section, nous passons en revue quatre articles récents relatifs à la relation entre IDE et croissance dans les économies en développement africaines. La littérature existante correspondant à ces critères est relativement étroite, ce qui ne permet pas la réalisation d'une méta-étude. Dans tous les cas, les modèles économétriques testés sont inspirés à la fois par les théories de la croissance endogène, et celles de l'environnement institutionnel de la croissance de long terme. Notre objet est de donc de confronter aux principaux enseignements de cette littérature de référence les spécifications comme les résultats de ces approches empiriques.

3.1. Malikane et Chitambara (2017) : démocratie et « liberté économique »

Le premier modèle économétrique est estimé par Malikane et Chitambara (2017) par la Méthode des Moments Généralisés (GMM) pour 8 pays d'Afrique australe, de 1989 à 2014. L'objet particulier est de tester l'effet d'une variable institutionnelle de « liberté économique ». L'équation testée pour la réalisation de son étude est :

$$y_{it} = \alpha y_{it-1} + \beta_1 IDE_{it} + \beta_2 (Democratie_{it}) + \beta_3 X_{it} + \beta_4(IDE * Démocratie_{it}) + \eta_i + \varepsilon_{it} \quad (39)$$

Où (y_{it}) est le taux de croissance du PIB réel par habitant, (X_{it}) un vecteur de variables de contrôle dont la formation brute de capital fixe, la croissance de la population, l'espérance de vie comme proxy du capital humain et l'ouverture commerciale, et (η_i) l'effet fixe pays non observé. (ε_{it}) est le terme d'erreur.

Cette spécification de la relation a pour principal trait distinctif de recourir à une variable institutionnelle de démocratie, assimilée à la liberté économique. Cette variable s'avère effectivement exercer un effet positif et significatif, directement et dans son interaction avec les IDE. Ce résultat est un résultat habituel, ainsi que le montrent les autres études empiriques passées sous revue. Les autres variables significatives, qui impactent toutes positivement la croissance économique, sont l'IDE, la formation brute de capital fixe, l'espérance de vie. La croissance de la population est non significative.

3.2. Adams et Opoku (2015) : environnement des affaires et corpus réglementaires

Adams et Opoku (2015) utilisent également un modèle d'estimation GMM pour un échantillon plus large de 22 pays d'Afrique subsaharienne, de 1980 à 2011. Leur étude présente la particularité de distinguer trois types de corpus réglementaires, à savoir la réglementation du marché du travail, la réglementation du marché du crédit, et la réglementation des affaires. Une moyenne des trois types de réglementations, désignée par l'intitulé générique de « total des réglementations », est également testée. L'équation estimée pour la réalisation de cette étude est la suivante :

$$\Delta y_{it} = \beta_1 + \beta_2 \Delta y_{it-1} + \beta_3 \Delta IDE_{it} + \beta_4 \Delta reg_{it} + \beta_5 \Delta IDE * reg_{it} + \beta_6 \Delta W_{it} + \Delta \varepsilon_{it} \quad (40)$$

Où (i) désigne le pays et (t) la période. (y_{it}) est la croissance du PIB réel par habitant, (W) un ensemble de variables de contrôle dont la formation brute de capital fixe, l'inflation, l'ouverture commerciale et le taux de croissance de la population. La variable (reg) rend compte de l'environnement réglementaire. Elle est testée isolément et en interaction avec les IDE. (ε) est le terme d'erreur.

Les variables macroéconomiques sont généralement trouvées significatives : le taux de croissance de la population, la formation brute de capital fixe, l'ouverture commerciale ont un effet significatif positif sur la croissance économique. L'inflation a un effet significatif négatif sur la croissance économique comme attendu.

Les autres résultats de l'étude sont moins usuels. L'effet des IDE est non significatif. En effet, selon Adams et Opoku (2015), les IDE en Afrique sont essentiellement dirigées vers les industries extractives qui n'ont pas de lien avec les autres secteurs de l'économie domestique (Akinlo, 2004). Les différents types de réglementations exercent également un effet non significatif, ce que les auteurs attribuent à une mauvaise application de ces réglementations, c'est-à-dire à la distinction établie dans la littérature institutionnelle, précédemment mentionnée, entre l'environnement *de jure* et l'environnement *de facto*. Toutefois, il est intéressant de noter que l'interaction entre IDE et les différentes réglementations exerce un effet significatif positif. Sans remettre en cause les éléments d'interprétation précédents, ce résultat suggère que chacune des variables conditionne l'effet favorable de l'autre : ainsi, les entrées d'IDE n'auraient pas d'effet significatif sur la croissance dans un environnement règlementaire dégradé, ce qui est un résultat assez conventionnel et attendu. Le corollaire est moins fréquemment exploré par la littérature : un corpus réglementaire favorable n'aurait pas d'effet significatif sur la croissance dans les pays soumis à un rationnement des IDE, donc vraisemblablement des financements extérieurs privés. Ces effets d'interaction complexes entre IDE et variables d'environnement économique et institutionnel sont mis en évidence, en particulier, par Koné (2014).

3.3. Agbloyor et *al.* (2014) : effets du développement financier

L'étude d'Agbloyor et *al.* (2014) a pour objet particulier d'apprécier les effets du développement financier sur la relation entre IDE et croissance. Ils utilisent également un estimateur GMM pour estimer, pour 14 pays d'Afrique de 1990 à 2007, la relation suivante :

$$y_{it}= \beta_1 Capflows_{it}+ \beta_2 Finance_{it}+\sum^{N}_{j=4}\beta_j X_{it} + \varepsilon_{it} \qquad (41)$$

Où (y_{it}) est le PIB réel pour le pays (i) à la période (t), ($Capflows_{it}$) les IDE entrants, (X_{it}) les déterminants de la croissance dont la population, l'épargne, la qualité institutionnelle, l'ouverture financière. ($Finance_{it}$) est un indicateur mesurant spécifiquement le développement des marchés financiers. Les variables utilisées sont la capitalisation boursière, le crédit bancaire, le crédit privé, le *turnover* boursier qui est un indicateur de volumes de transactions, et le deuxième agrégat monétaire (M2). Il convient de préciser que le crédit privé désigne ici le crédit domestique au secteur privé octroyé par les banques ou autres institutions financières. (ε_{it}) est le terme d'erreur.

Toutefois, l'IDE peut ne pas impacter de manière indépendante la croissance économique. Pour prendre en compte cette éventualité, Agbloyor et *al.* (2014) estiment un second modèle économétrique afin de saisir d'éventuels effets d'interaction entre l'IDE et les marchés financiers :

$$y_{it}= \beta_1 Capflows_{it}+ \beta_2 Finance_{it} + \beta_3(Capflows_{it}* Finance_{it}) +\sum^{N}_{j=4}\beta_j X_{it} + \mu_{it} \qquad (42)$$

Où $\mu_i= \phi_i+\sigma_{it}$, ϕ_i correspond aux effets fixes pays et σ_{it} à la volatilité du taux de change calculée comme étant l'écart-type annuel de la variable de taux de change mensuel sur la période 1990-2007.

La plupart des variables de développement financier sont significatives et favorables. C'est le cas de la capitalisation boursière, le crédit bancaire, le crédit privé, et la masse monétaire M2. Les déterminants de la croissance exercent également un effet favorable. Ainsi, la population, l'ouverture financière et les institutions ont un effet positif sur la croissance économique.

L'IDE testé séparément a un effet négatif sur la croissance économique. Ce résultat vient conforter celui d'un effet non significatif dans Adams et Opoku (2015), attribué à la concentration des IDE en Afrique dans les industries extractives. Il suggère que les effets des IDE peuvent, dans ce cas, être au mieux neutres sur la croissance. Dans le pire des cas, celle-ci est défavorablement affectée, par exemple en raison du renforcement du déséquilibre de la spécialisation internationale au bénéfice de marchés de matières premières aux prix fortement volatiles. Toutefois, l'IDE a un effet positif lorsqu'il est en interaction avec certaines variables de développement financier, à savoir la capitalisation boursière, le crédit privé et l'agrégat M2. A nouveau, ces résultats suggèrent que, comme les conditions d'environnement institutionnel, les conditions de développement financier sont nécessaires à la manifestation d'effets favorables des IDE dans les économies en développement africaines. On peut ainsi présumer que les économies dont les niveaux de développement financier sont les plus bas accueillent principalement des IDE correspondant à une détention à 100% par l'investisseur non résident, sans effet voire d'effet défavorable sur la croissance ; alors que celles dont les niveaux de développement financier sont les plus avancés accueillent des IDE correspondant à de simples participations d'investisseurs non-résidents, d'effet favorable sur la croissance. L'existence de marchés financiers développés et la capacité à échanger des actions cotées, en particulier, accroît très largement la possibilité de réalisation de cette seconde éventualité.

3.4. Gui-Diby (2014) : effets d'interaction du capital humain

Enfin, Gui-Diby (2014) testent, en particulier, les effets directs et d'interaction du capital humain dans la relation entre IDE et croissance. Ils utilisent également un estimateur GMM pour régresser, pour 50 pays d'Afrique sur la période 1980-2009, les équations du modèle économétrique suivant :

$$Y_{it} = \alpha Y_{it-1} + \beta_1 IDE_{i,t} + \beta_2 X_{i,t} + \eta_i + \varepsilon_{i,t} \qquad (43)$$

$$Y_{it} = \alpha Y_{it-1} + \beta_1 IDE_{i,t} + \beta_2 X_{i,t} + \beta_3 IDE_{i,t} * SEC_{i,t} + \eta_i + \varepsilon_{i,t} \qquad (44)$$

Il convient de noter que la période d'étude est scindée en deux sous-périodes, soit 1980-1994 et 1995-2009. (i) désigne le pays et (t) la période. (Y_{it}) est le taux de croissance du PIB réel par habitant en parité de pouvoir d'achat (PPA), (X) un ensemble de variables dont la consommation publique, la taille de la population, le taux brut de scolarisation dans le secondaire (SEC), et l'investissement domestique. ($IDE_{i,t} * SEC_{i,t}$) désigne l'interaction entre les IDE et le taux brut de scolarisation dans le secondaire. Enfin, (η_i) est l'effet fixe pays et (ε) le terme d'erreur.

De 1980 à 1994, au cours de la première sous-période, pour ce qui concerne les variables de contrôle, le taux brut de scolarisation dans le secondaire et l'investissement domestique impactent positivement la croissance économique. L'effet de la population est trouvé non significatif, ce que Gui-Diby (2014) attribue à des estimations basées sur des données non exhaustives, les pays étant confrontés à des problèmes de gestion et de mise à jour de leurs systèmes d'enregistrements et de statistiques de l'état civil. Les problèmes de mesure sont également mis en évidence dans le cas de la consommation publique, trouvée non significative, où l'auteur met en cause la non-exhaustivité des données.

La variable d'intérêt, l'IDE, impacte négativement la croissance économique. Selon Gui-Diby (2014), cet impact négatif est peut-être dû aux programmes d'ajustements structurels lancés au cours de la décennie 1980. Une autre cause possible est la faiblesse des montants d'IDE en Afrique au cours de la sous-période, dans un contexte où la désintermédiation des financements internationaux se fait progressivement. L'effet d'interaction entre l'IDE et le taux brut de scolarisation dans le secondaire est quant à lui non significatif. L'auteur avance que les flux d'IDE ont été orientés durant les trois décennies essentiellement vers les entreprises du secteur primaire, ayant un faible niveau de besoin en capital humain.

Dans l'ensemble, ces résultats confortent les réserves formulées dans les études précédemment passées en revue sur l'existence d'effets significatifs favorables de l'IDE dans les économies en développement africaines, ou à tout le moins sous forme d'effets d'interaction avec l'environnement institutionnel et financier de la croissance.

De 1995 à 2009, au cours de la seconde sous-période, l'investissement domestique influence toujours de manière positive la croissance économique. Les effets de la consommation publique et de la population restent non significatifs, et le taux brut de scolarisation dans le secondaire le devient. A nouveau, l'auteur invoque des problèmes de mesure pour expliquer l'effet non significatif de la population et de la consommation publique. De même, s'agissant du taux brut de scolarisation dans le secondaire, il reprend l'argument soulevé par Savvides (1995) sur la mauvaise qualité des statistiques éducatives en Afrique.

L'interaction entre l'IDE et le taux brut de scolarisation dans le secondaire reste non significative, en raison de l'argument précédemment évoqué, soit l'orientation prioritaire des flux d'IDE vers les entreprises du secteur primaire, auquel peut s'ajouter la difficulté méthodologique d'une mesure pertinente de la scolarisation secondaire. En revanche, l'effet direct des IDE est trouvé significatif et positif au cours de cette seconde sous-période, alors qu'il était précédemment négatif. Ce résultat obtenu en subdivisant la période d'étude peut constituer une explication de l'apparente divergence des résultats des études précédemment passées en revue, même si elles ne sont pas directement comparables aux travaux de Gui-Diby (2014) dans la mesure où celui-ci n'inclut aucune variable d'environnement institutionnel.

Conclusion

L'entrée en vigueur de la ZLECAf suscite des attentes considérables en termes de croissance de long terme diversifiée et soutenable. Les premiers travaux d'évaluation de ses effets mettent en évidence l'importance clef de l'environnement institutionnel et du développement financier dans la manifestation d'effets favorables sur la croissance, et donc la volonté politique d'inscrire le projet de zone continentale dans la durée.

La revue de littérature que nous proposons revient sur les déterminants théoriques de ces résultats, dans deux littératures de référence distinctes : la littérature relative au capital humain, aux dépenses publiques et au progrès technique comme déterminants de la croissance endogène, d'une part ; et la littérature relative à la constitution et au renouvellement de l'environnement institutionnel, d'autre part. Enfin, nous confrontons ces littératures de référence à la littérature empirique récente relative à la relation entre IDE et croissance dans les économies en développement africaines, considérant que la capacité à définir une politique commune relativement aux IDE constitue l'une des conditions de la pérennité de la ZLECAf.

Cette confrontation permet d'établir, d'abord, que l'effet des IDE est loin d'être systématiquement favorable. Dans certains cas, seuls ses effets d'interaction avec l'environnement institutionnel, en particulier, le sont. Dans d'autres, ses effets, quand ils viennent accentuer le déséquilibre des spécialisations, sont défavorables. Le second constat est que la littérature existante sur le sujet ne prend généralement en cause que de manière elliptique les déterminants traditionnels de la croissance endogène, le capital humain étant le plus souvent et le mieux pris en compte ; et la dépense publique le plus mal, la consommation n'étant pas différenciée de l'investissement public. Il en va de même de l'environnement institutionnel, pris en compte dans trois études sur quatre, mais dans une d'entre elles par une variable unique, et non pris en compte dans une sur quatre. Enfin, sur le plan méthodologique, l'hétérogénéité des résultats concernant les effets directs et indirects de l'IDE suggère la présence d'effets de seuils, peut-être associés aux variables précédemment mentionnées, qu'aucune des études réalisées ne recherche. Il est donc nécessaire, et considérant le contexte d'entrée en vigueur de la ZLECAf, urgent, de renouveler l'approche empirique de la relation entre IDE et croissance dans les économies en développement africaines.

Références bibliographiques

Abrego, Lisandro, Maria Alejandra Amado, Tunc Gursoy, Gart P. Nicholls, Hector Perez-Saiz. 2019. The African Continental Free Trade Agreement: Welfare Gains Estimates from a General Equilibrium Model. *Working Paper19/124,* IMF

Acemoglu, Daron, Simon Johnson, James A. Robinson. 2005. « Institutions as a fundamental cause of long-run growth ». *Handbook of economic growth* 1: 385–472.

Adams, Samuel, Eric Evans Osei Opoku. 2015. « Foreign direct investment, regulations and growth in sub-Saharan Africa ». *Economic Analysis and Policy* 47: 48-56.

Adams, Samuel. 2009. « Foreign Direct investment, domestic investment, and economic growth in Sub-Saharan Africa ». *Journal of Policy Modeling* 31 (6): 939-949.

Agbloyor, Elikplimi Komla, Joshua Yindenaba Abor, Charles Komla Delali Adjasi, et Alfred Yawson. 2014. « Private capital flows and economic growth in Africa: The role of domestic financial markets ». *Journal of International Financial Markets, Institutions and Money* 30: 137-152.

Akeyewale, Rilwan. 2018. « Winners and losers in Africa's Continental Free Trade area ». *International Trade Forum*, no 4, p. 14–15.

Akinlo, A. Enisan. 2004. « Foreign Direct Investment and Growth in Nigeria: An Empirical Investigation ». *Journal of Policy Modeling* 26 (5): 627-639

Alesina, Alberto, et Paola Giulano. 2015. « Culture and Institutions ». *Journal of economic literature* 53 (4): 898-944.

Almfraji, Mohammad Amin, et Mahmoud Khalid Almsafir. 2014. « Foreign Direct Investment and Economic Growth Literature Review from 1994 to 2012 ». *Procedia-Social and Behavioral Sciences* 129: 206-213.

Barro, Robert. 1990. « Government spending in a simple model of endogenous growth ». *Journal of political economy* 98 (5): 103-125.

Bengoa, Marta, et Blanca Sanchez-Robles. 2003. « Foreign direct investment, economic freedom and growth: new evidence from Latin America ». *European Journal of Political Economy*, Economic Freedom, 19 (3): 529-545.

Borensztein, J. De Gregorio, et Lee. 1998. « How does foreign direct investment affect economic growth? » *Journal of international economics* 45 (1): 115-135.

Chang, Ching-Cheng, et Michael Mendy. 2012. « Economic growth and openness in Africa: What is the empirical relationship? » *Applied Economics Letters* 19 (18): 1903-1907.
Chowdhury, Abdur, et George Mavrotas. 2006. « FDI and Growth: What Causes What? » *World Economy* 29 (1): 9-19.
Cofelice, Andrea. 2018. « African Continental Free Trade Area: Opportunities and Challenges ». *The Federalist Debate*, vol. 31, no 3, p. 32–35.
Costinot, Arnaud, et Andrés Rodríguez-Clare. « Trade theory with numbers: Quantifying the consequences of globalization ». *Handbook of international economics,* vol. 4, Elsevier, 2014, p. 197–261.
De Gregorio, José. 1992. « Economic growth in Latin America ». *Journal of Development Economics*, Special Issue InterAmerican Seminar On Economics, 39 (1): 59-84.
Denison, Edward F. 1961. *The sources of Economic growth in the United States*. New York: Committee for Economic Development.
Diop, Abdoulaye, Gilles Dufrénot, et Gilles Sanon. 2010. « Is Per Capita Growth in Africa Hampered by Poor Governance and Weak Institutions? An Empirical Study on the ECOWAS Countries ». *African Development Review* 22 (2): 265-275.
Green, Russell, Issoufou, Salifou, et Thomas Mcgregor. (2019). La zone de libre-échange continentale changera-t-elle la donne en Afrique ? *Regional Economic Outlook*, Sub-Saharan Africa: Recovery Amid Elevated Uncertainty, imf.org.
Guellec, Dominique. 1992. « Croissance endogène : les principaux mécanismes ». *Économie & prévision* 106 (5): 41-50.
Gui-Diby, Steve Loris. 2014. « Impact of foreign direct investments on economic growth in Africa: Evidence from three decades of panel data analyses ». *Research in Economics* 68 (3): 248-256.
Guiso, Luigi, Paola Sapienza, et Luigi Zingales. 2015. « Corporate culture, societal culture, and institutions ». *American economic review* 105 (5): 336-339.
Haggard, Stephan. 2004. « Institutions and Growth in East Asia ». *Studies in Comparative International Development* 38 (4): 53-81.
Hansen, Henrik, et John Rand. 2006. « On the Causal Links Between FDI and Growth in Developing Countries ». *World Economy* 29 (1): 21-41.
Hodgson, Geoffrey. 1989. « Institutional economic theory: the old versus the new ». *Review of Political Economy* 1 (3): 249-269.

International Monetary Fund. 2013. *Balance of Payments Manual, Sixth Edition.* Washington, D.C.: International Monetary Fund.

Jain, Arvind. 2001. « Corruption: a review ». *Journal of economic surveys* 15 (1): 71-121.

Jibrilla, Adamu. 2018. « African Continental Free Trade Area (CFTA) and Its Implications for Nigeria: A Policy Perspective ». *International Journal of Research and Innovation in Social Science*, vol. 2, no 12, p. 164–174.

Tshomba Kalumbu, John, Jules Nkulu Mwiné Fyama, Moïse Kalambaie Binm Mukanya, et Philippe Lebailly. 2019 « Revue Africaine d'Environnement et d'Agriculture ». *Revue Africaine d'Environnement et d'Agriculture,* vol. 2, no 2, p. 39–48.

Koné, Famaria Djibril. 2014. *La croissance en Afrique et les investissements directs étrangers.* Thèse pour l'obtention du Doctorat en Sciences Economiques, Université de Rennes 1.

Kotcho, Jacob. 2017. « Intégration commerciale de l'Afrique et libre-échange global : défis et perspectives ». *Revue Interventions économiques.* Papers in Political Economy, no Hors-série. Transformations.

Lucas, Robert E. 1988. « On the mechanics of economic development ». *Journal of Monetary Economics,* vol. 22, no 1, p. 3-42.

Malikane, Christopher, et Prosper Chitambara. 2017. « Foreign Direct Investment, Democracy and Economic Growth in Southern Africa ». *African Development Review* 29 (1): 92‑102.

Melitz, Marc J. 2003. « The impact of trade on intra-industry reallocations and aggregate industry productivity ». *Econometrica,* vol. 71, no 6, p. 1695–1725.

Mello, L. R. de. 1999. « Foreign Direct Investment-Led Growth: Evidence from Time Series and Panel Data ». *Oxford Economic Papers* 51 (1): 133‑51.

Mevel, Simon, et Stephen Karingi. 2012. « Deepening regional integration in Africa: a computable general equilibrium assessment of the establishment of a continental free trade area followed by a continental customs union ». *7th African Economic Conference,* Kigali, Rwanda, vol. 30.

Mills, Philippe, et Alain Quinet. 1992. « Dépenses publiques et croissance ». *Revue française d'économie* 7 (3): 29-60.

Mishra, Abhishek. 2018. « The African Continental Free trade Area and its Implications for India-Africa Trade ». *ORF Occasional Papers, Observer Research Foundation,* no 171.

North, Douglass. 1991. « Institutions ». *Journal of economic perspectives* 5 (1): 97-112.

Obeng-Odoom, Franklin. 2020. « The African Continental Free Trade Area ». *American Journal of Economics and Sociology*, vol. 79, no 1, p. 167–197.

OCDE. 2010. *Définition de référence de l'OCDE des investissements directs internationaux*. Paris: OCDE.

Owoeye, Olasupo. 2016. « Regionalism and WTO Multilateralism: The Case for an African Continental Free Trade Area ». *Journal World Trade*, vol. 50, p. 1085.

Ozturk, Ilhan. 2007. « Foreign direct investment - Growth Nexus: a review of the recent literature ». *International journal of applied econometrics and quantitative studies* 4 (2): 79-98.

Parshotam, Asmita. 2018. « Can the African Continental Free Trade Area offer a new beginning for trade in Africa? » *South African Institute of International Affairs Occasional Paper*, no 280.

Rebelo, Sergio. 1991. « Long-run policy analysis and long-run growth ». *Journal of Political Economy* 99 (3): 500-521.

Romer, Paul. 1987. « Growth Based on Increasing Returns Due to Specialization ». *American economic review* 77 (2): 56-62.

Romer, Paul. 1990. « Endogenous Technological Change ». *Journal of political economy* 98 (5): 71-102.

Romer, Paul. 1994. « The Origins of Endogenous Growth ». *Journal of economic perspectives* 8 (1): 3-22.

Savvides, Andreas. 1995. « Economic Growth in Africa ». *World Development* 23 (3): 449-458

Searle, John. 2005. « What is an institution? » *Journal of institutional economics* 1 (1): 1-22.

Segerstrom, Paul. 1991. « Innovation, Imitation, and Economic Growth ». *Journal of political economy* 99 (4): 807-27.

Séronie, Jean-Marie, et Pierre Jacquemot. 2019. « Les dix enjeux de la Zone de Libre Échange Africaine ». Les dossiers WillAgri.

Solow, Robert M. 1956. « A Contribution to the Theory of Economic Growth». *Quarterly Journal of Economics* 70 (1): 65-94

UNCTAD.1998. *World Investment Report 1998 Trends and Determinants*. New York: United Nations.

Vlassis, Antonios. 2020. Des négociations sur le commerce électronique à la zone de libre-échange africaine : un état des lieux. *Veille internationale sur la culture et le commerce numérique,* n° 2, mars Fédération internationale des coalitions pour la diversité culturelle.

Williamson, Claudia R. 2009. « Informal Institutions Rule: Institutional Arrangements and Economic Performance ». *Public Choice* 139 (3): 371-87.

Williamson, Oliver. 2000. « The new institutional economics: taking stock, looking ahead ». *Journal of economic literature* 38 (3): 595-613.

Chapitre VII
Diversification des principaux partenaires commerciaux et vulnérabilité de la zone UEMOA

Wendzineguemlafi Dieudonné TONDÉ[1]

Introduction

Le présent chapitre s'inscrit dans la problématique du régime de change par rapport à la diversification des risques et s'interroge sur l'opportunité d'une adéquation du régime de change de l'UEMOA à la diversité de ses vulnérabilités économiques externes. Depuis le cadre théorique des zones monétaires optimales, le commerce a toujours été pris en compte pour garantir l'optimalité d'une zone monétaire. Les auteurs qui défendent cette idée soutiennent que les pays ayant de fortes relations commerciales sont de bons candidats à l'union monétaire et que cette union va stimuler le commerce entre les membres (Mundell 1961, McKinnon 1963, Kenen 1969). L'effet favorable de l'union monétaire sur le commerce international exerce une influence sur les pays membres telle que la convergence des cycles économiques, alors même qu'initialement, elle pouvait être faible (Rose 2000, Frankel et Rose, 2000). Pour eux, l'union monétaire a un effet positif sur les échanges commerciaux intracommunautaires et entraîne une corrélation étroite des cycles économiques entre les pays de l'union (hypothèse d'endogénéité de la zone monétaire optimale et synchronisation des cycles économiques).

Toutefois, cette littérature ne s'interroge pas sur le cas d'une diminution des échanges commerciaux du principal partenaire au sein de la zone monétaire. Pourtant, l'occurrence d'une diminution du commerce est possible, illustrée par le paradoxe de l'UEMOA. En vingt ans, la part de la zone Euro (zone d'ancrage de la monnaie) dans les exportations de la zone UEMOA a été approximativement divisée par deux,

[1] Laboratoire d'Économie d'Orléans (LEO), Université de Tours, France ; et Laboratoire d'Économie Appliquée au Développement (LEAD), Université de Toulon, France.dieudonne.tonde@gmail.com

passant de 45 % en 1995 à environ 20% en 2017. Les importations ont également suivi la même tendance (graphique 1 en annexes). Alors même que selon la théorie des zones monétaires optimales, la fixité du change a pour objet de faciliter et stimuler les échanges commerciaux avec en premier lieu la France (pays colonisateur et du fait de l'existence de liens entre la France et ses anciennes colonies), et désormais tous les pays de la zone Euro : ce qui crée le paradoxe. Par ailleurs, la part de la Chine dans les importations de l'UEMOA a été multipliée par plus de sept sur la période 1995-2017 pour représenter environ 16 % en 2017. Les exportations ont aussi suivi la même tendance (graphique 1, pour une analyse détaillée graphiques 2 et 3 en annexes). Il en résulte une réorientation du commerce extérieur au détriment relatif de la zone Euro et en faveur de la Chine qui est désormais le deuxième principal partenaire commercial de la zone UEMOA.

Au fur et à mesure que la part relative de la zone Euro dans le commerce international de ces pays diminue, l'ancrage nominal de change entre le Franc CFA et l'Euro est de moins en moins pertinent. En effet, la part relative des échanges commerciaux extra européens augmente et implique des monnaies qui ne renvoient pas à la parité fixe. Lorsqu'on élargit la part relative des échanges commerciaux faits avec des pays externes à la zone Euro, cela accroît l'incertitude au niveau du commerce international et cause des distorsions du régime de change. De surcroît, les pays de l'UEMOA sont strictement dépendants du reste du monde par rapport à leurs activités d'exportations et d'importations et sont mal positionnés du point de vue des élasticités critiques. Plus les importations tendent vers des élasticités faibles, plus la vulnérabilité de ces économies à des chocs de change est forte, déstructurant durablement la balance commerciale.

Jusqu'aux années 2000, l'UEMOA avait la France ou la zone Euro comme le seul principal partenaire commercial et dépendait directement de la conjoncture européenne. En diversifiant ses principaux partenaires commerciaux avec la Chine, elle est maintenant dépendante non seulement de la conjoncture européenne mais également de la conjoncture chinoise.

Nous étudions la vulnérabilité de l'UEMOA avant et après cette modification de la structure des principaux partenaires commerciaux à l'aide d'une analyse empirique. Elle permettra de déterminer si la diversification des principaux partenaires commerciaux de la zone a diminué ou augmenté sa vulnérabilité économique externe. Le modèle sera donc étudié sur trois périodes.

La première phase va de 1981 à 2000 où la France (zone Euro) était le principal partenaire commercial de l'UEMOA. La deuxième phase va de 2001 à 2017. Le choix de cette deuxième période est lié au fait que le commerce des pays de l'UEMOA avec la Chine a pris de l'ampleur à partir des années 2000. Durant cette période, il apparaît deux principaux partenaires commerciaux pour l'UEMOA (zone Euro-Chine). La troisième et dernière phase est utilisée en guise de comparaison des résultats et va de 1981 à 2017. Dans ce chapitre, nous approximons la vulnérabilité économique externe de l'UEMOA par les termes de l'échange et nous testons ses effets sur la croissance économique de la zone dans les trois phases. Il s'agit d'évaluer l'effet des termes de l'échange sur la croissance économique de ces pays avant et après cette modification des principaux partenaires commerciaux. Nous utilisons le modèle ARDL (*Autoregressive distributed lag*) proposé par Pesaran, Shin et Smith (2001). La force de travail, le stock de capital et l'investissement direct étranger sont aussi utilisés comme variables de contrôle.

Le travail est organisé comme suit. La première section porte sur la revue de littérature en analysant, d'une part, l'évolution de la théorie des zones monétaires optimales pour mieux situer le contexte et, d'autre part, la relation économétrique entre les termes de l'échange et la croissance économique. La deuxième section présente le modèle et la méthodologie, tandis que la dernière section présente les résultats des estimations.

1. Les théories de la ZMO et les liens entre la croissance et les termes de l'échange dans la littérature

L'objet de cette section est d'exposer, dans un premier paragraphe, brièvement les principes de la théorie des ZMO dans le cadre de l'économie d'endettement, théorie dont l'actualité s'estompe avec le développement de l'économie des marchés financiers. Le deuxième paragraphe présentera les travaux économétriques portant sur la relation entre la croissance économique et les termes de l'échange.

Il est possible d'établir un lien entre la ZMO et les termes de l'échange conformément à l'éventuel cercle vertueux du taux de change (Corpataux et *al.* 2001, Plihon 1991). En suivant ces auteurs, l'appréciation du taux de change améliore à court terme les termes de l'échange, le solde commercial et peut accroître les profits des entreprises bénéficiant des *inputs* importés à moindre coût. Toutefois, l'existence de ces deux effets favorables qui se conjuguent suppose que les entreprises sont moins dépendantes de la compétitivité-prix et fondent leur compétitivité structurelle sur d'autres facteurs. Dans ce cas, l'appréciation du taux de change relancera l'investissement, permettra une amélioration de la spécialisation et assurera une réduction des élasticités-prix de moyen terme pour le commerce extérieur.

1.1. Évolution de la théorie des zones monétaires optimales : « de l'économie d'endettement à l'économie des marchés »

La littérature sur les zones monétaires optimales, depuis son énoncé connu sous l'expression paradigme Mundell-McKinnon-Kenen (ou MMKK)[1] réunissant les noms des trois premiers théoriciens de la notion, a connu une évolution suivant le contexte et l'évolution de la conjoncture internationale. A l'origine de la théorie dans les années 1960, l'optimalité se mesurait à l'aide des fondamentaux de l'économie (commerce extérieur, existence des marchés domestiques dynamiques pour l'échange des biens et services…) et les critères y étaient assujettis (mobilité, ouverture commerciale et redistribution).

Par la suite, avec l'émergence de l'économie d'endettement puis la globalisation financière (à partir des années 1970), des cours de change déconnectés de l'aspect réel mais visant l'attractivité financière ont vu le jour. Selon le critère proposé par Mundell (1961), le degré de mobilité des facteurs entre les régions formant la zone monétaire doit être plus fort que celui qui apparaît par rapport à l'extérieur. Cette mobilité de la main-d'œuvre permet de garantir la capacité productive du système dans la zone tout en étant résiliant aux importations. Durant cette période, nous comprenons que l'optimalité d'une zone monétaire nécessite une bonne exposition de celle-ci à la concurrence internationale et qu'il y ait un marché domestique dynamique

[1] Thibault LAURENTJOYE (2014) « Théorie des zones monétaires : critique de l'orthodoxie et perspectives de refonte », séminaire du Centre d'Etudes des Modes d'Industrialisation, 13 juin 2014, http://cemi.ehess.fr/docannexe/file/2828/laurentjoye.pdf

pour l'échange des biens et services. McKinnon (1963) complète cette analyse en démontrant que le degré d'ouverture est un critère crucial dans la formation de l'union monétaire. Il soutient que plus l'économie est ouverte, plus les gains du change fixe sont importants. La pertinence de ce critère est indissociable du précédent et du contexte. En effet, dans un contexte où le principal souci est d'être économiquement compétitif, il faut s'assurer de l'existence de marchés domestiques pour l'écoulement des biens et services comme le propose McKinnon ; d'autant que dans les années 1960, il n'existait pratiquement pas de bas de la balance des paiements en raison de faibles mouvements internationaux de capitaux en dehors des IDE. L'optimalité se mesurait par rapport à des liens physiques ou réels ou encore consistait à bien se positionner du point de vue du commerce international. En suivant Kenen (1969), les économies diversifiées peuvent envisager la formation d'une union monétaire car l'absorption de chocs asymétriques dépend du degré de diversification de la production. Lorsque ce degré est élevé à l'intérieur de l'union monétaire, la probabilité que les chocs soient symétriques donc absorbables augmente.

Ainsi, cette littérature des années 1960 était pertinente parce que les mouvements internationaux de capitaux durant cette période n'étaient que la correspondance monétisée des exportations et des importations des pays. Il y avait très peu d'endettement souverain et le marché financier restait encore embryonnaire. Les pays qui transactionnaient le plus sur les marchés des changes étaient les plus grands importateurs et exportateurs. L'ancrage du change était donc un ancrage réel.

Cependant, à partir de la décennie 1970, deux évènements majeurs sur le plan international affecteront les théories des zones monétaires optimales. Il s'agit de l'abandon du système de Bretton Woods en 1973 et la globalisation financière (dont les prémisses remontent aux années 1970 avec l'endettement souverain). Les critères traditionnels seront désormais vus comme dépassés et de nouvelles motivations détermineront le choix du régime de changes des pays. A partir de 1973, les pays adoptent différents régimes de taux de change : le flottement pur, les zones cibles, les unions monétaires, la dollarisation (Wickens, 2010). La création de ces unions monétaires ne sera plus guidée, en premier lieu, par les critères traditionnels liés aux fondamentaux économiques mais par l'attractivité financière. L'engouement des PED (pays en développement) pour les Euromarchés dans les années 1970 était certes motivé par la faiblesse des taux d'intérêt mais aussi par leur volonté de contourner l'intermédiation du FMI et de la Banque mondiale dont les prêts sont assortis de conditionnalités que certains Gouvernements refusaient, les assimilant à une ingérence de ces institutions (Beitone, Gilles et Parodi, 2016). La question qui désormais se posait n'était plus de déterminer le taux de change qui permet de mieux importer ou exporter mais si celui-ci permettait d'emprunter à moindre coût. La majorité des transactions n'étaient plus associées à un commerce de biens et de services mais à celui de la titrisation. Le volume des transactions de change augmente et reflète principalement une augmentation des transactions financières plutôt qu'une augmentation du commerce (Krugman et *al,* 2015).

Dans les années 1980, le processus se renforce et marque une accélération des taux de croissance des investissements directs étrangers (IDE) qui dépassent désormais le commerce mondial témoignant, ainsi, de l'évolution vers la financiarisation des économies (Beitone, Gilles et Parodi, 2016). La conjugaison du développement des mouvements internationaux de capitaux déconnectés des échanges, de la révolution des communications et des innovations financières des politiques de dérèglementation a généré une importante titrisation des financements internationaux d'où l'émergence du processus de globalisation financière, *ibid.* Cette globalisation financière destinée à des besoins internationaux de financements de plus en plus déconnectés des fondamentaux réels (Bastidon-Gilles et *al,* 2010) va consacrer l'influence des risques de taux (taux de change et taux d'intérêt).

Après la crise de l'endettement des Euro-crédits bancaires classiques, on assiste à l'émergence de la finance directe avec désormais le financement par émission et placements de titres sur les marchés financiers. Les États et les entreprises n'ont plus besoin de passer par l'intermédiation bancaire classique. Nous rentrons dans la deuxième phase de la globalisation financière et l'émergence des marchés financiers émergents puis la montée des nouveaux risques qui aboutiront aux crises financières des économies émergentes. En effet, la plupart des pays de l'Asie du Sud avaient formé des zones monétaires liées étroitement au dollar mais simultanément déconnectées des fondamentaux réels avec les États-Unis. Les États-Unis n'étaient pas leurs principaux partenaires commerciaux alors qu'ils avaient leurs monnaies ancrées au Dollar américain. Les transactions de ces pays se faisaient certes en Dollars mais il n'y avait pas de liens physiques réels entre leurs économies et le pays ancre. Avec l'essor de la globalisation financière, le principal souci de ces pays était d'avoir un cours de change qui leur permettrait d'attirer les capitaux. Leur cours de change ne reflétait que l'attractivité financière comparativement aux États-Unis en tant que créancier commun. Or, ce cours de change déconnecté de l'aspect réel ne saurait être optimal et viable et c'est l'une des causes de la crise du Baht de 1997 étendue à l'ensemble des monnaies asiatiques (Marais, 2007). Cette crise nous enseigne que l'optimalité du régime de change ne peut se concevoir sans des liens physiques réels et nous tentons de montrer dans ce papier que pour tous les pays non financiarisés notamment ceux de l'UEMOA, l'optimalité du cours de change ne peut se concevoir qu'en liaison étroite avec les fondamentaux, ou être mesuré par rapport à des liens physiques réels entre les économies concernées.

En réponse à la vulnérabilité du régime de change pour sortir de la crise, les pays asiatiques ont diversifié le risque de change en diminuant le poids du dollar et en augmentant le poids de l'euro dans le panier de monnaies pour mieux absorber les chocs externes, être moins vulnérables et moins dépendants du reste du monde. Pour cette étude sur les pays de l'UEMOA, l'évolution de la vulnérabilité de ces économies à des chocs externes devient plurielle et la problématique de l'incohérence du régime de change mise en évidence est la même que pour les pays asiatiques des années 1990. Il s'agit de préconiser ici non seulement une diversification du risque de change mais aussi une diversification du risque appréhendé par la structure de la balance commerciale de ces pays.

Pour des pays qui sont dépendants du reste du monde comme ceux l'UEMOA, le régime de change doit s'adapter à ces nouvelles vulnérabilités. Il faut qu'il y ait une diversification du panier de monnaies pour répondre à la diversité des vulnérabilités externes de ces économies en passant d'un système d'ancrage nominal uni-monétaire à un ancrage nominal pluri-monétaire. Certes, l'importance de la variable du cours de change dépend du positionnement du pays en fonction des élasticités critiques.

Il est cependant observable que de nos jours, ces pays sont mal positionnés du point de vue des élasticités critiques. Ils exportent des biens à faible valeur ajoutée pour lesquels ils ne sont pas « *price makers* » sur ces marchés. Mais à terme, ces pays sont censés avoir un décollage économique, qu'ils accroissent par plus de sophistication ou par plus de transformation sur place accroissant la valeur ajoutée dans les biens exportés et, dans le même temps, devenir moins dépendants des biens importés. Comme le cours de change se situe sur un horizon temporel long, nous nous situons également dans une perspective pour laquelle les élasticités critiques de ces pays vont évoluer dans un sens de moindre vulnérabilité. Il est possible de prévoir qu'il y aura un relâchement des contraintes des élasticités critiques à moyen ou long terme.

1.2. La relation économétrique entre les termes de l'échange et la croissance économique dans la littérature

La vulnérabilité économique est le risque pour un pays d'être affecté par des chocs exogènes négatifs, en l'occurrence la volatilité des prix internationaux et des avantages (vs désavantages) comparatifs afférents. Ce concept est similaire à celui de l'instabilité des termes de l'échange, qui semble être ignoré, voire négligé, dans les premiers travaux empiriques sur le commerce international. La majorité des analyses empiriques des années 1980 ont montré une relation positive entre l'ouverture commerciale et la croissance, en prenant appui sur des régressions en coupe transversales dans un certain nombre de pays. Par la suite, les études empiriques combinant la théorie de la croissance endogène et la nouvelle théorie du commerce international permettent d'examiner les canaux de transmission de l'impact de l'ouverture commerciale sur la croissance. Ainsi, Frankel et Romer (1999) ont pu démontrer que le commerce international a un effet positif et significatif sur la croissance économique en prenant en compte ces facteurs que sont la formation brute du capital fixe, le capital humain et le savoir ou stock de connaissances.

Parallèlement, la troisième Conférence des Nations Unies sur les Pays les Moins Avancés (Bruxelles 2001) s'est appesantie sur le problème de la vulnérabilité économique qui limite la croissance économique et accroît la pauvreté dans la majorité des pays en développement. Les causes principales semblent être l'instabilité des termes de l'échange et la mauvaise gouvernance. Niyongabo (2013). Guillaumont et *al.* (1999, 2000) montrent que les PED sont particulièrement vulnérables aux chocs commerciaux et ce, d'autant qu'ils portent sur les exportations des produits primaires. Par conséquent, les pays les plus vulnérables sont ceux tributaires des produits primaires : même si la croissance des exportations favorise la croissance économique, l'instabilité des exportations (et l'instabilité des termes de l'échange) réduit les sentiers de la croissance économique dans ces pays *(ibid)*. Ce constat rejoint les conclusions de Varangis et al. (1995) qui soutiennent que les pays dépendant des produits de base subissent souvent des revers sur les termes de l'échange, qui à leur tour sapent la croissance économique et les investissements dans ces pays.

Dans la même optique, Alimi et Aflouk (2017) examinent la relation entre la volatilité des termes de l'échange et la volatilité macroéconomique à l'aide d'un modèle PSTR (*Panel Smooth Transition Regression*) pour un panel de 58 pays en développement sur la période 1980-2015. Ils montrent que la fluctuation des termes de l'échange est l'une des principales forces motrices de l'activité dans les pays en développement. Pour eux, la volatilité des termes de l'échange influe différemment sur la volatilité macroéconomique selon que le pays soit un exportateur de produits de base, de pétrole ou de produits manufacturés. En effet, dans les pays exportateurs de produits de base et de produits manufacturés, la volatilité des termes de l'échange est négativement associée aux fluctuations macroéconomiques tant qu'elle est inférieure à 12,5 % et 3,2 %, respectivement. Au-delà de ces niveaux, la volatilité des termes de l'échange accroît la volatilité macroéconomique (*ibid*).

Des études sur des pays africains ont été menées sur le rapport spécifique entre fluctuations des termes d'échange et croissance économique. Ainsi, Kamma (2007) analyse l'impact des fluctuations des termes de l'échange sur la croissance économique au Sénégal à partir d'un Modèle à Correction d'Erreur (MCE). Les résultats du modèle estimé qui intégrait cinq variables révèlent que les fluctuations des termes de l'échange n'ont pas d'influence significative sur la croissance, mais que l'impact du taux de croissance des exportations est significatif.

Plus récemment, Keho (2017) examine l'impact de l'ouverture commerciale sur la croissance économique de la Côte d'Ivoire au cours de la période 1965-2014 dans un cadre multivarié incluant le stock de capital, le travail et l'ouverture commerciale comme variables explicatives. Il utilise le modèle co-intégration ARDL proposé par Pesaran, Shin et Smith (2001) pour montrer que l'ouverture commerciale a des effets positifs sur la croissance économique de ce pays à court terme et à long terme.

De même, Brueckneret et Carneiro (2017) étudient les effets de la volatilité des termes de l'échange sur la croissance du PIB réel par habitant. Sur la base de données de panel, comprenant 175 pays sur la période 1980-2010, l'étude conclut que la volatilité des termes de l'échange a des effets négatifs significatifs sur la croissance économique dans les pays où les dépenses publiques sont procycliques. En revanche, dans les pays où les dépenses publiques sont contracycliques, la volatilité des termes de l'échange n'a aucun effet significatif sur la croissance.

Finalement, Jebran et *al.* (2018) examinent l'effet des termes de l'échange sur la croissance économique de la Chine sur la période 1980-2013 à l'aide du modèle de retard distribué autorégressif (ARDL) proposé par Pesaran, Shin et Smith (2001). Ils modélisent le produit intérieur brut (PIB) en fonction des termes de l'échange, du stock de capital et de la population active et montrent que les termes de l'échange affectent significativement et négativement la croissance économique du pays à court terme et à long terme. Soulignons à ce niveau que notre étude emprunte la méthodologie commune à Jebran et *al.* (2018) et Keho (2017).

2. Modèle et méthodologie

Nous présenterons successivement la spécification du modèle, la source et la nature des données et le modèle économétrique.

2.1. Spécification du modèle

Sur la base d'une fonction de production générale admettant des rendements d'échelle constants, le PIB (Y) est globalement représenté par une fonction du capital (K), de la main-d'œuvre (L) et de la technologie (A).

$$Y = F(K, L, A) \qquad (1)$$

Notre modèle s'inspire de cette fonction de production mais opère des changements afin de tenir compte de nos variables d'intérêt. En se référant à la nouvelle théorie de la croissance développée en 1986 par Romer, Lucas et Barro, le changement technologique est considéré comme endogène à la différence du modèle de Solow. Ainsi, la variable A peut-être remplacée par le degré d'ouverture commerciale du pays mesuré par le ratio des exportations et des importations sur le PIB. Cette substitution se justifie à bien des égards. D'une part, pour un pays fortement impliqué dans le commerce international, il lui est facile d'importer des biens et des intrants intermédiaires essentiels à l'économie mais dont la production serait très coûteuse en raison du manque de technologies ou de main-d'œuvre qualifiée. Ces nouvelles technologies introduites par le truchement des importations sont incorporées dans la production nationale et la productivité en sera améliorée. D'autre part, la concurrence dans un contexte de mondialisation incitera les firmes locales à l'innovation, ce qui à terme profitera à la croissance économique. Nous introduisons la variable termes d'échange (TE) dans la fonction car le but de l'étude consiste à mesurer son impact sur la croissance économique. Les Investissements Direct Etrangers (IDE) sont également pris en compte dans une perspective d'un modèle de croissance endogène car ils peuvent jouer un rôle important dans le transfert de technologie. La productivité globale des facteurs peut donc aussi être approximée par les IDE. De plus, la relation vulnérabilité-croissance peut passer par les IDE d'où la pertinence de sa prise en compte dans le modèle. Deux autres variables de contrôle à savoir la formation brute du capital (FBC) et la main d'œuvre (LFO) sont introduites dans le modèle pour tenir compte d'autres déterminants de la croissance économique afin de réduire le problème du biais des variables omises.

Ainsi, en suivant Jebran, et *al.* (2018), le modèle que nous estimerons peut-être présenté comme suit :

$$Y = F(FBC, LFO, TE, IDE) \qquad (2)$$

où le PIB (Y) est expliqué par quatre variables que sont la formation brute du capital (FBC), la main d'œuvre (LFO), les termes d'échange (TE) et les IDE.

L'équation (2) peut être écrite comme suit :

$$y_{it} = \beta_0 + \beta_1 FBC_{it} + \beta_2 TE_{it} + \beta_3 LFO_{it} \quad \beta_4 IDE_{it} + \alpha i + \varepsilon_{it} \qquad (3)$$

où toutes les variables sont telles que définies ci-dessous, α_i mesure les effets fixes individuels et ε_{it} le terme d'erreur sous les hypothèses des moindres carrées ordinaires.

i=1,…,6 , est le nombre de pays de l'UEMOA (hors Guinée Bissau et Burkina Faso). Nous excluons la Guinée Bissau qui n'a rejoint la zone UEMOA qu'en 1997. Par ailleurs son poids en termes de production est quasi-négligeable dans l'union. Le Burkina n'est pas pris en compte en raison de la non-disponibilité des données sur la variable terme de l'échange qui est notre variable d'intérêt.

Le modèle sera étudié en trois sous-périodes comme suit :

t_1=1981,…, 2000, est le nombre d'années et représente la phase avant la présence chinoise ; la France étant le principal partenaire commercial de la zone.

t_2=2001,…,2017, est le nombre d'années et constitue la période de diversification des partenaires commerciaux. La zone Euro et la Chine apparaissent comme les deux principaux partenaires commerciaux de l'UEMOA.

t_3=1981,…,2017, est le nombre d'années sur l'ensemble de la période.

Le but de l'estimation est de comparer les résultats, notamment l'effet des termes de l'échange entre les périodes.

2.2. Source et nature des données

Dans le cadre de cette étude, nous ferons usage de données secondaires. Ces données sont des données de panel ayant une fréquence annuelle. Les séries couvrent la période 1981 à 2017 et sont découpées selon les phases décrites ci-dessus.

Ces séries sont issues des bases de données de la Banque mondiale, du FMI et de la CNUCED (UNCTADstat). Elles varient toutes selon les deux indices, le pays (i) et le temps(t).

yit représente le taux de croissance annuel du PIB constant des pays de l'UEMOA. Cette variable est exprimée en pourcentage et est obtenue à partir du site de la Banque mondiale (*World Development Indicators*, 2018). C'est la variable dépendante.

TE*it* représente les termes de l'échange des biens et services du pays i à la date t. C'est le rapport de l'indice de la valeur unitaire des exportations et de l'indice de la valeur unitaire des importations mesuré ici en pourcentage de variation. Cette variable est obtenue à partir du site du FMI (*International Monetary Fund, World Economic Outlook Database, October* 2018). C'est notre variable d'intérêt. Le signe attendu peut être positif ou négatif en fonction des résultats ; le signe négatif reste théoriquement le plus logique.

FBC*it* est la formation brute du capital et représente l'investissement. Le signe attendu est positif. Par exemple plus l'investissement de ces pays augmente, plus leurs productions pourront augmenter et stimuler la croissance économique. Elle est exprimée en pourcentage du PIB et est obtenue à partir du site de la Banque mondiale (*World Development Indicators*, 2018).

LFO*it* est la part de la population active sur la population totale. Elle est exprimée en pourcentage et représente la main-d'œuvre ou force de travail. Les données de cette variable sont disponibles sur le site d'*UNCTADstat.*

IDE*it* représente l'investissement direct étranger en stock du pays i à la date t. Le panel i concerne donc les pays de l'UEMOA. Elle est exprimée en pourcentage du PIB et les données sont disponibles sur le site d'*UNCTADstat*. Le signe attendu est positif.

Les tableaux 1, 2 et 3 en annexe présentent les statistiques descriptives de ces variables dans les trois phases d'étude du modèle.

2.3. Modèle économétrique

Nous utilisons le modèle ARDL (*Autoregressive distributed lag*) développé par Pesaran and Shin (1999) et Pesaran et *al.* (2001). En suivant Jebran et *al.* (2018), nous pouvons appliquer le modèle ARDL(p,q,q,q) en panel dynamique en transformant l'équation (3) comme suit :

$$y_{it} = \sum_{j=1}^{p}(\delta_i y_{i,t-j}) + \sum_{j=0}^{q}(\beta_{ij} X_{i,t-j}) + \alpha_i + \varepsilon_{it} \qquad (4)$$

où X est un vecteur des quatre variables explicatives, δ_i est le coefficient du retard de yit. β_{ij} sont les coefficients des variables explicatives. p et q sont les nombres de retards optimaux des variables.

La reparamétrisation du modèle ARDL(p,q,q,q) à correction d'erreur est spécifiée comme suit :

$$\Delta y_{it} = \theta_i[y_{i,t-1} - \lambda_i X_{i,t}] + \sum_{j=1}^{p-1}(\zeta_{ij}\Delta y_{i,t-j}) + \sum_{j=0}^{q-1}(\eta_{ij}\Delta X_{i,t-j}) + \alpha_i + \varepsilon_{it} \qquad (5)$$

Δ est la différence première
θ_i est le résidu du modèle de long terme
λ_i est le vecteur des coefficients de long terme
ECT =[$y_{i,t-1}$ - $\lambda_i X_{i,t}$] le terme de correction d'erreur

ζ_{ij}et η_{ij} sont les coefficients de court terme

Cet estimateur est supérieur à d'autres pour plusieurs raisons. D'abord, le modèle ARDL ne nécessite pas que toutes les variables de l'étude soient intégrées d'un même ordre et peut être appliqué lorsque les variables sont intégrées d'ordre 1 ou d'ordre 0. Le deuxième avantage est qu'il est relativement plus efficace dans le cas d'échantillons de petite taille (Kalai et Zghidi 2017). Le troisième avantage est qu'il permet d'obtenir des estimations non biaisées du modèle de long terme (Harris et Sollis 2003).

3. Résultats empiriques et discussions

Les tableaux 4, 6 et 8 en annexe présentent les matrices de corrélation des variables étudiées sur les trois périodes et les tableaux 5, 7 et 9 présentent les VIF (*Variance Inflation Factor*). Les VIF étant inférieures à 2, nous concluons qu'il n'y a pas de multicolinéarité dans les modèles.

Le modèle ARDL est basé sur l'hypothèse que les variables sont I(0) ou I(1). Par conséquent, avant d'appliquer ce test, nous avons déterminé l'ordre d'intégration de toutes les variables. Nous conduisons les tests de non-stationnarité de Levin, Lin, et Chu et Im-Pesaran-Shin sur la variable expliquée et les variables explicatives dans les deux périodes.

Les résultats des tableaux 10, 11 et 12 en annexe montrent que les variables sont toutes stationnaires en différence première, donc intégrées au plus d'ordre 1. Comme la plupart des variables sont stationnaires dans leurs différences premières, il est important d'étudier l'existence d'une relation de cointégration entre elles. Nous réalisons deux tests de cointégration des données de panel suivant nos trois périodes. Le but est de détecter si les variables ont une tendance stochastique commune.

Les résultats du tableau 13 en annexe montrent que les variables sont cointégrées. L'étape suivante consiste à déterminer les retards optimaux du modèle ARDL. Dans cette étude, le retard maximal pour chaque variable a été fixé à 2 et la structure optimale des retards a été choisie en utilisant les critères d'information notamment le critère AIC. Les résultats impliquent que le retard 1 est optimal pour la yit d'où p=1. Pour les variables explicatives, les retards optimaux sont nuls (q=0) et le modèle à estimer est ARDL (1,0,0,0).

Les résultats du modèle ARDL (1,0,0,0) de long terme avec l'estimateur PMG sont présentés dans le tableau 14 en annexe et les résultats de court terme dans le tableau 15 en annexe.

En se basant sur les résultats de l'ensemble de la période (1981-2017), les termes de l'échange n'ont pas d'effets significatifs sur la croissance à long terme et à court terme et cela rejoint les résultats obtenus par Kamma (2007) pour le Sénégal.

Les investissements directs étrangers ont des effets positifs et significatifs sur la croissance de long terme et de court terme des pays de l'UEMOA. Toutefois, l'impact de l'IDE devient faible comparativement à son effet sur la première sous période et cela peut traduire une relative augmentation de la vulnérabilité des pays de cette zone.

Par ailleurs, l'effet de la population active sur la croissance est négatif sur les résultats de court terme et cet impact négatif devient faible si nous comparons avec l'effet de la première sous-période. Deux facteurs qui se conjuguent peuvent dans une certaine mesure expliquer cette situation : la non-qualification de la main-d'œuvre (Glewwe, Maiga and Zheng, 2014) et l'importance de l'économie souterraine ou le travail informel dans ces pays. En effet, les jeunes actifs dans ces pays, pour une part importante d'entre eux, se retrouvent souvent dans des activités informelles. Cela se traduit par la non-prise en compte de leur contribution à la croissance économique alors qu'ils sont bien comptabilisés dans la population active.

Durant la première période (1981-2000), la présence chinoise était quasi nulle dans les pays de l'UEMOA et la France était le principal partenaire commercial. Nous pouvons dire que l'ancrage de change était plus en phase avec la théorie des zones monétaires. Les termes de l'échange n'avaient alors pas d'effets significatifs sur la croissance. A partir des années 2000, la présence chinoise se renforce avec la coopération sino-africaine et la Chine se place désormais comme deuxième principal partenaire commercial de l'UEMOA. Cette diversification des principaux partenaires commerciaux n'a cependant pas été suivie d'un réaménagement de l'ancrage de change pour renouer avec l'optimalité des zones monétaires. Il s'en est suivi, toutes choses égales par ailleurs, une détérioration des termes de l'échange qui a accru la vulnérabilité externe de l'UEMOA. Cela est confirmé par l'impact significativement négatif des termes de l'échange sur la croissance de l'UEMOA sur la période (2001-2017).

Ainsi, nous pouvons dire que la diversification des principaux partenaires commerciaux a relativement accru la vulnérabilité économique externe de l'UEMOA. Il peut, légitimement, en résulter une diversification du panier de monnaies pour répondre à la diversité des vulnérabilités externes de ces économies en passant d'un système avec un ancrage nominal uni-monétaire à un ancrage nominal pluri-monétaire.

Le problème dans l'UEMOA est l'absence relative d'émergence d'une fonction entrepreneuriale et d'une classe moyenne. Il n'y a également pas une intégration régionale sur le plan économique (échanges commerciaux, partenariats économiques, etc.). Ces pays sont enclavés car il n'y a quasiment pas d'infrastructures de transport communes (logistiques de transport ferroviaire ou routière). Dans ce sens, l'implémentation d'une Zone de Libre-Echange Continental (ZLEC) et d'une intégration régionale en Afrique peut accélérer le processus de l'intégration régionale au sens économique dans l'UEMOA.

Le cercle vertueux qu'il faut trouver pour ces pays est d'arriver à faire émerger une fonction entrepreneuriale et une classe moyenne. La fonction entrepreneuriale permet de mesurer la dynamique de moyen ou de long terme d'un pays en fonction de sa capacité à créer ou absorber de l'innovation. L'émergence d'une classe moyenne permet quant à elle de dégager une population avec une capacité d'épargne. Pour Schumpeter (1942), par exemple, s'il n'y a pas d'émergence d'une classe moyenne et/ou d'une fonction entrepreneuriale dans une économie, il devient relativement difficile d'avoir un développement économique durable ou un *take off*. L'intégration régionale africaine pourrait jouer un rôle important sur ce plan en stimulant le processus d'industrialisation dans l'UEMOA.

Conclusion

L'objectif poursuivi par ce chapitre était d'analyser la pertinence de la fixité du taux de change de l'UEMOA à ancrage unique au regard de l'évolution de la structure de ses partenaires commerciaux. Il a consisté en premier lieu en une présentation de l'évolution de la théorie des zones monétaires optimales à l'aune de cette problématique. Il en ressort une évolution circulaire de ces théories. A la genèse, ces théories étaient réalisées par rapport aux fondamentaux réels de l'économie. Cependant, avec la globalisation financière, elles ont été perçues ou interprétées en fonction de l'attractivité financière souvent au prix d'un déphasage, d'une marginalisation, voire d'une déconnexion complète de la balance commerciale. Cette situation peut, dans une certaine mesure, être justifiée pour les pays développés hautement financiarisés voire des pays émergents financiarisés. Cependant, pour tous les pays non financiarisés en l'occurrence ceux de l'UEMOA, l'optimalité du régime de change doit renouer avec les théories standards en prenant en compte les nouvelles vulnérabilités externes accrues de la sphère réelle.

Lorsque l'UEMOA élargit la part relative des échanges commerciaux faits avec des pays externes à la zone Euro, cela accroît l'incertitude au niveau du commerce international et cause des distorsions du régime de change. L'étude empirique a d'ailleurs montré que cette diversification des principaux partenaires a engendré une détérioration des termes de l'échange qui a accru la vulnérabilité externe de la zone. En effet, les résultats du modèle ARDL avec l'estimateur PMG confirment un impact significativement négatif des termes de l'échange sur la croissance de l'UEMOA sur la période 2001-2017. La significativité de la variable IDE corrobore également cette conclusion. Les IDE qui avaient un effet positif sur la croissance économique sur la période 1981-2000 ne sont plus significatifs sur la période 2001-2017.

Ainsi, la réorientation du commerce extérieur au détriment relatif de la zone d'ancrage de la monnaie et en faveur de la Chine a entrainé une pluralité de vulnérabilités économiques de ces économies à des chocs externes. Il devient urgent pour l'UEMOA de passer du système d'ancrage nominal uni-monétaire à un ancrage nominal pluri-monétaire pour deux raisons essentielles notamment la diversification du risque de change et être en phase avec l'évolution du commerce international. La prise en compte de la diversité des vulnérabilités économiques externes des pays de l'UEMOA dans le cadre d'un panier de monnaies pourrait constituer un moyen efficace de diversification des risques afin d'approximer une optimalité du régime de change.

Références

Alimi N., N. Aflouk. "Terms-of-trade shocks and macroeconomic volatility in developing countries: panel smooth transition regression models." *The Journal of International Trade & Economic Development* 26.5 2017: 534-551.

Bastidon-Gilles, C., J. Brasseul, Ph. Gilles. *Histoire de la globalisation financière : essor, crises et perspectives des marchés financiers internationaux*. Armand Colin, 2010.

Beitone, A., Ph. Gilles, M. Parodi. *Histoire des faits économiques et sociaux de 1945 à nos jours*. Dalloz, 2016.

Brueckner M., F. Carneiro. "Terms of trade volatility, government spending cyclicality, and economic growth." *Review of International Economics* 25.5 .2017 : 975-989.

Corpataux J., O. Crevoisier, A. Thierstein. "Taux de change et régions : un cadre conceptuel pour anticiper l'Euro." *Revue d'économie régionale urbaine* 5 2001 : 691-710.

Frankel J. A., A. K. Rose. "An estimate of the effect of common currencies on trade and income." *The quarterly journal of economics* 117.2 2002: 437-466.

Frankel J. A., A. K. Rose, "Estimating the effect of currency unions on trade and output". No. w7857. *National Bureau of Economic Research*, 2000.

Frankel J. A., D. H. Romer. "Does trade cause growth?. " *American economic review* 89.3 1999: 379-399.

Glewwe P., E. Maiga, H. Zheng. "The contribution of education to economic growth: A review of the evidence, with special attention and an application to Sub-Saharan Africa." *World Development* 59 2014 : 379-393.

Guillaumont P., J.-L. Combes, *Volatilité des prix des produits primaires, vulnérabilité et développement*. No. 200014. CERDI, 2000.

Guillaumont P., S. Guillaumont-Jeanneney, J.-F. Brun. "How instability lowers African growth." *Journal of African Economies* 8.1 1999: 87-107

Harris R., R Sollis. *Applied time series modelling and forecasting*. Wiley, 2003.

Holtz-Eakin, D., W. Newey, H. S. Rosen. "Estimating vector autoregressions with panel data." *Econometrica: Journal of the Econometric Society* 1988: 1371-1395.

Jebran K., A. Iqbal, K.U Bhat, Arshad Ali. "Effect of terms of trade on economic growth of China." *Emerging Economy Studies* 4.2 2018: 157-168.

Kalai M., N. Zghidi. "Foreign Direct Investment, Trade, and Economic Growth in MENA Countries: Empirical Analysis Using ARDL Bounds Testing Approach." *Journal of the Knowledge Economy* 1.10 2017 : 397-421.

Kamma I. « L'impact des fluctuations des termes de l'échange sur la croissance économique du Sénégal », Nations Unies, Commission Économique pour l'Afrique.2007

Keho Y., "The impact of trade openness on economic growth: The case of Côte d'Ivoire." *Cogent Economics & Finance* 5.1 2017: 1332820.

Kenen, P. B. "The optimum currency area: an eclectic view", in Mundell, R .A.,Swoboda, AK (eds), *Monetary problems of the international economy,* University of Chicago Press. 1969.

Krugman P., M. Obstfeld, M. Melitz, . *Économie internationale* (10e édition). Pearson France, 2015.

Laurentjoye T. « Théorie des zones monétaires : critique de l'orthodoxie et perspectives de refonte », Centre d'études des modes d'industrialisation, 13 juin 2014, http://cemi.ehess.fr/docannexe/file/2828/laurentjoye.pdf.

Marais, E.. "Mécanismes de propagation régionale de la crise boursière asiatique." *Region et Developpement* 26 2007: 13-33.

McKinnon, R. I. "Optimum currency areas." *The American economic review* 53.4 1963: 717-725.

Mundell, R. A. "A theory of optimum currency areas." *The American economic review* 51.4 1961 : 657-665.

Niyongabo, G., *Politiques d'ouverture commerciale et développement économique*, Thèse Université d'Auvergne, 2007.

Pesaran, M. H., and Y. Shin, and R. J. Smith. "Bounds testing approaches to the analysis of level relationships." *Journal of applied econometrics* 16.3 2001: 289-326.

Pesaran, M. H, and Y. Shin. "An autoregressive distributed-lag modelling approach to cointegration analysis." *Econometric Society Monographs* 31 1999 371-413.

Plihon, Dominique. *Les taux de change*. La Découverte, 2010.

Rose, Andrew K. "One money, one market: the effect of common currencies on trade." *Economic policy* 15.30 2000: 08-45.

Schumpeter, Joseph. *Capitalism, socialism and democracy*. New York 1942.

Varangis, Panayotis N., Takamasa Akiyama, and Donald Mitchell. *Managing Commodity Booms--and Busts*. World Bank Publications, 1995.

Wickens M. *Analyse macroéconomique approfondie : une approche par l'équilibre général dynamique* Éditions De Boeck, Paris.2010

Annexes

Tab. 1 : Statistiques descriptives du modèle sur la période 1981-2000

Variable |	Obs	Mean	Std. Dev.	Min	Max
y |	120	2.453916	5.017308	-16.82536	20.28663
TE |	120	.0024353	22.43741	-50.19755	97.2166
FBC|	120	16.9298	5.348437	3.525118	30.40618
IDE |	120	10.16044	5.981026	1.127164	24.40661
LFO|	120	35.53258	4.876804	27.33335	43.24821

Tab. 2 : Statistiques descriptives du modèle sur la période 2001-2017

Variable |	Obs	Mean	Std. Dev.	Min	Max
y|	102	4.305691	2.991886	-4.387255	15.37624
TE |	102	4.413126	17.43681	-38.90332	73.86147
FBC |	102	25.80996	8.550955	4.806799	47.65672
IDE |	102	20.46024	15.64283	2.967182	77.34614
LFO|	102	37.20906	5.732216	27.87585	45.63313

Tab. 3 : Statistiques descriptives du modèle sur la période 1981-2017

Variable |	Obs	Mean	Std. Dev.	Min	Max
y |	222	3.304732	4.301312	-16.82536	20.28663
TE|	222	2.028969	20.36877	-50.19755	97.2166
FBC |	222	21.00987	8.276033	3.525118	47.65672
IDE |	222	14.89278	12.55225	1.127164	77.34614
LFO |	222	36.30286	5.340808	27.33335	45.63313

Tab. 4 : Matrice de corrélation linéaire du modèle sur la période 1981-2000

	Y	TE	FBC	IDE	LFO
Y	1.0000				
TE	0.0124	1.0000			
FBC	0.1546	0.0047	1.0000		
IDE	0.0119	0.0758	0.0072	1.0000	
LFO	0.0355	0.0670	0.2981	0.1191	1.000 0

Tab. 5 : Variance Inflation Factor (VIF) sur la période 1981-2000

Variable	VIF	1/VIF
LFO	1.12	0.894221
FBC	1.10	0.910133
IDE	1.02	0.980382
TE	1.01	0.990651
Mean VIF	1.06	

Tab. 6 : Matrice de corrélation linéaire du modèle sur la période 2001 2017

	Y	TE	FBC	IDE	LFO
y	1.0000				
TE	0.0076	1.0000			
FBC	0.4242	0.0622	1.0000		
IDE	0.1096	0.1796	0.4647	1.0000	
LFO	0.1770	0.1218	0.0811	0.1281	1.0000

Tab. 7 : Variance Inflation Factor (VIF) sur la période 2001-2017

Variable	VIF	1/VIF
IDE	1.34	0.748946
FBC	1.28	0.783219
TE	1.06	0.946015
LFO	1.04	0.961501
Mean VIF	1.18	

Tab. 8 : Matrice de corrélation linéaire du modèle sur la période 1981-2017

	Y	TE	FBC	IDE	LFO
y	1.0000				
TE	0.0298	1.0000			
FBC	0.3173	0.0310	1.0000		
IDE	0.1280	0.0647	0.4943	1.0000	
LFO	0.0063	0.0021	0.0518	0.0419	1.0000

Tab. 9 : Variance Inflation Factor (VIF) sur la période 1981-2017

Variable	VIF	1/VIF
IDE	1.34	0.748990
FBC	1.33	0.750707
TE	1.01	0.990561
LFO	1.00	0.996960
Mean VIF	1.17	

Tab. 10 : Test de non-stationnarité sur la période 1981-2000

	Levin, Lin, and Chu		Im-Pesaran-Shin	
	En niveau I(0)	En différence première I(1)	En niveau I(0)	En différence première I(1)
Variables	p.value	p.value	p.value	p.value
Y	0.0000	0.0000	0.0000	0.0000
TE	0.1526	0.0000	0.0000	0.0000
FBC	0.0038	0.0001	0.0038	0.0000
IDE	0.7014	0.0049	0.7493	0.0002
LFO	0.9897	0.0018	0.9912	0.0277

Tab. 11 : Test de non-stationnarité sur la période 2001-2017

	Levin, Lin, and Chu		Im-Pesaran-Shin	
	En niveau I(0)	En différence première I(1)	En niveau I(0)	En différence première I(1)
Variables	p.value	p.value	p.value	p.value
Y	0.0008	0.0000	0.0066	0.0000
TE	0.0002	0.0000	0.0001	0.0000
FBC	0.0566	0.0000	0.6586	0.0000
IDE	0.9972	0.0019	0.9999	0.0001
LFO	0.0427	0.0408	0.9867	0.0092

Tab. 12 : Test de non-stationnarité sur la période 1981-2017

	Levin, Lin, and Chu		Im-Pesaran-Shin	
	En niveau I(0)	En diff. première I(1)	En niveau I(0)	En diff première I(1)
Variables	p.value	p.value	p.value	p.value
Y	0.0000	0.0000	0.0000	0.0000
TE	0.0000	0.0000	0.0000	0.0000
FBC	0.6723	0.0000	0.4710	0.0000
IDE	1.0000	0.0000	1.0000	0.0000
LFO	0.3719	0.0050	0.9635	0.0004

Tab. 13 : Tests de cointégration sur les périodes 1981-2000, 2001-2017 et 1981-2017

		1981-2000	2001-2017	1981-2017
		p-value	p-value	p-value
Kao	Modified Dickey-Fuller t	0.0000	0.0000	0.0000
	Dickey-Fuller t	0.0000	0.0000	0.0000
	Augmented Dickey-Fuller t	0.0000	0.0020	0.0000
	Unadjusted modified Dickey-Fuller t	0.0000	0.0000	0.0000
	Unadjusted Dickey-Fuller t	0.0000	0.0000	0.0000
Westerlund	Variance ratio	0.0853	0.1182	0.0103

Tab. 14 : Résultats modèle de long terme du ARDL(1,0,0,0)

	yit(4)	yit(4)	yit(4)
VARIABLES	1981-2000	2001-2017	1981-2017
TE	0.0248	-0.0239*	0.00865
	(0.0255)	(0.0141)	(0.0153)
FBC	0.0729	0.116*	0.0905**
	(0.0661)	(0.0681)	(0.0413)
IDE	0.379***	-0.0108	0.0821***
	(0.0931)	(0.0237)	(0.0277)
LFO	-0.436	-0.326	0.0172
	(0.364)	(0.439)	(0.251)
Observations	114	102	216
Pays	6	6	6

Standard errors in parentheses

*** p<0.01, ** p<0.05, * p<0.1

Tab. 15 : Résultats modèle de court terme du ARDL(1,0,0,0)

VARIABLES	Δyit(5) 1981-2000	Δyit(5) 2001-2017	Δyit(5) 1981-2017
ECT	-1.105***	-1.008***	-1.011***
	(0.127)	(0.142)	(0.117)
ΔTE	-0.0929	0.0342	-0.00758
	(0.0661)	(0.0218)	(0.0117)
ΔFBC	1.252	-1.464	1.176
	(2.503)	(5.576)	(1.761)
ΔIDE	0.313***	0.144*	0.236***
	(0.116)	(0.0850)	(0.0844)
ΔLFO	-0.609***	-0.0101	-0.248***
	(0.138)	(0.0412)	(0.0726)
Constant	13.77***	13.78***	-0.276
	(2.437)	(1.493)	(0.526)
Observations	114	102	216
Pays	6	6	6

Standard errors in parentheses
*** $p<0.01$, ** $p<0.05$, * $p<0.1$

Graphique 1 : Évolution comparée de la part de la zone Euro et de la Chine dans le commerce de l'UEMOA

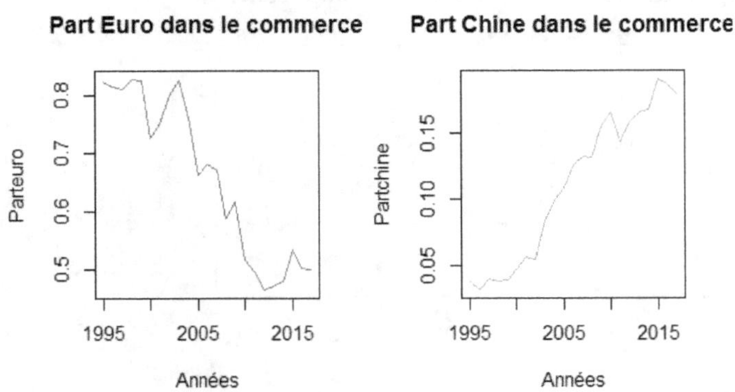

Source : Auteur, UNCTAD

Graphique 2 : Évolution comparée de la part de la zone Euro et de la Chine dans les importations de l'UEMOA

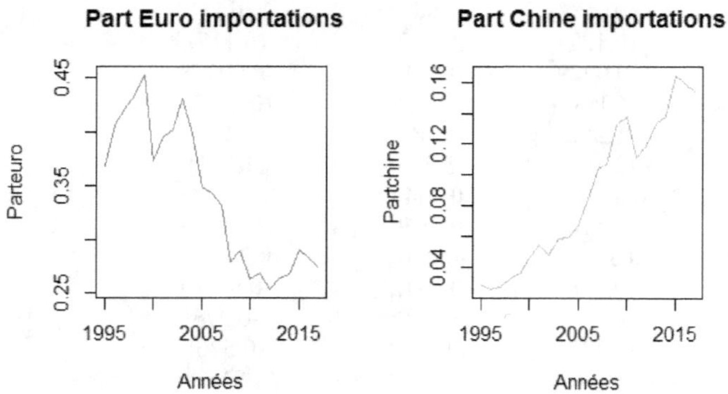

Source : Auteur, UNCTAD

Graphique 3 : Évolution comparée de la part de la zone Euro et de la Chine dans les exportations de l'UEMOA

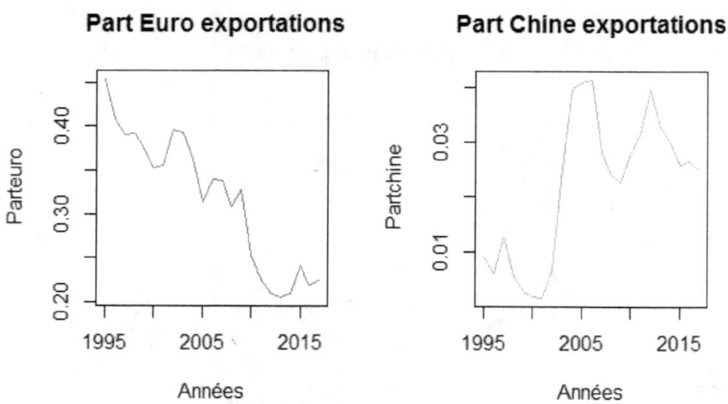

Source : Auteur, UNCTAD

Chapitre VIII
Vers la zone de libre-échange africaine : Intégration économique, démocratie et désalignement des taux de change réels[1]

Désiré Avom[2]
Yselle Flora Malah Kueté[3]
Ferdinand Owoundi[4]

« [...] Les discussions sur les questions commerciales sont vastes et prennent du temps à conclure. Nous voulons éviter une situation où la ZLECAF ouvre les pays à une concurrence déloyale ».

VERA SONGWE
Secrétaire exécutive,
Commission Économique des Nations Unies pour l'Afrique

[1] **Avertissement** : Les opinions exprimées dans ce document sont celles des auteurs et ne doivent pas être attribuées à leurs institutions de rattachement à savoir Université de Yaoundé II-Soa, Université de Dschang, Banque Mondiale. Cet article a été écrit pendant l'un de ses auteurs séjournait à la Commission Économique des Nations Unies pour l'Afrique et a bénéficié de nombreux commentaires de l'équipe du département macroéconomique. L'article a également fait l'objet des discussions dans le cadre des séminaires doctoraux organisés à l'Université de Dschang par le Centre d'Etudes et de Recherche en Management et Economie (CERME). Nous tenons à remercier tous les participants pour leurs différents commentaires qui ont permis d'améliorer les versions antérieures.

[2] Professeur, Doyen de la Faculté des Sciences Economiques et de Gestion, Université de Yaoundé II, Cameroun. Email : davom99@gmail.com

[3] Doctorante, Département d'économie, Université de Dschang, Cameroun. Email : florayselle27@yahoo.com

[4] **Auteur correspondant**. Docteur, Economiste Pays, Banque Mondiale. Email : ferdinand.owoundi@un.org

Introduction

L'Afrique est constituée de huit communautés économiques régionales[1] (CERs) reconnues par l'Union africaine (UA). Elles sont une étape préalable à la création d'un espace continental unifié souhaité depuis les indépendances au début des années 1960. Cependant, ces CERs, diffèrent par l'histoire, la structure économique, etc. Cette situation soulève des préoccupations importantes quant à la faisabilité de la Zone de libre-échange continentale africaine (ZLECAf, CEA, 2019). En effet, les avantages escomptés de la ZLECAf peuvent être atténués par des divergences des cadres macroéconomiques, le déficit d'infrastructures, l'instabilité politique, etc. Plus précisément, la convergence macroéconomique et l'intégration monétaire sont d'une importance capitale, car les membres des groupements économiques doivent réagir de la même manière aux chocs de prix, budgétaires ou d'endettement, pour réduire les disparités de revenus ou de croissance et, en fin de compte, profiter de l'intégration économique de la même manière. Ce chapitre aborde cette question en évaluant les performances des pays membres des CERs en termes d'alignement des taux de change réels (TCR). L'accent est mis sur la manière dont l'intégration commerciale et l'investissement aident à limiter les désalignements réels en fonction des différents types de régimes de taux de change et du cadre institutionnel.

Une telle analyse est essentielle pour les pays africains qui sont engagés dans la mise en œuvre de la ZLECAf pour au moins trois raisons principales. Premièrement, la convergence préalable à la limitation des variations des taux de change n'a pas été explicitement définie. Elle est établie dans certaines CERs, mais les résultats obtenus sont insuffisants pour en limiter les désalignements (CEA, 2010). En effet, l'évolution des taux de change réels par rapport aux fondamentaux économiques – qualifiée de désalignements - pourrait réduire les gains escomptés de l'intégration commerciale à moyen et long terme, car les pays surévalués pourraient connaître des déséquilibres persis-

[1] Il s'agit de : l'Union du Maghreb arabe (UMA); la Communauté Economique des États de l'Afrique de l'Ouest (CEDEAO) ; la Communauté de l'Afrique de l'Est (EAC) ; l'Autorité intergouvernementale pour le développement (IGAD) ; la Communauté de Développement de l'Afrique Australe (SADC) ; le Marché Commun de l'Afrique Orientale et Australe (COMESA) ; la Communauté Economique des États de l'Afrique Centrale (CEEAC) ; la Communauté des États Sahélo-Sahariens (CEN-SAD).

tants de la balance courante impliquant un retour à l'équilibre coûteux du point de vue économique (Gnimassoun et Mignon, 2015). Cela est encore plus critique pour les pays appartenant à une union monétaire pour lesquels les ajustements par le taux de change nominal sont peu fréquents, impliquant de fait la responsabilité des taux de change réels dans les déséquilibres de la balance courante. Dans un tel contexte, des tensions politiques pourraient naître entre les pays, tant les industries en concurrence avec les produits d'importation seraient victimes d'un désavantage concurrentiel (Shatz et Tarr, 2017). Par conséquent, la poursuite du processus d'intégration économique implique également un arbitrage entre les régimes de change dans le temps.

Deuxièmement, bien qu'une union monétaire africaine soit prévue depuis 1991 par l'article 6 du traité d'Abuja instituant les CERs, le projet n'a pas suffisamment avancé pour espérer son aboutissement à l'échéance fixée. Certaines CERs sont plus avancées comme la CEDEAO, alors d'autres en sont aux balbutiements à l'exemple de l'Union du Maghreb Arabe (UMA). Le débat sur la question de l'opportunité d'un régime fixe en tant que condition préalable à l'intégration économique (voir Arora et Jeanne, 2001) étant toujours ouvert, il est essentiel de déterminer les gains et les pertes potentiels d'une union monétaire en termes d'intégration commerciale et de synchronisation des cycles pour l'ensemble du continent (Rose, 2000 ; Rose et Engel, 2002). Cette préoccupation est importante dans le contexte de l'existence de multitude de régimes de change entre les CERs induisant de nombreux coûts notamment celui de conversion des devises et l'incertitude qui affecte l'investissement. De fait, l'harmonisation des politiques macroéconomiques à l'échelle du continent, soutenue par le suivi de l'évolution des taux de change réels de chaque CER, est fondamentale.

Troisièmement, cette harmonisation des politiques macroéconomiques pourrait être réalisée grâce à la mise en place d'un cadre institutionnel continental transparent fondé sur l'autonomie dans l'élaboration des politiques nationales (CEA, 2010), c'est-à-dire une qualité meilleure des institutions, reflétée par exemple dans le degré de démocratie. Il convient de relever qu'une démocratisation accrue pourrait favoriser *a posteriori* la participation aux accords de commerce extérieur (ACE) (Liu et Ornelas, 2014). Les auteurs ont développé un modèle théorique liant la participation aux ACE à la démocratie, basé sur l'hypothèse que la première apparaît comme un dispositif d'engagement contribuant à réduire les rentes des futurs protectionnistes dans les démocraties non établies. Le raisonnement sous-jacent est que ces rentes sont attractives pour les groupes autoritaires, par ailleurs moins incités à monopoliser le pouvoir lorsque le pays fait partie d'un ACE et que le coût de son retrait est élevé. Empiriquement, la relation théorique est étayée par les données de 116 démocraties sur la période 1960-2007. En outre, la participation aux ACE ayant pour finalité l'accroissement des exportations, il apparaît que l'effet de la démocratie en termes de variations des taux de change réels mérite d'être analysé. Cela d'autant que la qualité des institutions détermine à la fois les entrées de capitaux dans l'économie nationale et la productivité totale des facteurs, ce qui implique un effet de type Balassa-Samuelson sur les taux de change (Kinda, 2010 ; Furlan et *al.*, 2015).

Contribuant au contexte décrit ci-dessus, ce chapitre évalue la performance d'un régime de change en termes de limitation des désalignements de taux de change réels, en accordant une attention particulière à la participation aux accords commerciaux et d'investissement, ainsi qu'au niveau de démocratie dans chaque pays considéré. Plus précisément, nous formulons l'hypothèse que les désalignements des taux de change réels devraient varier selon le type de régime de change, en raison des caractéristiques différentes en termes d'intégration économique et de qualité institutionnelle (démocratie). La contribution de notre analyse s'apprécie alors sur un triple plan.

Premièrement, alors qu'une abondante littérature a traité les problèmes de désalignements, de démocratie et d'intégration séparément, nous incorporons explicitement les trois aspects dans le même modèle, comme éléments du même contexte sous-jacent.

Deuxièmement, nous évaluons en particulier le rôle de la participation aux accords commerciaux et d'investissement dans la formation des désalignements des taux de change réels. La prise en compte de cet aspect, notamment en ce qui concerne les investissements, semble cruciale car les pays africains ont signé un total de 853 traités bilatéraux d'investissement depuis 1960, dont 173 intra-africains (CEA, 2019). Les flux de capitaux résultant de ces traités devraient impacter, à long terme, l'évolution des fondamentaux économiques tels que la productivité et les avoirs extérieurs nets dans les pays bénéficiaires (Baltabaev, 2014 ; Hong et Sun, 2011; Mendoza et *al.*, 2009).

Enfin, nous calculons les désalignements des taux de change réels au moyen de diverses techniques économétriques, en contrôlant la dépendance interindividuelle des erreurs, pour un échantillon de 30 pays africains sur la période 1980-2016.

Le reste du chapitre est organisé en quatre sections additionnelles et de la manière suivante. La section 1 présente brièvement la revue sélective de la littérature. La section 2 décrit la méthodologie, les données et l'analyse préliminaire. La section 3 traite des estimations des taux de change d'équilibre et identifie l'existence des désalignements selon les régimes de change. La section 4 analyse le rôle de l'intégration économique et de la démocratie. La section 5 effectue l'analyse de robustesse, et enfin, la dernière section conclut.

1. Revue de la littérature

Notre analyse met en relation trois problématiques traitées habituellement séparément dans la littérature. La première porte sur le débat, toujours d'actualité, entre le régime de change et l'intégration économique. La théorie suggère en effet que les régimes fixes améliorent le commerce bilatéral et donc l'intégration économique (Fritz-Krockow et Jurzyk, 2004; Klein et Shambaugh, 2006; Nilsson et Nilsson, 2000; Qureshi et Tsangarides, 2012; Rose, 2000; Rose et Engel, 2002; Rose et Stanley, 2005). La fixité du change sert notamment à éliminer l'incertitude du taux de change, à améliorer la transparence sur les prix et réduire les coûts de transaction entre les pays, avec un effet positif sur le commerce bilatéral. Bien qu'il s'agisse de la théorie dominante, des travaux empiriques ont également montré que les régimes fixes ne sont pas nécessairement une condition préalable à l'intégration économique. Par exemple, l'expérience canadienne après le lancement de l'ACE entre les États-Unis et le Canada a prouvé que le régime flexible n'a pas entravé le développement du commerce entre les deux pays (Arora et Jeanne, 2001). Lier les régimes de change aux performances commerciales pendant les périodes de crise a également révélé que l'impact du régime de change dépend de la devise d'ancrage et du fait que le pays considéré est un pays exportateur ou importateur. De ce fait, les régimes intermédiaires seraient plus efficaces pour promouvoir le commerce entre les pays (Santana-Gallego et Pérez-Rodríguez, 2019).

Le deuxième aspect de la littérature relié à cet article concerne la relation entre la variabilité du taux de change, la démocratie et le choix du régime de change. En effet, la gouvernance politique influencerait le choix d'un régime de change, sur le principe que les pays plus démocratiques auraient tendance à proscrire la fixité du taux de change *de facto*, car les électeurs sont en moyenne plus susceptibles d'avoir des préoccupations orientées vers la production domestique, que celles relatives à une préférence pour l'autonomie monétaire (Bearce et Hallerberg, 2011). Cela est encore plus plausible si l'électeur médian appartient à un groupe social capable d'influencer la politique publique, alors que ses préférences sont orientées vers la production nationale. Dans le même sens, la plupart des pays démocratiques sont plus susceptibles de choisir des régimes flexibles car ils sont certainement confrontés à une demande accrue de politiques de redistribution et doivent donc continuer à utiliser la politique monétaire à des fins de stabilisation (Berdiev et *al.*, 2012). Le cas latino-américain a montré que les régimes fixes sont pratiqués dans les petites économies en termes de volume d'échanges et de flux de capitaux, tandis que les pays avec des secteurs échangeables plus développés sont également les pays les plus démocratiques qui pratiquent une relative flexibilité (Rodriguez, 2016). Sur cette base, une relation entre la démocratisation et les variations des taux de change réels s'est révélée significative pour 31 pays en développement, car la première est associée à une augmentation des exportations et des entrées de capitaux, entraînant une appréciation réelle du fait de la demande croissante de monnaie nationale (Furlan et al., 2015). Les auteurs envisagent bien un lien avec les désalignements des taux de change mais l'évaluation empirique est négligée.

Enfin, le dernier volet de la littérature associé à cet article traite du lien entre les désalignements des taux de change et les régimes de change, sans établir clairement la supériorité d'un régime de change sur les alternatives. Toutefois, les régimes flexibles sembleraient plus appropriés pour les pays en développement, en raison d'une plus faible volatilité des désalignements (Hoffmann, 2007; Holtemöller et Mallick, 2013). Ce résultat est cohérent avec d'autres qui suggèrent que les régimes fixes sont sujets à plus de désalignements quel que soit le niveau de développement (Coudert et Couharde, 2009), qu'ils accroissent l'appréciation des taux de change réels dans les pays en développement (Caputo, 2015), ou encore qu'ils sont moins efficaces que les régimes intermédiaires, quoiqu'ils soient meilleurs que les régimes flexibles en termes de limitation des désalignements (Dubas, 2009). Dans le même sens, les régimes flexibles contribueraient également à limiter les désalignements résultant de courts chocs commerciaux dans les pays exportateurs de pétrole et de gaz. (Raymond et *al.*, 2017).

Sur la base de ce qui précède, nous étudions ci-après la relation entre les régimes de change et les désalignements, conditionnée par les niveaux d'intégration économique et de démocratie. À cette fin, nous décrivons d'abord la méthodologie utilisée pour dériver les désalignements des taux de change.

2. Méthodologie, données et analyse préliminaire

Nous estimons la relation de base suivante entre le TCR et ses fondamentaux :

$$\ln TCR_{it} = \alpha_1 . \ln TOT_{it} + \alpha_2 . \ln PROD_{it} + \alpha_3 . NFA\_GDP_{it} + \varepsilon_{it} \quad (1)$$

Où $i = 1,...,30$;

$t = 1980,...,2016$;

TOT représente les termes de l'échange calculés comme le prix relatif des exportations en termes de prix à l'importation, dont l'effet est difficile à anticiper. En effet, des termes de l'échange plus élevés pourraient générer un effet de dépense se traduisant par une demande plus élevée pour tous les biens, avec comme conséquence l'appréciation réelle de la monnaie nationale. Cependant, cet effet de dépense peut être supplanté par un effet de substitution en faveur des biens importés, qui pourrait au contraire générer une dépréciation réelle.

$PROD$ est l'indice de la productivité relative du secteur des biens échangeables dans un pays donné, par rapport à ses 30 principaux partenaires commerciaux, dont l'augmentation devrait contribuer à apprécier la monnaie nationale en termes réels effectifs, car l'égalisation des salaires entre les secteurs se traduirait par une hausse des prix des biens non échangeables et conduisant à l'appréciation réelle de la monnaie domestique. NFA_GDP est la position extérieure nette en pourcentage du PIB, censée entraîner l'appréciation réelle de la monnaie nationale. Toutes les variables sont prises en logarithmes, sauf NFA_GDP exprimée en pourcentage du PIB.

Tableau 1 – Statistiques descriptives

Variables	Obs.	Moyenne	Std. Dev.	Min	Max
Taux de change effectif réel	1,147	4.064	4.536	-24.50	21.588
Termes de l'échange	1,133	4.729	0.348	3.063	6.071
Productivité relative	1,147	0.197	0.195	0.016	1.202
Position extérieure nette en % du PIB	1,043	0.083	0.216	-0.85	1.371

Note : Construction des auteurs.

En guise d'analyse de référence, nous estimons d'abord la relation (1) en nous appuyant sur l'estimateur du groupe médian (PMG), basé sur une spécification autorégressive à retards distribués (ARDL) d'ordre 1 (0, 1, ..., 1). Cette dernière intègre à la fois les dynamiques de court et de long terme, comme exprimé dans l'équation suivante :

$$\Delta \mathbf{y}_i = \phi_i \mathbf{y}_{i,-1} + \mathbf{X}_i \boldsymbol{\beta}_\mathbf{i} + \sum_{j=0}^{1} \Delta \mathbf{X}_{i,-j} \boldsymbol{\delta}^*_{\mathbf{ij}} + \mu_i \boldsymbol{\tau} + \boldsymbol{\varepsilon}_{it} \qquad (2)$$

Où $\mathbf{y}_i = (y_{i1}, y_{i2}, ..., y_{iT})'$ est la variable endogène ;

ϕ_i est le paramètre à correction d'erreur,

$X_i = (X_{i1}, ..., X_{iT})'$ est la matrice des variables explicatives, et $\boldsymbol{\tau} = (1,1,...,1)'$ est une matrice unitaire.

L'hypothèse sous-jacente de cette méthode est l'égalité des coefficients pour tous les pays à long terme, tandis que l'ordonnée à l'origine et les coefficients de la dynamique à court terme peuvent varier d'un pays à l'autre. L'utilisation de cet estimateur se justifie par sa capacité à estimer avec précision les relations de cointégration sans prêter beaucoup d'attention à l'ordre d'intégration des séries étudiées[1], pourvu qu'aucune d'entre elles ne soit intégrée d'ordre 2. A l'approche précédente nous associons l'estimateur ARDL transversal augmenté (CS-ARDL), qui estime systématiquement les coefficients des régresseurs principaux en présence de facteurs communs non observables (Chudik et *al.*, 2016). L'équation estimée est exprimée comme suit :

[1] Les séries peuvent être intégrées d'ordre 0 ou 1 sans affecter les propriétés d'échantillonnage de l'estimateur.

$$y_{it} = c^*_{yi} + \sum_{l=1}^{p_y}\varphi_{il}y_{i,t-l} + \sum_{l=0}^{p_w}\beta'_{il}x_{i,t-l} + \sum_{l=0}^{p_w}\psi'_{il}\bar{z}_{t-l} + e^*_{it} \qquad (3)$$

Où c^*_{yi} sont les effets fixes qui pourraient être corrélés avec x_{it} la matrice des régresseurs et $\bar{z}_{t-l} = (\bar{y}_t, \bar{x}_t)'$ e^*_{it} sont les termes d'erreur interdépendants entre pays de l'échantillon.

Dans un premier temps, nous effectuons les tests de racine unitaire pour vérifier l'ordre d'intégration de nos séries. À cette fin, nous effectuons les tests de racine unitaire de Maddala et Wu (1999), Pesaran (2007), et Im et *al.* (2003), tous présentés dans le Tableau 2.

Tableau 2 – Tests de racine unitaire

	Maddala et Wu (1999)			Pesaran (2007)			Test de racine unitaire de Fisher (Im-et al., 2003) Ha : Stationnarité pour au moins un pays			
Variables à niveaux	*Retards*	Sans tendance	Avec tendance	*Retards*	Sans tendance	Avec tendance	*P*	*Z*	*L**	*Pm*
TCR	1	0.435	0.045**	1	0.237	0.922	0.049**	0.095*	0.127	0.040**
	2	0.272	0.005**	2	0.931	0.997				
OPEN	1	0.456	0.000**	1	0.799	1.000	0.183	0.099*	0.092*	0.188
	2	0.014**	0.359	2	1.000	1.000				
GOVEXP	1	0.000**	0.001**	1	0.009**	0.677	0.000***	0.000***	0.000***	0.000***
	2	0.056**	0.058	2	0.996	1.000				
TOT	1	0.005**	0.580	1	0.127	0.127	0.029**	0.012**	0.008***	0.021**
	2	0.00**	0.000**	2	0.993	0.982				
PROD	1	0.405	0.528	1	0.745	0.999	0.056*	0.330	0.201	0.048**
	2	0.611	0.907	2	1.000	1.000				
NFA	1	0.047**	0.110	1	0.249	0.895	0.000***	0.002***	0.000***	0.000***
	2	0.248	0.953	2	1.000	1.000				
Premières différences	*Retards*	Sans tendance	Avec tendance	*Retards*	Sans tendance	Avec tendance	Ha : Stationnarité pour au moins un pays			
D.TCR ; D.OPEN ; D.GOVEXP ; D.TOT; D.PROD ; D.NFA	1, 2	0.00**	0.00**	1, 2	0.00**	0.00**	0.000***			

Note : ***, ** et * représentent la significativité aux seuils de 1%, 5% et 10% respectivement.

Étant donné que ces tests concluent unanimement à la stationnarité ou à l'intégration d'ordre 1, l'étape suivante consiste à vérifier l'existence d'une relation de cointégration entre nos variables d'intérêt. Cette étape est importante parce que la détermination des désalignements est subordonnée à l'existence d'une relation à long terme entre le TCR et ses déterminants fondamentaux. Par conséquent, nous effectuons divers tests, notamment ceux de Pedroni (1999) et Westerlund (2007).

Tableau 3 : Tests de cointégration

Pedroni (1999)			Westerlund (2007)		
Statistiques	**Coefficient**	**Probabilité**	**Statistiques**	**Coefficient**	**Probabilité**
Philips-Perron modifié t	1.587	0.056	***Rapport de variance***	-1.628	0.051
Philips-Perron t	-4.858	0.00			
Dickey-Fuller augmenté t	-1.463	0.071			

Note : Pour les deux tests, l'hypothèse nulle est l'absence de cointégration pour tous les pays. L'hypothèse alternative, pour le test de Pedroni, est la cointégration pour chaque pays, tandis que celui de Westerlund suppose la cointégration pour au moins un pays.

Les tests sélectionnés rejettent tous deux l'hypothèse nulle d'absence de cointégration (voir Tableau 3), nous permettant ainsi d'estimer la relation entre le TCR et ses fondamentaux.

3. Taux de change d'équilibre, désalignements et régimes de change

Les résultats des estimations (Tableau 4) par les méthodes présentées montrent qu'une augmentation des termes de l'échange apprécie la monnaie nationale, car les coefficients associés sont tous deux positifs (0,094 et 0,038 respectivement).

Tableau 4 : Estimation de la relation de long terme

Variable dépendante : TCR	**PMG**	**CS-ARDL**
Terme de correction d'erreur	-0.172*** (0.031)	-0.166*** (0.026)
Termes de l'échange	0.226** (0.076)	0.038* (0.023)
Productivité relative	0.458*** (0.049)	0.867* (0.454)
Actifs étrangers nets	0.222 (0.113)	-14.31 (14.30)
Constante	0.736*** (0.117)	0.369*** (0.008)
Test de Pesaran (2015) pour la faible dépendance interindividuelle (H0)	CD = 6.20 p-value = 0.000	CD = 1.10 p-value = 0.272
Nombre d'observations	888	870

Note: ***, ** et * représentent la significativité aux seuils de 1%, 5% et 10% respectivement. Les erreurs standard sont entre parenthèses. Les dynamiques à court terme ne sont pas affichées dans ce tableau, car nous ne nous intéressons qu'à la relation à long terme.

Une augmentation de la productivité relative est positivement liée au TCR comme prévu (0,669 et 0,867, respectivement). Cependant, une augmentation de la position extérieure nette montre peu d'effets sur le TCR car le coefficient avec l'estimateur PMG est légèrement significatif (0,190), alors qu'il se révèle non significatif pour l'estimateur CS-ARDL. Sur la base de ces résultats, les taux de change d'équilibre sont calculés suivant la formule suivante :

$$\tilde{y} = \mathbf{X}.\psi + \mu \qquad (4)$$

Où $\tilde{y}$ représente le taux de change d'équilibre, $\psi = -\phi_i.\boldsymbol{\beta}_i$, et μ est la constante décrite dans les équations (2) et (3).

Ces taux de change d'équilibre sont représentés pour chaque pays dans la figure 3, à des fins de comparaison. Au regard de la similarité des trajectoires des taux de change d'équilibres calculés, nous poursuivons notre démarche en calculant et en comparant les désalignements du taux de change réel.

Figure 3 – Désalignements du taux de change réel

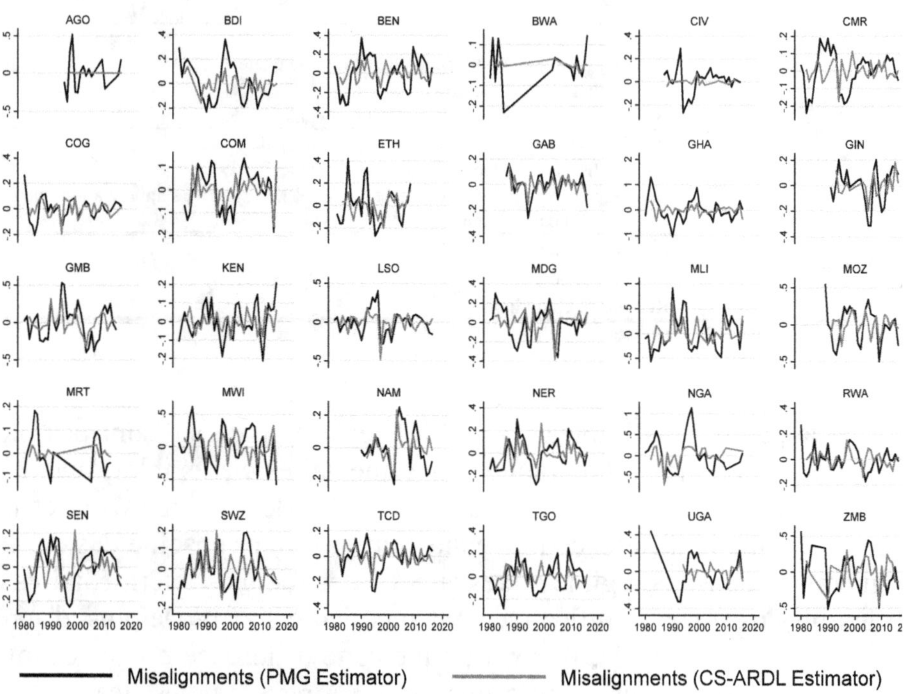

Note : construction des auteurs.

De l'estimation précédente, nous dérivons deux mesures des désalignements du taux de change réel notées ε_{PMG} et $\varepsilon_{CS-ARDL}$, calculées comme suit :

$$\varepsilon_k = y - \tilde{y}_k \qquad \text{avec } k = PMG; CS - ARDL \tag{5}$$

Nous comparerons alors l'ampleur des désalignements en fonction des types de régimes de change définis par la «classification brute» de Ilzetzki et al. (2017) résumée dans le Tableau 5. Le régime de taux de change fixe est considéré comme la référence comparé aux régimes intermédiaires et flexibles. Ce résultat est obtenu à l'aide d'un test de comparaison de moyenne robuste à l'inégalité de taille de l'échantillon et variance entre les deux sous-échantillons.

Tableau 5 - Classification brute des taux de change

Catégories brutes	Catégories fines	Régimes de change
Régimes fixes	1	Aucune monnaie ayant cours légal Parité pré-annoncée ou caisse d'émission Bande horizontale pré-annoncée plus étroite ou égale +/-2% Parité De facto
Régimes intermé-diaires	2	Bande glissante pré-annoncée Bande glissante pré-annoncée plus étroite ou égale +/-2% Bande glissante De facto Bande glissante De facto plus étroite ou égale +/-2%
	3	Bande glissante pré-annoncée plus large ou égale +/-2% Bande glissante De facto plus étroite ou égale +/-5% Bande mobile plus étroite ou égale à +/-2% (i.e., autorise l'appréciation ou la dépréciation dans le temps)
Régimes flexibles	4	Flottement géré
	5	Flottement libre
	6	Régime de chute libre

Source: Ilzetzki et al. (2017)

Il apparaît dans Tableau 6 que les régimes fixes ne sont pas plus désalignés que leurs homologues intermédiaires et flexibles, quel que soit l'indicateur du désalignement. En effet, les colonnes (3) et (6) révèlent que la différence moyenne entre la valeur absolue des désalignements dans les régimes fixes et celle des régimes intermédiaires et flexibles n'est pas significativement supérieure à zéro. De plus, d'après les colonnes (2) et (5), il apparaît que cette différence est plutôt inférieure à zéro, ce qui signifie que pour les pays étudiés, les régimes fixes sont, en moyenne, moins désalignés que les autres types de systèmes de change.

Tableau 6 - Test de comparaison des moyennes sur valeurs absolues des désalignements

	$\|\varepsilon_{PMG}\|$		
	(1)	*(2)*	*(3)*
Fixe vs Intermédiaires	$Diff \neq 0$	$Diff < 0$	$Diff > 0$
et Flexibles	0.000***	0.000***	1.000
	$\|\varepsilon_{CS-ARDL}\|$		
	(4)	*(5)*	*(6)*
Fixe vs Intermédiaires	$Diff \neq 0$	$Diff < 0$	$Diff > 0$
et Flexibles	0.000***	0.000***	0.999

Note : *** représentent la significativité au seuil de 1 %. Diff est la différence entre la valeur absolue moyenne des désalignements dans les régimes fixes et les régimes alternatifs (intermédiaires et flexibles). L'hypothèse nulle n'est pas une différence de moyenne entre les sous-échantillons comparés. Les valeurs de p de l'hypothèse alternative sont rapportées dans le tableau. Le test est ajusté pour tenir compte également des variances inégales et des tailles d'échantillon inégales entre les sous-échantillons.

4. Le rôle de l'intégration économique et de la démocratie

Compte tenu des résultats précédents suggérant qu'il n'y a, en moyenne, pas de différence significative entre les désalignements absolus dans les régimes fixes et les régimes alternatifs, nous nous intéressons à présent aux canaux de transmission de cet effet. Pour ce faire, nous testons explicitement notre hypothèse centrale, selon laquelle les désalignements des taux de change réels devraient varier selon le type de régime de change, en raison des différents niveaux d'intégration économique et de la démocratie. L'estimation repose sur l'équation suivante :

$$|\varepsilon_k|_{it} = \beta_{1j}.\mathrm{Reg}_{-j,it} + \beta_2.Seuil\_TBI_{it} + \beta_{3j}\mathrm{Reg}_{-j,it} * Seuil\_TBI_{it} + \lambda + \mu_i + \nu_{it} \qquad (6)$$

Où $|\varepsilon_k|$ est la valeur absolue de l'indicateur de désalignement ; $k = PMG, \text{CS-ARDL}$;

λ est l'ordonnée à l'origine représentant le coefficient associé à la catégorie de référence ;
μ_i est l'effet fixe régional représentant l'adhésion à une communauté économique régionale (CEMAC, COMESA, UEMOA, CDAA) ;
et v_{it} est le terme résiduel.
Reg est le type de régime de taux de change tel que défini dans Tableau 5, avec $j = Intermediates, Flexibles$.

Ces deux catégories de régimes de taux de change sont comparées au régime de taux de change fixe représenté par la constante de l'équation. Cette dernière devrait être associée à l'appréciation de la monnaie nationale et à de plus grands désalignements, toutes choses égales par ailleurs. En effet, dans un régime de change fixe, la monnaie nationale s'apprécierait progressivement tant que l'inflation intérieure est plus élevée que dans le pays de la monnaie d'ancrage (Coudert et Couharde, 2009; Goldfajn et Valdes, 1999). Dans ce contexte, l'appréciation de la monnaie nationale peut aboutir à une surévaluation de la monnaie comme c'était déjà le cas pour la zone franc en 1994, et pour l'Argentine en (2001, 2014), pour ne citer que celles-là. Par conséquent, une augmentation du TCR devrait entraîner une augmentation des désalignements dans le sens d'une surévaluation.

TBI est une variable de dénombrement indiquant le nombre total de traités bilatéraux d'investissement liant des pays spécifiques à ses principaux partenaires. Il s'agit notamment des pays africains, des États-Unis, de la Chine, de la France, de l'Union européenne et de l'OCDE. Nous supposons que l'augmentation de cette variable devrait générer une appréciation réelle de la monnaie locale par des entrées de capitaux. Sur cette base, $Seuil\_TBI$ est une variable catégorielle regroupant les observations de la variable *TNIA* en quatre catégories selon ses quartiles. De façon explicite, des statistiques descriptives indiquent que les premier, deuxième et troisième quartiles sont respectivement 5, 9 et 15. Par conséquent, la première catégorie définie (considérée comme la référence) comprend les pays ayant signé de 0 à 4 traités bilatéraux d'investissement ($TNIA \in [0,5[$), et le dernier groupe comprend les pays avec plus de 15 traités bilatéraux d'investissement ($TNIA \in [15,+\infty[$).

Nous distinguons en outre les pays en fonction de leur niveau de démocratie. L'indice du niveau de démocratie est la variable « POLITY2 » du *Center for Systemic Peace*. Il classe les pays des plus démocratiques (score entre 6 et 10), aux moins démocratiques (score entre -10 et -6), avec un groupe intermédiaire appelé "anocraties" qui sont presque démocratiques (score entre 1 et 5) ou dont les régimes sont encore relativement autoritaires (score entre -5 et 0). Théoriquement, un pays pourrait préférer des régimes de taux de change fixes pour compenser le manque de transparence du cadre politique, car la clarté de la politique monétaire et la transparence politique peuvent être considérées comme des substituts (Broz, 2002). Cependant, la démocratie a également été négativement associée à la volatilité des taux de change, en particulier dans les économies émergentes (Freeman et *al.*, 2000; Hays et *al.*, 2003), suggérant ainsi une relation inverse entre la démocratisation et les désalignements de TCR (Raymond et *al.*, 2017).

Les résultats présentés en annexe dans les Tableaux (A3, A4, A5) sont analysés par bloc comme suit. Premièrement, les régimes intermédiaires et flexibles sont plus désalignés ou ne diffèrent pas des régimes à taux de change fixe, quel que soit le niveau de démocratie. En effet, pour les pays démocratiques et relativement démocratiques, les régimes de flottement géré et bandes glissantes, flottement libre et de chute libre sont significativement plus désalignés que leurs homologues fixes (respectivement de 0,146, 0,150 et 0,167 pour l'indicateur de désalignement dérivé du PMG ; de 0,093 et 0,219 respectivement pour l'indicateur alternatif). En ce qui concerne les pays autocratiques et relativement autocratiques, les parités et bandes glissantes, les régimes de flottement géré et bandes glissantes, le flottement libre et les régimes de chute libre sont systématiquement plus désalignés que les régimes fixes (respectivement de 0,064, 0,059, 0,0206 et 0,131 pour l'indicateur de désalignement dérivé du PMG ; par 0,039 et 0,073 respectivement pour l'indicateur alternatif). Deuxièmement, nous trouvons des résultats mitigés quant au bénéfice des traités d'investissement dans la limitation des désalignements, toutes choses égales par ailleurs, car les coefficients associés aux niveaux des traités bilatéraux d'investissement (TBI) ne sont que légèrement significatifs, voire non significatifs.

Néanmoins, la troisième partie du tableau montre de manière intéressante l'avantage de la démocratie et de l'intégration économique (traités bilatéraux d'investissement) pour limiter les désalignements pour les pays connaissant des régimes intermédiaires et flexibles. Plus précisément, pour chaque indicateur de désalignement, les parités et bandes glissantes, les régimes de flottement géré et bandes glissantes et les régimes de chute libre sont associés à des coefficients négatifs, lorsqu'ils sont combinés à différents niveaux d'accords d'investissement. En ce qui concerne les pays autocratiques et relativement autocratiques, les coefficients liés aux termes d'interaction sont presque tous non significatifs pour l'indicateur dérivé du PMG, tandis que seuls les coefficients des régimes de flottement géré et bandes glissantes se révèlent négatifs et significatifs pour l'indice dérivé de l'ARDL. Enfin, les effets régionaux fixes n'apparaissent significatifs et négatifs que si l'on considère les pays démocratiques et relativement démocratiques, ce qui met en évidence l'avantage découlant de l'appartenance aux CERs pour les pays démocratiques.

Globalement, ces résultats confortent l'idée que les institutions démocratiques améliorent l'efficacité de la politique économique face aux chocs externes (Raymond et al., 2017). Par conséquent, nous montrons que le régime de taux de change fixe en soi ne génère pas plus de désalignements dans les pays sous-étudiés, contrairement à ce qui a été suggéré précédemment dans la littérature (Dubas, 2009 ; Coudert et Couharde, 2009)), car la qualité institutionnelle et les liens économiques avec les partenaires étrangers sont essentiels pour expliquer ces désalignements.

5. Analyse de robustesse

Pour vérifier la robustesse de l'analyse ci-dessus, nous estimons à présent un nouvel indicateur des désalignements de taux de change, en nous appuyant sur l'Estimateur Dynamique des Effets Communs Corrélés (Chudik et Pesaran, 2015). Ce dernier permet d'estimer les équations de type ARDL en panel caractérisées à la fois par la faible exogénéité des régresseurs, la corrélation sérielle probable entre les facteurs communs non observables et la corrélation entre ces derniers et certains régresseurs. La prise en compte de ces aspects est essentielle dans le cas des pays africains, étant donné qu'ils sont susceptibles d'être affectés de la même manière par les chocs sur l'économie mondiale tels que ceux des termes de l'échange ou sur les prix des produits de base, avec des répercussions simultanées sur le commerce externe, la position extérieure nette et la productivité relative dans le secteur ouvert. Dans le cadre de cette approche, le taux de change réel d'équilibre à long terme est calculé comme suit :

$$\begin{cases} tcr_{it} = c_{yi} + \phi tcr_{i,t-1} + \beta'_{0i}x_{it} + \beta'_{1i}x_{i,t-1} + u_{it} \\ u_{it} = \gamma'_i f_t + \varepsilon_{it} \\ \omega_{it} = \begin{pmatrix} x_{it} \\ g_{it} \end{pmatrix} = c_{\omega i} + \alpha_i tcr_{i,t-1} + \Gamma'_i f_t + v_{it} \end{cases}$$

Pour $i = 1, 2, ..., 31$ et $t = 1980, ..., 2016$ (7)

Où tcr_{it} est le taux de change effectif réel ; c_{yi} et $c_{\omega i}$ représentent les effets fixes individuels ; x_{it} et g_{it} sont des vecteurs de régresseurs spécifiques à l'individu i à la période t ; f_t est un vecteur de facteurs communs non observables ; ε_{it} est le vecteur d'erreurs idiosyncratiques et ω_{it} est un vecteur de régresseurs permettant de distinguer les variables en fonction de leur exogénéité stricte $(\alpha_i = 0)$ ou faible, mais aussi en tenant compte de la corrélation sérielle avec les facteurs communs non observables. Les variables incluses dans ω_{it} sont les termes de l'échange, la productivité relative dans le secteur ouvert, la position extérieure nette, le degré d'ouverture de l'économie et les dépenses publiques.

Les résultats présentés dans Tableau 8 sont cohérents avec ceux du Tableau 4 et la théorie, car nous ne trouvons aucune relation stable entre les taux de change effectifs réels et les termes de l'échange, la productivité relative et les avoirs extérieurs nets. Cependant, une ouverture croissante de l'économie déprécie les monnaies nationales (Dufrénot et Yehoue, 2005; Candelon et al., 2007) et les dépenses publiques apprécient plutôt cette dernière (0,193), à condition que ces dépenses augmentent principalement la demande de biens non échangeables, et donc leurs prix (Coulibaly et Gnimassoun, 2013 ; Mongardini et Rayner, 2009). Sur la base de ces résultats, les désalignements du taux de change réel sont calculés comme décrit dans l'équation (5) et comparés à ceux obtenus au moyen de l'estimateur CS-ARDL. Comme le montre la figure 4, la prise en compte simultanée de la dépendance transversale et des facteurs communs non observables induit des différences significatives dans certains cas comme au Botswana, au Malawi, au Tchad ou au Togo.

Tableau 8 – Estimation du taux de change d'équilibre (Estimateur Dynamique des Effets Communs Corrélés)

VARIABLES	DCCE
Terme à correction d'erreur	-0.431*** (0.056)
Termes de l'échange	-0.098 (0.218)
Productivité relative	0.044 (0.126)
Position extérieure nette	-22.795 (22.797)
Degré d'ouverture de l'économie	-0.198*** (0.058)
Dépenses publiques	0.193*** (0.055)
Constante	2.296*** (0.683)
Observations	835
R2	*0.501*
Test de Pesaran (2015) de faible dépendance interindividuelle (H0)	*CD = -1.088* *P-value = 0.277*

Remarque : ***, ** et * représentent la significativité aux seuils de 1%, 5% et 10% respectivement. Les erreurs standard sont entre parenthèses. Les dynamiques à court terme ne sont pas affichées dans ce tableau, car nous ne nous intéressons qu'à la relation de long terme.

Figure 4 – Real Exchange Rate Misalignments : Alternative Estimator

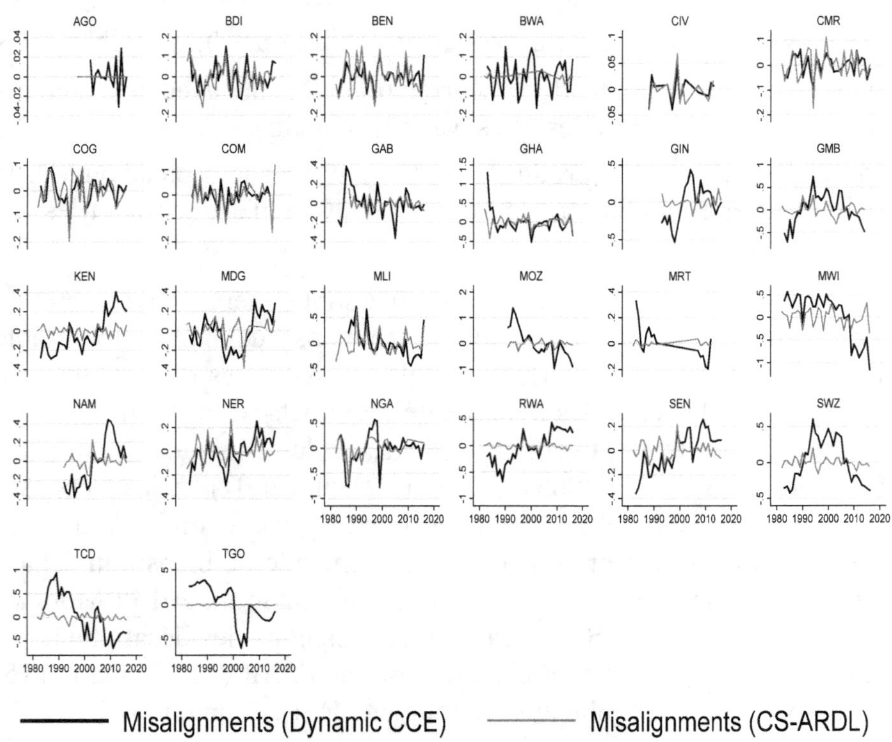

Note: Construction des auteurs.

Dans ce contexte, il est encore plus critique de vérifier que les résultats précédents sont robustes à de telles variations. Par conséquent, nous distinguons les pays démocratiques et relativement démocratiques des pays autocratiques et relativement autocratiques, et estimons l'équation suivante pour chaque groupe :

$$|\varepsilon|_{it} = \beta_{1j}.\mathrm{Reg}_{j,it} + \alpha_1.TBI_{it}^{k} + \beta_{2j}.\mathrm{Reg}_{j,it} * TBI_{it} + \alpha_2.X_{it} + \gamma_h AC\_Regional_h + v_{it} \quad (12)$$

Où les variables sont définies comme précédemment, mais TBI_{it}^{k} est le nombre d'accords d'investissement bilatéraux avec l'un des principaux partenaires étrangers dénotés *k={Chine, USA, Union européenne, Partenaire sous-régional, Partenaire africain}* ; $Ac\_Regional_h$ représente la communauté économique régionale h à laquelle appartient chaque pays i. Finalement, X_{it} est une matrice de variables de contrôle qui tient compte à la fois de l'environnement macroéconomique national et de l'évolution des principales économies, car celles-ci sont susceptibles d'affecter les pays africains exportant du pétrole et des produits de base à l'étranger.

Plus précisément, nous considérons :

- le *gap* de production américain, en tant que mesure du cycle économique mondial. En effet, lorsque ce gap est positif, il traduit par hypothèse l'évolution favorable de la conjoncture économique mondiale. De fait, les prix des biens échangeables augmentent en raison de la demande croissante sur les marchés mondiaux, entraînant ainsi une dépréciation durable du TCR et des désalignements dans les petites économies en développement, toutes choses étant égales par ailleurs ;

- la volatilité intra-annuelle de l'indice des prix à la production de l'OCDE comme indicateur indirect de la volatilité des prix des biens échangeables sur les marchés mondiaux. Cette approximation est obtenue en calculant l'écart type de l'indice des prix à la production de l'OCDE au cours des 4 trimestres de chaque année entre 1980 et 2015. L'hypothèse sous-jacente est que la volatilité sur les marchés internationaux est un coût supplémentaire pour les petites économies, car elle affecte les termes de l'échange et se traduit par des désalignements plus élevés.

- le développement financier, mesuré comme la part de la monnaie en circulation (M2) dans le PIB. Il est censé contribuer à la stabilisation des taux de change en limitant les effets néfastes de la spéculation (Dubas, 2009), mais l'expérience récente a au contraire montré que le développement financier pouvait renforcer les pratiques spéculatives et déclencher l'instabilité des taux de change. Par conséquent, nous supposons que le développement financier devrait avoir un effet positif sur les désalignements des taux de change.

Les résultats des estimations pour le cas des pays démocratiques sont présentés en annexe dans les Tableaux A7, A8, A9. Conformément à ceux des Tableaux A4, A5, A6 les régimes fixes ne sont pas plus désalignés que les régimes alternatifs, à l'exception des régimes de parités et bandes glissantes. Dans ce cas, les coefficients associés sont presque tous négatifs et significatifs au seuil de 5 % (-0,032, -0,036, -0,47 et -0,068 respectivement).

Plus intéressant, en examinant les interactions, nous trouvons que les régimes alternatifs ont un avantage relatif sur le régime fixe, bien que les régimes intermédiaires surpassent les régimes fixes en termes de limitation des désalignements lorsque des accords avec la Chine et les partenaires africains sont envisagés. De plus, compte tenu du nombre total d'accords bilatéraux d'investissement, les régimes de flottement géré et bandes glissantes sont significativement plus performants que les régimes fixes (-0,07). De même, les pays membres de la CEMAC et de l'UEMOA ne semblent pas être plus désalignés du fait d'une intégration économique accrue, principalement en raison de l'union monétaire qui implique la stabilité du taux de change. En revanche, les pays appartenant à la CDAA semblent être plus désalignés, principalement en raison des pénuries de devises et des primes plus élevées sur les marchés parallèles dans certains pays comme l'Angola. Enfin, les variables de contrôle apparaissent avec des signes attendus dans la plupart des spécifications, car l'écart de production aux États-Unis réduit l'ampleur des désalignements, tandis que la volatilité de la production et le développement financier accroissent au contraire leur ampleur.

En ce qui concerne les pays autocratiques et relativement autocratiques (cf Annexe Tableaux A10, A11), il semble cette fois que les régimes de parités glissantes fonctionnent mieux que les régimes fixes, notamment lorsque l'on considère les traités d'investissement avec des partenaires américains, européens ou africains dans la même sous-région. Cependant, lorsque l'on examine les interactions, il apparaît que les régimes fixes sont plus efficaces que les alternatives pour faire face aux désalignements, en particulier en ce qui concerne les accords avec les États-Unis et les voisins de la sous-région. Il est important de noter que l'appartenance à une communauté économique réduit significativement l'ampleur des désalignements quelle que soit la spécification considérée. Enfin, les variables de contrôle liées au contexte mondial ont des coefficients non significatifs, car les pays moins démocratiques sont également moins impliqués dans les accords internationaux[1]. Tandis que le développement financier contribue à la formation des désalignements, conformément aux résultats précédents.

6. Discussion et implications pour la politique économique

Ce chapitre a évalué le rôle de l'intégration économique et de la démocratie dans l'explication des différences de désalignement des taux de change réels entre les régimes de change. À cette fin, nous avons calculé divers indicateurs de désalignement en utilisant des techniques modernes de cointégration, tout en tenant compte de la dépendance interindividuelle des erreurs des modèles estimés. Nous avons ensuite comparé l'ampleur de désalignements obtenus entre les régimes de change, tout en prêtant attention au rôle de l'intégration économique par le biais des accords commerciaux et d'investissement, ainsi qu'au niveau de la démocratie. Dans l'ensemble, les résultats montrent que les régimes de flottement géré et bandes glissantes semblent être plus désalignées que leurs homologues fixes, quel que soit le niveau de démocratie, en considérant le nombre total d'accords bilatéraux d'investissement signés par chaque pays. L'appartenance à une CER ne réduit considérablement les désalignements que pour les pays démocratiques et relativement démocratiques. Par conséquent, le régime de taux de change fixe lui-même n'est pas sujet à davantage de désalignements dans les pays étudiés, car la qualité institutionnelle et les liens économiques avec les partenaires étrangers sont d'une importance critique. De plus, la distinction entre partenaires africains et internationaux dans les accords d'investissement, les résultats pour les pays démocratiques montrent que les régimes intermédiaires sont plus avantageux que les changes fixes en termes de limitation des désali-

[1] Dans notre échantillon, le nombre moyen d'accords d'investissement dans les pays autocratiques et relativement autocratiques est de 10,15, tandis que celui de leurs homologues démocratiques et relativement démocratiques est de 11,21.

gnements lorsque les accords avec la Chine et les partenaires africains sont envisagés. Les pays membres d'une union monétaire (CEMAC et UEMOA) ne semblent pas plus désalignés du fait d'une intégration économique plus forte. Cependant, dans les pays autocratiques et relativement autocratiques, les régimes fixes sont plus efficaces que les régimes alternatifs pour limiter les désalignements, en particulier lorsqu'on considère les accords avec les États-Unis et les voisins de la sous-région. Une fois de plus, l'adhésion à une CER réduit considérablement l'ampleur des désalignements.

Pour résumer, l'intégration économique est un facteur important contribuant à réduire les désalignements. L'ampleur de ces désalignements semble varier selon le niveau de démocratie, car les pays démocratiques peuvent adopter des régimes intermédiaires, tandis que pour les pays moins démocratiques, des régimes fixes sont nécessaires pour réduire les déséquilibres. À titre d'explication, l'ouverture aux échanges et aux flux de capitaux au niveau international peut accroître l'exposition des pays moins démocratiques aux chocs extérieurs et à un changement des fondamentaux économiques, nécessitant ainsi un engagement fort en matière de gestion des taux de change. Cela les fait apparaître comme des «preneurs de politiques», par opposition aux «décideurs» qui déterminent l'orientation de leur politique monétaire (Gnimassoun, 2017).

L'implication clé de la politique économique découlant de cette analyse est que des engagements forts au sein de régimes fixes sont essentiels pour les pays les moins démocratiques en Afrique qui envisagent de faire partie de la ZLECAf. En attendant la mise en œuvre de la monnaie unique africaine prescrite par le traité d'Abuja, les démocraties fortes peuvent toujours adopter des régimes intermédiaires sans répercussions négatives en termes de désalignement des taux de change. Compte tenu de cela, une autre leçon clé est à tirer pour les pays africains appartenant à la Zone Franc qui sont préoccupés par la pertinence d'une sortie de l'union monétaire pour stimuler leur développement économique. En effet, notre résultat implique que la qualité des institutions au sens large, plus que le type de régime de change, est mise en cause et devrait concentrer les efforts des autorités dans un premier temps. Cet argument est renforcé par la forte dotation en ressources naturelles de ces pays, qui s'est révélée être solidement corrélée à la faible gouvernance et à des comportements de recherche de rente.

Tableau A1-Pays de l'échantillon et leurs participations aux accords bilatéraux d'investissement

Pays de l'échantillon	Traités , total	Partenaires africains	Partenaires, sous-région	Partenaires dans l'Union européenne	Chine	USA
Angola	5	Afrique du Sud		Royaume-Uni; Germanie; Italie	-	-
Bénin	9	Ghana, Tchad	Ghana	Belgique; Royaume-Uni; Germanie	-	-
Botswana	5	-	-	Belgique; Germanie	✓	-
Burundi	5	-	-	Belgique; Germanie	-	-
Cameroun	15	Maurice; Mauritanie; Mali; Egypte;	-	Belgique; Italie; Germanie; Romania	✓	
Tchad	8	Egypte; Bénin	-	Germanie; Italie	-	-
Cote d'Ivoire	10	Ghana; Tunisie	Ghana	Belgique; Italie; Germanie; Romania	-	-
Eswatini	3	-	-	Belgique; Germanie	-	-
Ethiopie	29	Algérie; Egypte; Equatorial Guinée; Libye; Afrique du Sud; Tunisie	-	Australie; Danemark; Finlande; Pays-Bas; Espagne; Suède; Belgique; Italie; Germanie; France	✓	-
Gabon	15	Egypte	-	Espagne; Portugal; Belgique; Italie; Germanie	✓	-
Gambie	5	-	-	Pays-Bas; Royaume-Uni	-	-
Ghana	23	Bénin; Burkina Faso; Côte d'Ivoire; Egypte; Guinée; Afrique du Sud	Bénin; Burkina Faso; Côte d'Ivoire	Royaume-Uni; Pays-Bas; Italie; Germanie; France;	✓	-
Guinée	13	Tunisie; Burkina Faso; Egypte; Ghana	Burkina Faso; Ghana	Germanie; Italie	-	-
Kenya	9	-	-	Pays-Bas; Italie; Germanie; France; Royaume-Uni	-	-
Lesotho	3	-	-	Germanie; Royaume-Uni	-	-
Madagascar	11	Afrique du Sud	Afrique du Sud	Germanie; France; Belgique; Suède	-	-
Malawi	5	Egypte	-	Germanie; Pays-Bas; Danemark	-	-
Mali	8	Algérie; Cameroun; Egypte; Tunisie	-	Germanie; Pays-Bas	-	-
Mauritanie	12	Tunisie; Cameroun	Tunisie	Belgique; Germanie; Italie	-	-
Mozambique	17	Algérie; Afrique du Sud; Egypte	-	Royaume-Uni; Pays-Bas; Suède; Italie; Germanie; France; Finlande	-	
Namibie	9	-	-	Australie; Finlande; Espagne; Pays-Bas; Italie; France; Germanie	-	-
Niger	5	Algérie; Egypte; Tunisie	-	Germanie	-	-
Nigeria	19	Algérie; Egypte; Afrique du Sud; Uganda	-	Finlande; Royaume-Uni; Suède; Espagne; Pays-Bas; Germanie; Italie	-	
Rwanda	6	Afrique du Sud	-	Germanie; Germanie	-	
Sénégal	23	Afrique du Sud; Tunisie; Egypte	-	Suède; Royaume-Uni ; Pays-Bas; Italie; France, Germanie	-	
Togo	4	Tunisie	-	Germanie; Belgique	-	-
Uganda	11	Egypte; Nigeria; Afrique du Sud	-	Belgique; France; Germanie; Italie; Royaume-Uni; Pays-Bas	-	-
Zambie	9	Egypte	-	Belgique; France; Germanie; Italie; Royaume-Uni	-	-
Zimbabwe	22	Afrique du Sud; Egypte	Afrique du Sud	Italie; Australie; Croatie; France; Germanie; Royaume-Uni; Suède; Portugal; Pays-Bas; Iran	✓	-

Note: Construction des auteurs, données Centre international pour le règlement des différends relatifs aux investissements (ICSID) https://icsid.worldbank.org/fr/Pages/resources/Bilateral-Investment-Treaties-Database.aspx#a14

Tableau A2 – Définitions des variables

Variables	Descriptions	Sources
Taux de change effectif réel	Taux de change effectif réel	World Development Indicators
Degré d'ouverture de l'économie	Taux d'ouverture économique	World Development Indicators
Dépenses publiques	Dépenses publiques finales en pourcentage du PIB	World Development Indicators
Termes de l'échange	Termes de l'échange, calculés comme le prix relatif des exportations en termes de prix des importations	World Development Indicators
Productivité relative	Productivité relative; calculé par le rapport du PIB réel par habitant du pays intérieur à une moyenne pondérée de celui des pays de l'OCDE.	World Development Indicators
Régime	Régimes de change	Ilzetzki, Reinhart, and Rogoff (2017)
Développement financier (M2 / PIB)	Développement financier	World Development Indicators
Écart de production aux États-Unis	Écart de production des États-Unis d'Amérique	International Financial Statistics
Position extérieure nette	Solde extérieur net en termes d'actifs étrangers, exprimé en pourcentages du PIB. Il est censé entraîner l'appréciation réelle de la monnaie nationale	World Development Indicators
Volatilité de la production industrielle (OCDE)	Volatilité intra-annuelle des prix à la production de l'OCDE	OECD Statistics Database.

Note : Construction des auteurs

Tableau A3 – Régimes de change et désalignements selon les niveaux de démocratie

	Désalignements (PMG)		Désalignements (CS-ARDL)	
	Démocratique et relativement démocratique	Autocratique et relativement autocratique	Démocratique et relativement démocratique	Autocratique et relativement autocratique
Parités et bandes glissantes	0.028	0.064**	0.015	-0.003
	(0.017)	(0.027)	(0.010)	(0.011)
Flottement géré et bandes glissantes	0.146***	0.059***	0.093***	0.039***
	(0.026)	(0.022)	(0.015)	(0.009)
Flottement libre	0.150***	0.206***	0.002	0.073***
	(0.036)	(0.032)	(0.021)	(0.012)
Régime de chute libre	0.157***	0.131***	0.219***	-0.019*
	(0.036)	(0.030)	(0.021)	(0.011)
Marché parallèle	0.021		0.010	
	(0.040)		(0.032)	

Note : ***, ** et * représentent la signification aux niveaux de 1%, 5% et 10% respectivement. Les erreurs standard sont entre parenthèses.

Tableau A4 – Accords d'investissement et désalignements selon les niveaux de démocratie

	Désalignements (PMG)		Désalignements (CS-ARDL)	
	Démocratique et relativement démocratique	Autocratique et relativement autocratique	Démocratique et relativement démocratique	Autocratique et relativement autocratique
	Nombre total de traités bilatéraux d'investissement (TBI)			
TBI [5 9[	0.156***	-0.038**	0.011	-0.003
	(0.015)	(0.017)	(0.009)	(0.007)
TBI [9 15[	0.002	0.029	0.009	-0.011
	(0.029)	(0.018)	(0.017)	(0.008)
TBI > 15	0.031	0.043**	0.005	0.014
	(0.020)	(0.021)	(0.011)	(0.008)

Note : ***, ** et * représentent la signification aux niveaux de 1%, 5% et 10% respectivement. Les erreurs standard sont entre parenthèses.

Tableau A5 – Régimes de change, accords d'investissement et désalignements selon les niveaux de démocratie

	Désalignements (PMG)		Désalignements (CS-ARDL)	
	Démocratique et relativement démocratique	Autocratique et relativement autocratique	Démocratique et relativement démocratique	Autocratique et relativement autocratique
	Régimes de taux de change et accords d'investissement			
Parités et bandes glissantes # TBI [5 9[	-0.207***	0.001	0.011	0.006
	(0.032)	(0.033)	(0.018)	(0.013)
Parités et bandes glissantes # TBI [9 15[	0.022	-0.061*	0.020	0.004
	(0.044)	(0.033)	(0.026)	(0.013)
Parités et bandes glissantes # TBI > 15	0.003		-0.043**	
	(0.030)		(0.015)	
Flottement géré et bandes glissantes # TBI [5 9[	-0.154***	0.015	0.035*	-0.027*
	(0.034)	(0.037)	(0.019)	(0.015)
Flottement géré et bandes glissantes # TBI [9 15[	-0.119***	0.030	-0.089***	-0.038***
	(0.044)	(0.029)	(0.026)	(0.012)
Flottement géré et bandes glissantes # TBI > 15	0.028	0.020	-0.050**	-0.060***
	(0.036)	(0.036)	(0.021)	(0.014)
Régime de chute libre # TBI [5 9[	-0.106**	0.022	-0.146***	0.016
	(0.043)	(0.052)	(0.026)	(0.021)
Régime de chute libre # TBI [9 15[	0.026	0.162*	-0.169***	
	(0.065)	(0.098)	(0.041)	
Régime de chute libre # TBI > 15	-0.107**	0.196***	-0.150***	0.053***
	(0.047)	(0.042)	(0.027)	(0.017)
Flottement libre # TBI > 15		0.070		0.043**
		(0.053)		(0.020)

Note : ***, ** et * représentent la signification aux niveaux de 1%, 5% et 10% respectivement. Les erreurs standard sont entre parenthèses.

Tableau A6 – Accords commerciaux et désalignements selon les niveaux de démocratie

	Désalignements (PMG)		Désalignements (CS-ARDL)	
	Démocratique et relativement démocratique	Autocratique et relativement autocratique	Démocratique et relativement démocratique	Autocratique et relativement autocratique
	Accords commerciaux régionaux (effets fixes régionaux)			
CEMAC	-0.070**	0.009	0.004	0.004
	(0.031)	(0.023)	(0.018)	(0.009)
COMESA	0.012	0.001	-0.022**	-0.008
	(0.015)	(0.016)	(0.009)	(0.006)
UEMOA	-0.045***	0.065***	-0.022**	-0.004
	(0.017)	(0.019)	(0.010)	(0.007)
CDAA	-0.077***	0.019	-0.035***	-0.010
	(0.015)	(0.019)	(0.009)	(0.007)
Constante	0.081***	0.059***	0.032***	0.030***
	(0.013)	(0.016)	(0.007)	(0.006)
Observations	**390**	**558**	**370**	**494**
R-carré	**0.486**	**0.474**	**0.476**	**0.548**
Statistiques de F	**17**	**24**	**15**	**11.87**
Probabilité de F	**0.00**	**0.00**	**0.00**	**0.00**

Note : ***, ** et * représentent la signification aux niveaux de 1%, 5% et 10% respectivement. Les erreurs standard sont entre parenthèses.

Tableau A7 - Régimes de taux de change, désalignements et intégration économique : pays démocratiques

	TBI avec la Chine	**TBI avec les USA**	**TBI avec un pays de l'UE**	**TBI avec au moins un voisin de la sous-région**	**TBI avec au moins un pays africain**	**TBI Global**
			Régimes de taux de change			
Parités et bandes glissantes	0.006	-0.032*	-0.036**	-0.047***	0.022	-0.068**
	(0.020)	(0.018)	(0.017)	(0.018)	(0.019)	(0.026)
Flottement géré et bandes glissantes	0.121***	0.073***	0.072***	0.093***	0.153***	0.165***
	(0.020)	(0.021)	(0.019)	(0.024)	(0.027)	(0.040)
Flottement libre	0.000	0.065	0.065	0.077	0.105*	0.117**
	(0.049)	(0.051)	(0.049)	(0.051)	(0.056)	(0.054)
Régime de chute libre	0.487***	0.019	0.018	0.080**	0.062	0.067
	(0.031)	(0.034)	(0.028)	(0.035)	(0.044)	(0.060)
Marché Parallèle	0.383***	0.398***	0.438***	0.454***	0.482***	0.466***
	(0.060)	(0.063)	(0.061)	(0.064)	(0.066)	(0.065)

Tableau A8 - Régimes de taux de change, désalignements et intégration économique : pays démocratiques

	TBI avec la Chine	TBI avec les USA	TBI avec un pays de l'UE	TBI avec au moins un voisin de la sous-région	TBI avec au moins un pays africain	TBI Global
			Traités bilatéraux d'investissement et régimes de change			
Traités bilatéraux d'investissement (TBI)	0.050**	0.046**	-0.084***	-0.057***	0.038***	0.003**
	(0.021)	(0.021)	(0.022)	(0.019)	(0.010)	(0.001)
Parités et bandes glissantes # TBI	-0.162***	0.046		0.079***	-0.029**	0.004
	(0.029)	(0.058)		(0.023)	(0.012)	(0.003)
Flottement géré et bandes glissantes # TBI	-0.240***	0.046		0.040	-0.055***	-0.007**
	(0.041)	(0.046)		(0.025)	(0.013)	(0.003)
Régime de chute libre # TBI	-0.575***	0.584***		0.177***	-0.039**	0.003
	(0.058)	(0.064)		(0.033)	(0.017)	(0.004)
			Variables de contrôle			
Écart de production aux États-Unis	-0.010**	-0.009**	-0.009**	-0.009**	-0.010**	-0.011***
	0.004	0.004	0.004	0.004	0.004	0.004
Volatilité de la production industrielle (OCDE)	0.010**	0.011**	0.011**	0.009**	0.009*	0.008*
	(0.004)	(0.005)	(0.004)	(0.005)	(0.004)	(0.004)
Développement financier (M2 / PIB)	0.001*	0.001	0.002***	0.001**	0.002***	0.001
	(0.001)	(0.001)	(0.001)	(0.001)	(0.001)	(0.001)

Tableau A9 Régimes de taux de change, désalignements et intégration économique : pays démocratiques

	Communautés économiques régionales (effets régionaux fixes)					
	TBI avec la Chine	**TBI avec les USA**	**TBI avec un pays de l'UE**	**TBI avec au moins un voisin de la sous-région**	**TBI avec au moins un pays africain**	**TBI Global**
CEMAC	-0.137***	0.055	0.039	0.025	0.024	0.010
	(0.038)	(0.037)	(0.035)	(0.037)	(0.043)	(0.041)
COMESA	-0.095***	0.004	0.006	0.010	0.006	0.040
	(0.023)	(0.020)	(0.019)	(0.023)	(0.034)	(0.029)
UEMOA	-0.084***	0.016	-0.065**	0.023	-0.079*	0.027
	(0.026)	(0.025)	(0.028)	(0.027)	(0.043)	(0.032)
CDAA	0.021	0.053***	0.048***	0.073***	0.064**	0.114***
	(0.021)	(0.020)	(0.018)	(0.023)	(0.032)	(0.030)
Constante	0.108***	0.046*	0.114***	0.023	-0.012	-0.013
	(0.026)	(0.027)	(0.032)	(0.027)	(0.036)	(0.032)
Observations	344	344	344	344	344	344
R-carré	0.637	0.493	0.338	0.415	0.368	0.358

Note : ***, ** et * représentent la significativité aux seuils de 1%, 5% et 10% respectivement. Erreurs standard robustes entre parenthèses. «TBI» signifie le total des accords bilatéraux d'investissement. US est les États-Unis d'Amérique ; L'UE a désigné l'Union européenne. TBI Global est le nombre total d'accords d'investissement bilatéraux quel que soit le partenaire.

Tableau A10 - Régimes de taux de change, désalignements et intégration économique : pays autocratiques

	TBI avec la Chine	TBI avec les USA	TBI avec un pays de l'UE	TBI avec au moins un voisin de la sous-région	TBI avec au moins un pays africain	TBI Global
				Régimes de taux de change		
Parités et bandes glissantes	-0.085*	-0.108**	0.011	-0.081*	0.084	0.126
	(0.049)	(0.043)	(0.037)	(0.044)	(0.056)	(0.077)
Flottement géré et bandes glissantes	0.035	-0.110***	-0.159***	-0.153***	0.006	0.002
	(0.025)	(0.022)	(0.025)	(0.030)	(0.010)	(0.002)
Flottement libre	0.101					
	(0.063)					
Régime de chute libre	-0.148*					
	(0.087)					
Marché Parallèle	0.031					
	(0.074)					
				Traités bilatéraux d'investissement et régimes de change		
Traités bilatéraux d'investissement (TBI)		-0.110***	-0.159***	-0.153***	-0.006	-0.002
		(0.022)	(0.025)	(0.030)	(0.010)	(0.002)
Parités et bandes glissantes # TBI		0.236***		0.139***	0.008	-0.001
		(0.044)		(0.038)	(0.017)	(0.006)
Flottement géré et bandes glissantes # TBI				0.130***	-0.005	0.002
				(0.038)	(0.014)	(0.004)
Flottement libre # TBI				0.108***	-0.027	-0.008
				(0.041)	(0.018)	(0.005)
Régime de chute libre # TBI		0.541***		0.138***	0.002	0.004
		(0.085)		(0.038)	(0.016)	(0.005)

Tableau A11 - Régimes de taux de change, désalignements et intégration économique : pays autocratiques

	Variables de contrôle					
	TBI avec la Chine	**TBI avec les USA**	**TBI avec un pays de l'UE**	**TBI avec au moins un voisin de la sous-région**	**TBI avec au moins un pays africain**	**TBI Global**
Écart de production aux États-Unis	0.022	0.012	0.079***	0.022	0.014	0.033
	(0.035)	(0.036)	(0.030)	(0.032)	(0.037)	(0.053)
Volatilité de la production industrielle (OCDE)	0.045	0.024	0.011	0.038	0.031	0.045
	(0.038)	(0.035)	(0.032)	(0.034)	(0.039)	(0.052)
Développement financier (M2 / PIB)	0.191***	0.113***	0.230***	0.148***	0.211***	0.231***
	(0.052)	(0.042)	(0.041)	(0.043)	(0.060)	(0.069)
	Communauté commerciale régionale (effets régionaux fixes)					
CEMAC	-0.003***	-0.002**	0.001	-0.002**	-0.003***	-0.003***
	(0.001)	(0.001)	(0.001)	(0.001)	(0.001)	(0.001)
COMESA	-0.105**	0.054	0.054	-0.137***	-0.131***	-0.112**
	(0.044)	(0.038)	(0.034)	(0.034)	(0.042)	(0.044)
UEMOA	-0.071***	-0.110***	-0.041*	-0.078***	-0.086***	-0.076***
	(0.027)	(0.027)	(0.021)	(0.024)	(0.030)	(0.029)
CDAA	-0.092**	-0.067*	-0.110***	0.039	-0.092**	-0.078*
	(0.043)	(0.039)	(0.034)	(0.036)	(0.045)	(0.044)
Constante	0.257***	0.259***	0.311***	0.246***	0.279***	0.271***
	(0.045)	(0.038)	(0.035)	(0.037)	(0.047)	(0.047)
Observations	442	442	442	442	442	442
R-carré	0.196	0.263	0.290	0.242	0.196	0.190

Note : ***, ** et * représentent la significativité aux seuils de 1%, 5% et 10% respectivement. Erreurs standard robustes entre parenthèses. «TBI» signifie le total des traités bilatéraux d'investissement. US est les États-Unis d'Amérique ; L'UE a désigné l'Union européenne. TBI Global est le nombre total d'accords d'investissement bilatéraux quel que soit le partenaire.

Références

Arora, V.B., Jeanne, O.D., 2001. Economic Integration and the Exchange Rate Regime; Some Lessons from Canada (No. 01/1), *IMF Policy Discussion Papers*. International Monetary Fund.

Baltabaev, B., 2014. Foreign Direct Investment and Total Factor Productivity Growth: New Macro-Evidence. *The World Economy* 37, 311–334. https://doi.org/10.1111/twec.12115

Bearce, D.H., Hallerberg, M., 2011. Democracy and De Facto Exchange Rate Regimes. *Economics & Politics* 23, 172–194. https://doi.org/10.1111/j.1468-0343.2011.00381.x

Berdiev, A.N., Kim, Y., Chang, C.P., 2012. The political economy of exchange rate regimes in developed and developing countries. *European Journal of Political Economy* 28, 38–53. https://doi.org/10.1016/j.ejpoleco.2011.06.007

Broz, J.L., 2002. Political System Transparency and Monetary Commitment Regimes. *International Organization* 56, 861–887. https://doi.org/10.1162/002081802760403801

Candelon, B., Kool, C., Raabe, K., van Veen, T., 2007. Long-Run Real Exchange Rate Determinants: Evidence from Eight New EU Member States, 1993–2003. *Journal of Comparative Economics* 35, 87–107. https://doi.org/10.1016/j.jce.2006.10.003

Caputo, R., 2015. Persistent real misalignments and the role of the exchange rate regime. *Economics Letters* 135, 112–116. https://doi.org/10.1016/j.econlet.2015.08.011

CEA, 2019. *Évaluation de l'intégration régionale en Afrique IX: prochaines étapes pour la zone de libre-échange continentale africaine*. Commission économique des Nations Unies pour l'Afrique, Addis-Abeba, Ethiopie.

CEA, 2010. *Évaluation de l'intégration régionale en Afrique IV: renforcement du commerce intra-africain par la Commission économique pour l'Afrique*. Commission économique des Nations Unies pour l'Afrique, Addis-Abeba, Ethiopie.

Chudik, A., Mohaddes, K., Pesaran, M.H., Raissi, M., 2016. *Long-Run Effects in Large Heterogeneous Panel Data Models with Cross-Sectionally Correlated Errors*, in: Advances in Econometrics. Emerald Publishing Ltd, pp. 85–135.

Chudik, A., Pesaran, M.H., 2015. Common correlated effects estimation of heterogeneous dynamic panel data models with weakly exogenous regressors. *Journal of Econometrics*, 188, 393–420. https://doi.org/10.1016/j.jeconom.2015.03.007

Coudert, V., Couharde, C., 2009. Currency Misalignments and Exchange Rate Regimes in Emerging and Developing Countries. *Review of International Economics* 17, 121–136. https://doi.org/10.1111/j.1467-9396.2008.00782.x
Coulibaly, I., Gnimassoun, B., 2013. Optimality of a monetary union: New evidence from exchange rate misalignments in West Africa. *Economic Modelling* 32, 463–482.
Dubas, J., 2009. The importance of exchange rate regime in limiting misalignment. *World Development* 37, 1612–1622.
Dufrénot, G., Yehoue, E.B., 2005. Real Exchange Rate Misalignment: A Panel Co-Integration and Common Factor Analysis (SSRN Scholarly Paper No. ID 888033). *Social Science Research Network*, Rochester, NY.
Freeman, J.R., Hays, J.C., Stix, H., 2000. Democracy and Markets: The Case of Exchange Rates. *American Journal of Political Science* 44, 449–468. https://doi.org/10.2307/2669258
Fritz-Krockow, B., Jurzyk, E.M., 2004. Will You Buy My Peg?: The Credibility of a Fixed Exchange Rate Regime as a Determinant of Bilateral Trade (SSRN Scholarly Paper No. ID 878990). *Social Science Research Network*, Rochester, NY.
Furlan, B., Gächter, M., Krebs, B., Oberhofer, H., 2015. Democratization and Real Exchange Rates. *Scottish Journal of Political Economy* 63, 216–242. https://doi.org/10.1111/sjpe.12088
Gnimassoun, B., 2017. Exchange Rate Misalignments and the External Balance Under a Pegged Currency System (SSRN Scholarly Paper No. ID 3047550). *Social Science Research Network*, Rochester, NY.
Gnimassoun, B., Mignon, V., 2015. Persistence of Current-account Disequilibria and Real Exchange-rate Misalignments. *Review of International Economics* 23, 137–159. https://doi.org/10.1111/roie.12161
Goldfajn, I., Valdes, R., 1999. The afthermath of appreciations. *Quarterly Journals of Economics* 229–262.
Hays, J.C., Freeman, J.R., Nesseth, H., 2003. Exchange Rate Volatility and Democratization in Emerging Market Countries. *International Studies Quarterly* 47, 203–228.
Hoffmann, M., 2007. Fixed versus Flexible Exchange Rates: Evidence from Developing Countries. *Economica*, New Series 74, 425–449.
Holtemöller, O., Mallick, S., 2013. Exchange rate regime, real misalignment and currency crises. *Economic Modelling* 34, 5–14.

Hong, E., Sun, L., 2011. Foreign Direct Investment and Total Factor Productivity in China: A Spatial Dynamic Panel Analysis. *Oxford Bulletin of Economics and Statistics* 73, 771–791. https://doi.org/10.1111/j.1468-0084.2011.00672.x

Ilzetzki, E., Reinhart, C.M., Rogoff, K.S., 2017. Exchange Arrangements Entering the 21st Century: Which Anchor Will Hold? (Working Paper No. 23134). *National Bureau of Economic Research.* https://doi.org/10.3386/w23134

Im, K.S., Pesaran, M.H., Shin, Y., 2003. Testing for unit roots in heterogeneous panels. *Journal of Econometrics* 115, 53–74. https://doi.org/10.1016/S0304-4076(03)00092-7

Kinda, T., 2010. Investment Climate and FDI in Developing Countries: Firm-Level Evidence. *World Development* 38, 498–513.

Klein, M.W., Shambaugh, J.C., 2006. Fixed exchange rates and trade. *Journal of International Economics* 70, 359–383. https://doi.org/10.1016/j.jinteco.2006.01.001

Liu, X., Ornelas, E., 2014. Free Trade Agreements and the Consolidation of Democracy. *American Economic Journal: Macroeconomics* 6, 29–70.

Maddala, G.S., Wu, S., 1999. A Comparative Study of Unit Root Tests with Panel Data and a New Simple Test. *Oxford Bulletin of Economics and Statistics* 61, 631–652. https://doi.org/10.1111/1468-0084.0610s1631

Mendoza, E.G., Quadrini, V., Ríos-Rull, J., 2009. Financial Integration, Financial Development, and Global Imbalances. Journal of Political Economy 117, 371–416. https://doi.org/10.1086/599706

Mongardini, J., Rayner, B., 2009. Grants, Remittances, and the Equilibrium Real Exchange Rate in Sub-Saharan African Countries (IMF Working Paper No. 09/75). *International Monetary Fund.*

Nilsson, K., Nilsson, L., 2000. Exchange Rate Regimes and Export Performance of Developing Countries. The World Economy 23, 331–349. https://doi.org/10.1111/1467-9701.00276

Pedroni, P., 1999. Critical Values for Cointegration Tests in Heterogeneous Panels with Multiple Regressors. *Oxford Bulletin of Economics and Statistics* 61, 653–70.

Pesaran, M.H., 2007. A simple panel unit root test in the presence of cross-section dependence. *Journal of Applied Econometrics* 22, 265–312.

Qureshi, M.S., Tsangarides, C.G., 2012. Hard or Soft Pegs? Choice of Exchange Rate Regime and Trade in Africa. *World Development*

40, 667–680. https://doi.org/10.1016/j.worlddev.2011.09.010

Raymond, H., Coulibaly, D., Omgba, L.D., 2017. Exchange rate misalignments in energyexporting countries: Do sovereign wealth funds matter? *International Economics* 152, 124–144. https://doi.org/10.1016/j.inteco.2017.05.005

Rodriguez, C.M., 2016. Economic and political determinants of exchange rate regimes: The case of Latin America. *International Economics* 147, 1–26. https://doi.org/10.1016/j.inteco.2016.03.001

Rose, A.K., 2000. One money, one market: the effect of common currencies on trade. *Economic Policy* 15, 7–46.

Rose, A.K., Engel, C., 2002. Currency Unions and International Integration. *Journal of Money, Credit and Banking* 34, 1067–1089.

Rose, A.K., Stanley, T.D., 2005. A Meta-Analysis of the Effect of Common Currencies on International Trade. *Journal of Economic Surveys* 19, 347–365. https://doi.org/10.1111/j.0950-0804.2005.00251.x

Santana-Gallego, M., Pérez-Rodríguez, J.V., 2019. International trade, exchange rate regimes, and financial crises. *The North American Journal of Economics and Finance* 47, 85–95. https://doi.org/10.1016/j.najef.2018.11.009

Shatz, H.J., Tarr, D.G., 2017. Exchange Rate Overvaluation and Trade Protection: Lessons from Experience. World Scientific Book Chapters. in: *Trade Policies for Development and Transition* Chapter 5.World Scientific Publishing Co. Pte. Ltd., pp. 115–127.

Westerlund, J., 2007. Testing for Error Correction in Panel Data. *Oxford Bulletin of Economics and Statistics* 69, 709–748. https://doi.org/10.1111/j.1468-0084.2007.00477.x

Table des matières

Structures éditoriales du groupe L'Harmattan

L'Harmattan Italie
Via degli Artisti, 15
10124 Torino
harmattan.italia@gmail.com

L'Harmattan Hongrie
Kossuth l. u. 14-16.
1053 Budapest
harmattan@harmattan.hu

L'Harmattan Sénégal
10 VDN en face Mermoz
BP 45034 Dakar-Fann
senharmattan@gmail.com

L'Harmattan Cameroun
TSINGA/FECAFOOT
BP 11486 Yaoundé
inkoukam@gmail.com

L'Harmattan Burkina Faso
Achille Somé – tengnule@hotmail.fr

L'Harmattan Guinée
Almamya, rue KA 028 OKB Agency
BP 3470 Conakry
harmattanguinee@yahoo.fr

L'Harmattan RDC
185, avenue Nyangwe
Commune de Lingwala – Kinshasa
matangilamusadila@yahoo.fr

L'Harmattan Congo
67, boulevard Denis-Sassou-N'Guesso
BP 2874 Brazzaville
harmattan.congo@yahoo.fr

L'Harmattan Mali
Sirakoro-Meguetana V31
Bamako
syllaka@yahoo.fr

L'Harmattan Togo
Djidjole – Lomé
Maison Amela
face EPP BATOME
ddamela@aol.com

L'Harmattan Côte d'Ivoire
Résidence Karl – Cité des Arts
Abidjan-Cocody
03 BP 1588 Abidjan
espace_harmattan.ci@hotmail.fr

L'Harmattan Algérie
22, rue Moulay-Mohamed
31000 Oran
info2@harmattan-algerie.com

L'Harmattan Maroc
5, rue Ferrane-Kouicha, Talaâ-Elkbira
Chrableyine, Fès-Médine
30000 Fès
harmattan.maroc@gmail.com

Nos librairies en France

Librairie internationale
16, rue des Écoles – 75005 Paris
librairie.internationale@harmattan.fr
01 40 46 79 11
www.librairieharmattan.com

Librairie l'Espace Harmattan
21 bis, rue des Écoles – 75005 Paris
librairie.espace@harmattan.fr
01 43 29 49 42

Lib. sciences humaines & histoire
21, rue des Écoles – 75005 Paris
librairie.sh@harmattan.fr
01 46 34 13 71
www.librairieharmattansh.com

Lib. Méditerranée & Moyen-Orient
7, rue des Carmes – 75005 Paris
librairie.mediterranee@harmattan.fr
01 43 29 71 15

Librairie Le Lucernaire
53, rue Notre-Dame-des-Champs – 75006 Paris
librairie@lucernaire.fr
01 42 22 67 13

www.ingramcontent.com/pod-product-compliance
Lightning Source LLC
LaVergne TN
LVHW011013061026
849535LV00006B/1854